班主任有效沟通的艺术与技巧

李进成　著

中国轻工业出版社

图书在版编目（CIP）数据

班主任有效沟通的艺术与技巧／李进成著. —北京：中国轻工业出版社，2016.12（2025.1重印）
ISBN 978-7-5184-1135-1

Ⅰ.①班… Ⅱ.①李… Ⅲ.①班主任工作-研究 Ⅳ.①G451.6

中国版本图书馆CIP数据核字（2016）第237680号

保留所有权利。非经中国轻工业出版社"万千教育"书面授权，任何人不得以任何方式（包括但不限于电子、机械、手工或其他尚未被发明或应用的技术手段）复印、拍照、扫描、录音、朗读、存储、发表本书中任何部分或本书全部内容，以及其他附带的所有资料（包括但不限于光盘、音频、视频等）。中国轻工业出版社"万千教育"未授权任何机构提供源自本书内容的电子文件阅览、收听或下载服务。如有此类非法行为，查实必究。

| 责任编辑：吴 红 | 责任终审：杜文勇 |
| 策划编辑：吴 红 | 责任校对：刘志颖 | 责任监印：吴维斌 |

出版发行：中国轻工业出版社（北京鲁谷东街5号，邮编：100040）
印　　刷：三河市鑫金马印装有限公司
经　　销：各地新华书店
版　　次：2025年1月第1版第7次印刷
开　　本：710×1000　1/16　印张：14.5
字　　数：168千字
印　　数：18001—20000
书　　号：ISBN 978-7-5184-1135-1　定价：36.00元

读者热线：010-65181109
发行电话：010-85119832　010-85119912
网　　址：http://www.chlip.com.cn　http://www.wqedu.com
电子信箱：1012305542@qq.com

版权所有　侵权必究
如发现图书残缺请拨打读者热线联系调换

242415Y1C107ZBW

前　言

本人的专著《教师怎样说话才有效》和《不怕学生搅局——教师的教育机智修炼之道》出版后，颇受广大教师的欢迎。很多教师告诉我，他们根据真实发生的事情，在书中寻找类似的案例，然后直接模仿我和学生的对话，一开始有些忐忑，不知道效果如何，但学生的反应很好，很喜欢老师用这样的方式和他们交流，于是这些教师就越来越自信了。

但是，也有的教师反映不是如此有效，有的方法对一些学生有效，对另一些学生则无效。为什么效果会如此不同呢？经过我和一些教师的交流和思考，我发现教师的教育水平参差不齐，很多问题不是出在学生身上，而是出在教师身上。

就在这个时候，中国轻工业出版社万千教育编辑部邀请我再写有助于班主任成长的书，全面提升班主任的沟通能力。于是，在构思这本书的时候，我就重点从班主任的自身成长来考虑，围绕一个优秀的班主任，一个富有沟通能力的班主任需要具备哪些基本素养来思考。

目前，党的教育方针也指向立德树人，围绕"核心素养"来开展教育。那么，在新的教育形式下，教师需要具备哪些"核心素养"呢？教师的"学科素养"，经过多年的努力，已经达到了一个比较高的水平，从学校的学历达标度来看，基本上都处于达标状态（可能在个别地方还存在学历不达标现象）。根据我的局部调查了解，我发现很多教师在"教育素养"方面还存在一定的问题，而教育素养更多地体现在和学生的日常沟通当中。再结合当前的这种教育形式，我写这本书的思路就变得越来越清晰了。

人与人沟通，有太多的主观因素，往往习惯于按照自己的理解来看待他人的言行。在教育体系中的沟通，班主任一般是占有主导地位的。所以，班主任看待问题的角度、高度、准度往往左右着沟通的走向。于是，我在第一章重点论述了作为一个班主任该如何了解自己，从哪几个方面了解自己，尽量清理自己的负面情绪，不让自己的情绪左右了对事情的判读。然后，根据大脑接收信息的渠道，来分析一个人对外界信息做出判读的影响因素，打破主观判断，力争做到客观、理智地分析问题。根据投射理论，关照内在状态，透过行为表现看本质。打破自我限制，丰富自己的信念系统，让自己更积极地看待问题。

亲和力是有效沟通的前提，所以我在第二章重点论述了如何做一个有亲和力的班主任。俗话说"亲其师，信其道"，我国传统文化里也特别强调亲和力的重要性。《周易》里说："易知则有亲，易从则有功；有亲则可久，有功则可大；可久则贤人之德，可大则贤人之业。"这些论述都强调了"亲"字的重要性。第二章不只是在理论上论证亲和力之重要，更是在实践方面进行了详细的论述，包括：如何建立亲和力，增加一个人的内在情感力量；如何学会在具体的行为细节上自发地散发出亲和力，增加沟通的灵活性；如何做到与不同的人有效沟通等。

尊重是有效沟通的基础，所以在第三章我论述了如何做一个懂得尊重的班主任。这一章不是谈尊重的重要性，而是分析如何做才是真正地尊重学生，从尊重学生的信念系统、内心感受、认知规律、需要等方面进行了详细的论述，从而帮助班主任在理论高度的认知和具体行为的执行方面获得成长。

觉察力是一个班主任处理问题的重要能力，所以我在第四章重点论述了如何提升班主任的觉察力。首先要从自我觉察开始，排除情绪的干扰，这样才能做到客观准确。其次借用微动作、微表情的有关理论，帮助班主任观察一些行为细节，在细节中读懂学生。问题行为背后可能隐藏着其他问题，一个人行为的发生往往与之前的行为背景有关，所以要学会关注行为前事。每个行为背后都有正面的动机，有时候，行为本身可能是错误的，但行为背后的动机可能是值得肯定的，所以，想要改变一个人的行为，就要从接受他的行为动机开始，然后再引导对方寻找更好的方法来实现动机。班主任要经常面对不同学生的各种情绪，如果班主任以情绪对待情绪，从道理上是可以理解的，但从效果上看往往会让问题更加糟糕。因此，一个高水平的班主任一定要学会觉察学生情绪下的真正渴望，然后用合理的方式满足学生的渴望。当学生的渴望得到了满足，他就会自愿做出行为的改变。

教育是一个神圣的职业，想要搞好教育，只靠技巧是不行的，还要具备一定的教育情怀，所以，在第五章我论述了如何做一个有教育情怀的班主任。有目标的人生才更有意义，教师的职业定位往往影响着其职业幸福感和教育情怀。爱来爱往，富有教育情怀的班主任往往具有博爱的胸怀，能够包容学生成长中的错误，会带着同理心与学生沟通，产生心灵共鸣，与时俱进，不断创新教育方式方法，立足于学生的成长来审视教育。

有人说人是有情绪的动物，这句话很有道理。可是任由情绪泛滥或过度压抑情绪，都可能会造成对他人、对自己的伤害。如何掌控情绪对班主任来说非常重要，所以第六章从情绪的来源、处理情绪的 EMBA 法则、ABC 法则、抽离与结合的技巧、情绪"三明治"沟通技巧等方面来帮助大家面对情绪。

情商是一个被广泛谈及的话题，班主任的情商也是与学生有效沟通的核心要素。所以，第七章重点论述了如何克服职业倦怠，提升职业认同感，增加班主任幽默风趣的特质，提升其教育自信力。班主任要善于激励学生，注重发掘学生的内在潜能，用积极主动的生活态度和工作热情来感染学生，用淡定从容的处事态度，协调好教育当中的各种问题。

一个善于沟通的班主任需要具备哪些技能呢？第八章从掌握沟通的五种技能入手，来帮助班主任掌握"观""听""问""说"和"配"五种方法，从而做到有效沟通。会观，指导班主任见微知著，从行为、表情等细节来读懂学生；会听，指导班主任学会倾听，在倾听中了解学生的心声，与学生的思想一起共鸣；会问，指导班主任用强有力而又富有启发性的问题来打开学生的心门，引导学生进行内在思考，自我觉察；会说，用具体的语言模式来帮助班主任准确地表词达意，让对方愿意接受；会配，指导班主任在沟通中配合灵活的肢体语言，无意中与对方产生心理共振，达到一见如故的沟通效果。

有效的沟通取决于对方的回应，很多班主任在教育学生的时候，往往只是关注自己在讲什么，而忽略了学生的回应。如此沟通，无论是多么正确的道理，听多了，学生都可能会产生厌倦，这样会严重影响沟通效果。因此，第九章就重点论述了如何做一个善于回应的班主任，在回应中给予学生成长的正能量。还有些班主任，在与学生沟通的时候，注意了回应，但往往失去了沟通的焦点，在沟通过程中被学生的思维牵着走。于是瞄准焦点目标，提升沟通效果是教育沟通中的一个重要内容。为了保持沟通当中的信息传递畅通，还需要关注语言传递的信息,不要以为自己讲清楚了对方就应该明白。为了更好地做出回应,而不是让主观判断来影响事实,很多时候我们需要多对行为事实进行描述,而不是先进行主观评价。当对方和我们的观点不一致的时候,我们不必急着反对,可以带着好奇心先听听对方的想法,如果对方是对的,我们就支持;如果对方的认知有误,我们可以通过同步带领的方式,引导对方看到事实的另一面,增加对方认知的角度,这样对方就会根据新的认知体验而得出结论。

有效果比有道理更重要,这是有效沟通的一个重要观点。很多人往往强调道理,可能赢了道理,失去了情感;如果在道理上也输掉了,那么失去的会更多。所以,第十章就重点讲解了如何做一个关注效果的班主任。从沟通的三个层次,引领班主任对沟通进行深层思考,从影响沟通的潜在因素到沟通的三赢原则,帮助班主任真正做到从关注道理到关注效果的观念转变。

赏识教育一度大行其道,但同时也引来了很多质疑的声音。在我看来,如果说赏识教育有问题,那么真正的原因不是赏识教育的理念出了问题,而是赞赏的具体做法出了问题。赞赏也是需要技巧的,所以在第十一章我重点讲述了如何做一个会赞赏学生的班主任。这一章重点借鉴了赞赏的五种语言,帮助班主任从具体的语言模式入手,让赞赏产生无穷的教育魅力。

万事都有其规律性,与学生的沟通自然也有规律可循。违背了沟通的先后顺序,往往会产生截然不同的效果。于是,在第十二章我讲解了沟通的步骤和技巧。先告诉大家一个完整沟通过程的四个步骤,然后引导班主任做自我形象定位和心理彩排,让沟通提前预演,保证沟通效果。满足需要是产生沟通效果的基本条件,如何在沟通过程中围绕需要是班主任要考虑的重要问题。在沟通过程中,学生的反应不一定与班主任的预期完全一致,当学生出现抗拒的时候,如何化解则是对一个班主任胸怀和智慧的考验,为此我在思维层面上给出了语言归类模式,帮助班主任在沟通中做到轻松自如。

还有一些教育难题会给大部分班主任带来困扰,尤其是一些涉及心理层面的沟通。所以,在第十三章我借用了心理咨询的一些沟通模式,帮助班主任掌握一些高难度的对话技巧。这一章介绍了如何与对方的潜意识沟通,如何通过发问引导,引发对方的内在思考,如何借助不同的认知位置来感知不同人的心理世界,主动做出调整,如何借用米尔顿语言模式和隐喻、故事等,让沟通效果产生言在此而意在彼的效果延伸，从而达到没有言传，但已意会的最佳效果。

　　本书是我二十多年里与学生、家长、同事沟通的思考结晶，更是我深入学习西方心理学，结合传统文化，应用教育实践的思考成果。每一个成果都难免印上我个人的主观色彩，我希望读者在阅读本书的时候，多融入一些自己的生活感悟和教育体验，全角度、多方位地思考问题。如果你认为本书对你有所启发，我备感荣幸；如果你认为书中尚有不足，敬请批评指正，你的批评就是我需要进一步思考和成长的方向，是无价之宝。

　　再次感谢在写作本书过程中给予我无限支持的朋友们，以及一些案例的提供者。欢迎大家以书交友，让我们一起在教育的探索之路上携手前行！

李进成
2016年7月5日于广州

目 录

前言 ·· I

第一章 做一个思想丰富的班主任——不要让自己的判断阻碍了沟通·········· 1
 第一节 了解自我，沟通从自己开始 ··· 3
 第二节 了解大脑的沟通模式，掌握沟通渠道 ······································· 10
 第三节 理解等于投射，关照自己的内心状态 ······································· 15
 第四节 事实不等于真相，不要让表象遮住慧眼 ··································· 16
 第五节 打破自我限制的信念，让自己更有信心 ··································· 18

第二章 做一个有亲和力的班主任——亲和力是有效沟通的前提 ············· 21
 第一节 什么是亲和力 ·· 21
 第二节 快速建立亲和力的方法 ·· 23
 第三节 建立"情感银行"，让自己的情感保持富足状态 ······················ 25
 第四节 配合与映现，让亲和力体现在言行中 ······································· 28
 第五节 与不同类型的人沟通 ··· 34

第三章 做一个懂得尊重的班主任——尊重是有效沟通的基础 ··············· 37
 第一节 尊重学生的尊严底线 ··· 37
 第二节 尊重学生的信念系统 ··· 43
 第三节 尊重学生的内心感受 ··· 45
 第四节 尊重学生的认知规律 ··· 47
 第五节 尊重学生的需要 ·· 51

第四章 做一个有觉察力的班主任——觉察是有效沟通的关键 …… 55
第一节 觉察自我,莫受情绪干扰 …… 55
第二节 觉察学生的言行细节 …… 57
第三节 觉察学生的行为背景 …… 59
第四节 觉察学生言行的正面动机 …… 62
第五节 觉察对方情绪下的渴望 …… 65

第五章 做一个有教育情怀的班主任——沟通立足于学生的成长 …… 69
第一节 教育情怀从职业定位开始 …… 69
第二节 用爱心撑开教育情怀的天空 …… 74
第三节 用平和来播洒教育情怀的雨露 …… 77
第四节 用同理心与学生一起共舞 …… 81
第五节 用创新架起教育情怀的通道 …… 84

第六章 做一个善于掌控情绪的班主任——情绪影响沟通的成败 …… 87
第一节 情绪是怎样产生的 …… 87
第二节 情绪的 EMBA 法则 …… 89
第三节 ABC 法则,充满正能量地去看问题 …… 91
第四节 抽离与结合,让情绪自由流淌 …… 94
第五节 情绪"三明治"在沟通中的应用 …… 98

第七章 做一个高情商的班主任——与学生沟通的核心要素 …… 103
第一节 克服倦怠,提升职业认同感 …… 104
第二节 幽默风趣,提升教育的自信力 …… 111
第三节 善于激励,激发出学生的内在潜能 …… 115
第四节 积极主动,用热情感染学生 …… 122
第五节 淡定从容,善于协调各种关系 …… 123

第八章　做一个善于沟通的班主任——掌握沟通的五种技能 …… 129
第一节　会观：班主任要练就一副火眼金睛 …… 129
第二节　会听：班主任要有一双善于倾听的耳朵 …… 131
第三节　会问：班主任要善于启发诱导 …… 134
第四节　会说：班主任要学会恰当表达 …… 138
第五节　会配：班主任要学会灵活配合 …… 142

第九章　做一个善于回应的班主任——在回应中给予正能量 …… 145
第一节　瞄准焦点：莫让沟通偏离方向 …… 146
第二节　说清楚不等于听明白：确保信息传达通畅 …… 149
第三节　表述事实：莫让判断阻隔沟通 …… 151
第四节　回应与建议：给予正能量的评价 …… 152
第五节　先跟后带，让沟通更轻松 …… 154

第十章　做一个关注效果的班主任——沟通的意义在于对方的回应 …… 159
第一节　沟通的三个层次 …… 159
第二节　有效果比有道理更重要 …… 168
第三节　影响沟通效果的潜在因素 …… 173
第四节　沟通的三赢原则 …… 176

第十一章　做一个会赞赏学生的班主任——赞赏的五种语言 …… 183
第一节　善于用肯定的言辞 …… 184
第二节　和学生玩在一起 …… 188
第三节　用服务感召学生 …… 189
第四节　用恰当的礼物来表达你的赞赏 …… 191
第五节　在接触中传递关爱 …… 192

第十二章　班主任与学生沟通的步骤与技巧 …… 193
第一节　沟通的四步骤 …… 193

第二节　自我形象和心理彩排……………………………………196
　　第三节　围绕需要沟通……………………………………………198
　　第四节　化解抗拒的方法…………………………………………201
　　第五节　语言归类，让沟通轻松自如……………………………203

第十三章　班主任高水平沟通的技巧……………………………………207
　　第一节　正面表达，引导潜意识关注想要的……………………207
　　第二节　提示引导：让对方意识到问题的关键…………………211
　　第三节　感知位置，让对方自我调整……………………………212
　　第四节　运用米尔顿模式与潜意识沟通…………………………213
　　第五节　隐喻和故事，让沟通无痕………………………………218

第一章 做一个思想丰富的班主任
——不要让自己的判断阻碍了沟通

曾经有一个人为了得到美丽的蝴蝶，便买来一双跑鞋、一只网子，穿上运动服，追逐奔跑了很久，终于在气喘吁吁、满头大汗中抓到几只蝴蝶。可是蝴蝶在网子里恐惧地挣扎，丝毫没有美丽可言。一有机会，蝴蝶就会飞走。这就叫"追求"。

另一个人也很喜欢蝴蝶，他买来几盆鲜花放在窗台上，然后静静地坐在沙发上品着香茗，望着蝴蝶翩翩而来，心情犹如吸蜜的蝴蝶一样高兴。这就叫"吸引"。

"追求"，是从自我的角度考虑，因为忽视了事物内在的微妙规律，所以常常事与愿违。

"吸引"则是从完善自我、奉献自我出发，顺应了规律，投其所好，因而皆大欢喜。花若盛开，蝴蝶自来，这是对"吸引"的形象解释。那么，什么是吸引力法则呢？这个法则简单来说就是同类相吸、同频共振，意即我们的思想、情感、语言、行动结合在一起后的能量形式将会吸引与我们本质相同的人、事、物，也就是消极能量吸引消极能量、积极能量吸引积极能量。

吸引力法则，由励志书籍《秘密》（The Secret）普及开来。什么是吸引力？有一种我们看不见的能量一直引导着整个宇宙的规律性运转，正是因为它的作用，地球才能够在46亿年的时间里保持着运转的状态，也正是因为它的作用，太阳系乃至整个宇宙中数以亿计的星球，都能相安无事地停留在各自的轨道上安分地运行，这样一种能量引导着宇宙中的每一样事物，也引导着我们的生活，这种能量就是吸引力。

人们对吸引力法则的解读层出不穷，造成了很多的混乱与误解。正宗的吸引力法则来自亚伯拉罕·希克斯（Abraham Hicks），埃斯特·希克斯（Esther Hicks）和杰瑞·希克斯（Jerry Hicks）夫妇则是亚伯拉罕教诲的最正宗的创始者和宣讲人，他们多年来所倡导的观念正是国际畅销书《秘密》及许多相关书籍的核心灵感来源。

　　现代量子力学表明，世上的万事万物都是由能量组合而成的，而能量就是一种振动频率，每样东西都有它不同的振动频率，所以才出现了那么多不同事物的不同面貌。无论是桌子、椅子等有形的物体，还是思想、情绪等无形的东西，都是由特定振动频率的能量组成的。比如一排音叉，你敲响其中一个，它发出清脆的高调乐声，没多久，其他的音叉也会发出同样高调的乐声，它们的声音会互相应和，产生共鸣，甚至越来越大。

　　这一法则的原理是：相似的吸引相似的。如果你感到兴奋、热情、激昂、愉快、欢乐、感激或者满足，那么你放射出的就是正面的能量。相反，如果你感到烦躁、焦虑、压力重重、生气、愤恨或者悲伤，那么你放射出的就是负面的能量。根据吸引力法则，宇宙对这两种振动都会做出回应，它回应你所发出的能量，并且回馈给你更多相似的事物。你收到的正是你发出的。在任何一个时刻，你的任何思想和感受都是你向宇宙发出的请求，宇宙会回应给你更多你"请求"的东西。

　　因为你的能量振动频率会将同样振动频率的能量吸引回来，所以你要慎重，你需要使你持续发送的能量、思想和情感与你想成为什么样的人、你想怎么做和你想经历的事情产生共鸣。你的能量频率需要与你希望吸引进你生活中的事物的频率相一致。比如说，如果爱和喜悦是你想要的，那么爱和喜悦的振动频率就是你需要形成的。

　　启示1：作为班主任，要想激励学生，首先要让自己充满正能量，用正能量去感染、吸引学生，只有这样，才能让班主任的正面激励最大化，和激励的对象产生情感的、思想的共振，从而达到自己想要的激励效果。

　　配合吸引力法则的另一个重点就是聚焦。聚焦，英文是"focusing"，意思是持续地想，一直想。

　　聚焦的方式可以是回顾过去、计划今后、设想未来。总之，只要你持续地把注意力投注于一个地方，不管你想的东西是在过去、现在还是未来，都是聚焦。聚焦会导致能量的启动，能量会导致你的感觉改变。聚焦于自己要的，你就会感觉到正面情绪；聚焦于自己不要的，你就会感觉到负面情绪。聚焦于你要的，你会得到；聚焦于你不要的，你也会得到。这是因为，吸引定律是"包含性的"而不是"排他性的",任何你所聚焦的都会被你的磁场包含进来。

同频共振,同质相吸。这八个字的意思是说:同样频率的能量会共振,同样性质的东西会因为互相吸引而走到一起。

共振会产生同质性,同质性会产生吸引力,吸引力会把共振体牵扯到一起。所以,假如共振性没有改变,那么在吸引力法则之下,一样东西将会不断地持续扩大、成长。这种成长是自然的,而且是根植于自然法则的三大本质的,所以其威力是如此强大,以至于没有任何外力能够阻挡它。

当我们聚焦在某想法、某人、某事、某物上时,我们的心灵就会与之产生共振。根据吸引力法则,同频共振,同质相吸,于是我们与我们所聚焦的开始互相吸引,最终互相靠拢在一起。

吸引力法则是客观存在的,不因为你的不了解、不认同、不留意而转移。所以,就算你不知道它的存在,它依然坚稳一贯地作用到你的身上,你依然受其影响!当你有意识地选择你所想的、你所聚焦的,你就是一个自主创造者。你创造一切你想要的经验,你是一个顺心自主、心想事成的魔法师,你对发生在自己身上的事情能够做主。你会得到你想要的,而避开你所不要的。

启示2:作为班主任,要想激励自己的学生,自己一定要有固定而强烈的焦点目标,有明确的奋斗方向,并用这个目标来引领自己的行为,这样就会和周围的人产生强烈的共振,潜移默化中就会产生语言无法表达的激励效果。作为班级的灵魂人物,如果班主任自己没有一个明确的目标,却又想激励他人奋斗、激发全体学生的奋斗精神,是很难成功的。

第一节 了解自我,沟通从自己开始

一、沟通过程的基本要素

一般来说,一次沟通往往要有三个基本要素:自己,沟通对象,行为、事件(如图1所示)。而在这三个要素当中,我们对于沟通对象如何想、如何说等没有办法完全控制,同样,对于一些行为、事件我们也没有能力完全掌控,我们唯一能够控制的就是自己如何看待行为、事件,如何理解沟通对象的感受、信念和价值观，如何控制自己的感受、情绪、看法和行为的选择。

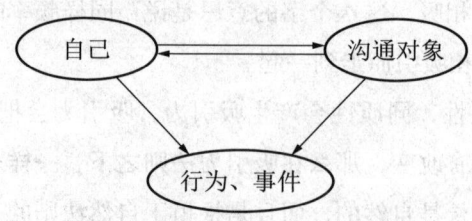

图1　沟通过程的三个基本要素

例如，某学校的一位数学骨干教师进行教学改革，每天让学生批改作业，这种情况下，有时会有学生批错。有一天，某生的作业被批改错了，该生在课堂上说："老师，你看他们都批错了。"教师看了看他，很不高兴，没有理会，继续讲课。于是该生一遍又一遍地说自己的作业被批改错了，也不管老师是否在讲课。教师就非常生气地说："你要是再说，你就出去。"没想到该生真的把书一放，站起来，走出了教室。

我们姑且不说该教师的这一教学改革是对还是错、是否有办法提前预防此类问题的出现，只来探讨当事件突然发生的时候该如何处理才更恰当。

现在的学生个性很强，我们无法保证每个学生都会按照教师的期望发展，无法保证课堂会按照教师的预设进行，总会有一些意外发生。学生有何反应和发生什么事情，教师往往不能绝对掌控，教师唯一能掌控的就是自己的反应，因此这个时候就是挑战教师智慧的时候。

该教师只是关注了自己的感受，感觉学生的行为冒犯了教师的尊严，认为学生在故意捣乱。当教师如此反应的时候，自然就忽视了学生的感受，教师也会产生负面情绪，作用到学生身上同样会引发学生的负面情绪，于是就形成了师生互动的恶性循环，很多教育教学中的问题就是这样产生的。

如此处理问题，姑且不说学生离开教室是否会发生安全事故——一旦发生，这个教师的处境就可想而知——只说这个学生回到家里会怎样告诉父母。他很可能这样说："我们的数学老师太懒了，自己不批改作业，让学生批改，学生批改还不检查，出了错误还不纠正。"这样又会把问题扩大，影响到了家长对教师的评价，因为学生说的好像都是事实，追查起来好像也很有依据，很可能会对教师造成更大的伤害。

而一个善于掌控自己的认识和情绪的教师,面对这样的问题,可能会像下面这样处理。教师面带微笑,亲切地对该生说:"哇!你真是数学天才!老师发现不了的问题你也能发现。"还可以告诉该生:"老师正在搞教学改革。目前这项改革还缺少一个质量监督员,我感觉你特别合适。你是否愿意承担这个重任?"这样一来,问题的关注点立即转移,学生获得了被关注、被认可的满足,教师化解了眼前的尴尬,更重要的是会让课堂气氛更融洽,甚至一个数学天才从此诞生。然后这个学生可能会这样告诉他的家长:"我们的数学老师特别聪明,不但自己从批改作业中解脱出来,还培养了学生的能力。"由此,课堂突发事件反而促进了师生关系,教育的良性循环也得以形成。

二、了解自己的四大领域

神经语言程序学(Neuro-Linguistic Programming,NLP)强调,有效果比有道理更重要,对于我们无法控制的因素我们就减少关注,对于我们可以控制的因素则多加关注。因此,真正的沟通就是从了解自己开始的。

我们自己有四大领域:公开区、盲区、秘密区和潜能区(如图2所示)。

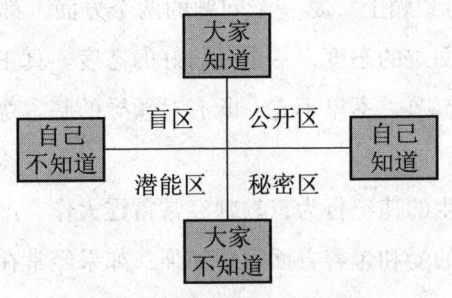

图2　了解自己的四大领域

1. 公开区

所谓的公开区,就是自己知道大家也知道的一些个人基本信息,例如身高、长相、学历、年龄、收入等。

2. 盲区

所谓的盲区,就是大家知道而自己不知道的性格特点。我们每个人都有自己的性格盲区，这些盲区在身边的亲戚、朋友、同事、学生等看来，是很明显的性格特征，但自己未能意识到，或者即便有所察觉，也会用一些概念来为自己辩解。例如某教师，大家都感觉她很自私，总是为了自己的学科而挤占其他学科的时间，她所教的学科成绩很好，但班级的总成绩和平均成绩受到了影响，因此很多教师都不愿意和她搭档。虽然她每年的教学成绩都很优秀，但每次的评优她总是名落孙山，她自己也感到很委屈，于是就埋怨他人只会搞人际关系、评选不公平等。而她的埋怨牢骚又进一步恶化了同事关系。在他人看来，这个教师是自私的；而在该教师看来，这是自己负责任的表现。这就是该教师的性格盲区。

性格盲区会直接影响人际关系。那么，该如何找到自己的盲区呢？

（1）自己在生活中看不惯的事或人，这件事或这个人的行为所反映的某些问题往往就是自己性格的一个盲区。

例如，教师A和教师B在一起聊天，他们看到校长过来了，这时A可能会找个借口离开，而B可能会热情地和校长打招呼。如果你很欣赏A的行为，感觉A特别有骨气，不媚上，很反感B，认为他善于巴结领导，那么这样的认识就反映出了你性格的盲区：不善于和领导打交道。你可以给自己的这种性格贴上好听的标签"清高"。这个标签可以让你感觉很好，可是这样的标签也会成为你的障碍。

其实，"清高"与"媚上"是一个问题的两个方面，都含有对"权威"的敬畏感，只不过一个是回避的态度，一个是讨好的态度。真正平等的态度是以平常心与领导相处，有礼有节，不卑不亢，既有对领导的基本尊重，也保留自己做人的人格尊严。

再比如：面对学生的违纪行为，教师经常雷霆大作、严厉批评，这就可能说明这个教师在对学生的爱和包容方面需要加强；如果经常在处理问题的时候，把小事变成大事，把大事激化成无法调和的矛盾，那么这个教师在处理问题的灵活性上就需要反思；如果一个教师经常埋怨学生素质低下、工作无趣等，那么这个教师很可能存在悲观主义倾向，这样就会缺乏职业幸福感。

（2）那些看不惯我们的人，往往最能帮助我们找到盲区。

在现实生活中，好朋友往往为了我们的面子，不好意思直接点出我们的性格缺陷，反而是那些生活中的对手，往往会直接攻击我们的弱点，对手的攻击往往就是帮助我们找到性格盲区的最好方式。"感激伤害你的人，因为他磨炼了你的心态；感激绊倒你的人，因为他强化了你的双腿；感激欺骗你的人，因为他增进了你的智慧；感激蔑视你的人，因为他唤醒了你的自尊；感激抛弃你的人，因为他教会你独立。"同样，我们要感激攻击我们的人，因为他们让我们找到了自己的盲区，促进了我们的成长。

一个人一旦找到了自己的盲区，就找到了成长的方向，有了方向就会有方法。

3. 秘密区

影响我们生活状态的还有一个重要的区域：秘密区。如果说"盲区"会直接影响一个人的人际关系，那么"秘密区"会直接影响一个人的幸福指数。

"秘密区"有一个特点——喜欢储存负面情绪，这些负面情绪往往来自以往事件的伤害。奇怪的是，这些过往的事件和伤害如果得不到有效的处理，不但不能随着时间的推移而淡化，反而会因为生活阅历的增加而不断地被验证、强化，从而加剧负面情绪。

有的时候，这份伤害可能来自我们的童年经历，例如父母的批评、呵斥甚至打骂，幼儿园的一次"恐怖"经历等，这些经历带来的情绪记忆会深深地藏在秘密区，一旦在今后的生活中遇到类似的问题，这份情绪就会自动反应，影响我们的生活状态。

例如，有一次一个女教师在吃饭的时候，朋友的一句随意的话就让她心跳加速、情绪激动，甚至到了无法忍受的地步。于是，她饭后找到我，让我帮她处理。通过一些情绪治疗的技术，我找到了存在于她秘密区的情绪源头。4岁的时候，她在幼儿园里一直表现很优秀，但是，在一次排练儿童节目的时候，老师们不但没有让她演故事里的主角（她非常渴望扮演），反而让她扮演了一个微不足道的"小狗"的道具角色，她内心的那份委屈难以言表，但又碍于老师的权威不敢表达。于是，这份经历让她的自尊心和自信心受到了严重打击，在潜意识里她最抗拒的一件事就是别人的否定。所以，在她的人生道路上，一旦遇到有人质疑她的行为和能力，她的这种情绪就会自动产生，这让她常常痛苦不已。

还有一个教师，年仅四十，却非常缺乏安全感，一点小事就会让她感到恐惧。当我帮她做情绪处理的时候，小时候父母吵架的画面浮现在她的脑海，她仿佛看到自己蜷缩在一个角落，看到父母争吵的可怕面孔，尤其是父亲指责她的场面。这份经历让她在潜意识里感觉自己无用,无法给父母带来快乐,自己是父母吵架的根源,等等。于是,一旦遇到事情的时候,这种感觉就会控制她,让她缺乏安全感。

这是一部分藏在潜意识里的秘密区,有时候自己也难以觉察。还有一部分秘密区是在意识层面,这个层面的秘密往往碍于面子或虚荣,无法对外人说,只能深深地埋在内心深处,于是造成自己表面微笑、内心痛苦,人前如常、人后受伤。

NLP理论认为,行为和事件本身并不能对我们产生伤害,伤害我们的是我们自己的感受。因此,虽然我们无法改变过去的行为和事实,但是我们可以改变自己对行为、事实的认知和感受。不同的认知会带来不一样的感受,感受变了,情绪也会随之改变。资源放错地方就会变成垃圾,垃圾用好了就会成为资源。所以,对于埋藏在我们秘密区里的情绪垃圾,我们可以通过转变认知、信念、感受的方式把这些伤害我们的行为、事件变成我们人生中的成长资源,让我们今后的人生更精彩。

4. 潜能区

第四个领域是"潜能区"。藏在这个区域的自我,往往是他人看不到、自己也看不到的。NLP理论认为,每个人都具备成功、快乐的所有资源,不是缺乏资源,而是缺乏利用资源的状态。真正的资源不是外界的人脉等条件,而是内心世界。吸引力法则告诉我们,如果我们具备足够的能量,相应的资源就会被吸附过来。作为教师,我们更应该成为学生自我成长的楷模,即使蝴蝶不来,花也要盛开,所以教师一定要不断地突破自我,不断地提升自己。

现实中,经常有教师感到困惑:我这么内向,适合当教师吗?我从事什么职业才能成功快乐呢?我也知道发火不好,可为什么就是控制不住?我干工作已经身心俱疲,怎么还是不出成绩呢?

当我们感到无能为力的时候,其实并不是我们真的没有能力,而是我们自以为没有能力。我们已知的、表现出的能力不过是我们全部能力的冰山一角。

过往的人生经历,很容易成为我们人生中的限制性信念,而对一个人最具有杀伤力的三大限制性信念就是:无望、无助、无价值。

所谓无望,就是没有希望。谁愿意为了没有希望的事情而努力奋斗呢?

所谓无助,就是感觉自己没有能力、没有办法,别人可以做得到,但是我做不到。

所谓无价值，就是自己不配拥有。有这种限制性信念的人，会认为别人可以，但是自己不可以，如果你告诉他"你很优秀"，他会本能地怀疑，甚至抗拒。

这些限制性信念就好像孙悟空的紧箍咒，把人牢牢控制住，让人不敢突破。

NLP理论认为，每个人都拥有快乐、成功的所有资源，不是缺乏资源，而是缺乏利用资源的状态。

有的人说，我没有人脉，所以得不到认可和支持；有的人说，我没有能力，所以无法完成突破；有的人说，我不善言辞，所以不能成为一个优秀的教师。其实，一个人最大的资源不在于外在，而在于内心。心是外界的吸铁石，心存善念，就会吸引善的支持者，心存恶念，就会吸引恶的追随者。吸引力法则告诉我们，当我们努力提升自己的时候，相应的资源也会被我们吸附过来，所以，请相信我们的生命有无限的可能，千万不要因为我们的限制性信念而让我们的生命之花提前凋落，甚至根本就没有开放过。

为了挖掘我们自己的无限潜能，笔者推荐大家阅读安东尼·罗宾（Anthony Robbins）的著作《唤醒心中的巨人》（*Awaken the Giant Within*）。每个人都已经具备使自己成功快乐的资源。请记住下面的语句。

（1）每个人都有过成功快乐的经验，也就是说每个人都有使自己成功快乐的能力。

（2）人类只用了大脑能力的极小部分；提升人们对大脑的运用水平，很多新的突破便会出现。

（3）关于运用大脑的能力，已有大量的技巧发展出来，人类比以前更容易提高运用大脑的效果。

（4）每个人都可以通过改变思想去改变自己的情绪和行为，进而改变自己的人生。

（5）我们每天所遇到的事情，都包含能带给我们成功快乐的因素，取舍全由个人决定。

（6）所有事情或经验里面，正面和负面的意义都同时存在，把事情或经验转为绊脚石还是垫脚石，由自己决定。

（7）成功快乐的人所拥有的思想和行为能力，都是经历一个过程而培养出来的。在开始的时候，他们与其他人所具备的条件一样。

（8）有能力给自己制造出困扰的人，也有能力为自己消除困扰。

（9）情绪、压力、困扰都不是源自外界的人、事、物，而是由自己的信念、价值观和规则系统产生出来的。

（10）相信自己有能力或有可能，是使自己得到所渴求的成功快乐的最有效的保证。

当一个人在这四大区域不断提升自己的时候，内心的那份自信、坦然、从容就会随之增加，教育的智慧就会从中产生，沟通效果就会更好。

第二节　了解大脑的沟通模式，掌握沟通渠道

一、大脑的沟通模式

人们对事件、行为的解读之所以千差万别，往往就是因为不了解大脑接收信息的渠道，以致对客观存在做出形形色色的主观解读。这些不同的解读，造成了很多沟通中的误解。

说什么、怎么说，往往可以由自己掌控，但是对对方怎样听、听到什么无法掌控。一般人的思维习惯是从自己的角度出发，而不能站在别人的角度思考；人们的表达习惯常常只关注自己讲了什么，却很少关注对方听到了什么。于是误会和矛盾就会产生。其实，很多时候一方所讲的与另一方所听到的并不完全相同。大脑的沟通模式可以告诉我们为什么不同的人对同一个信息符号会有不同的反应（如图3所示）。

每个人对信息符号的关注焦点不同，经过删减、扭曲、一般化之后所形成的信念会有很大的不同，所以不同的人就会做出不同的理解，这个不同的理解往往就是误会。

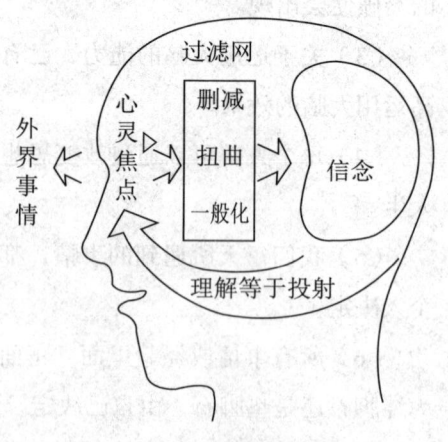

图3　大脑的沟通模式

1. 删减

所谓删减，就是我们的大脑在每秒钟会接收到超过 200 万个信息流，而我们的大脑需要对它们进行适当的删减。删减的好处是让我们把注意力集中到我们需要的信息上，突出重点，排除干扰。其危害就是，或许会把有价值的信息删掉了，而把无价值的甚至有负面影响的信息保留了，这就会给我们的判断带来障碍。

例如，班主任看到学生迟到，如果只是看到迟到本身，而没有看到迟到背后的其他信息，甚至武断地根据以前的经验做判断，那么很可能就会误会学生，造成师生矛盾。事实也许是，这个学生家里发生了什么重要的事情，也许他在上学的路上遇到了一些意外，或者这个学生因为助人为乐而迟到，等等。因此，要避免删减带来的危害，就要先放下判断，用好奇心去探索更多的信息，为做出准确判断提供充足的信息。

2. 扭曲

所谓扭曲，就是根据自己的理解，把客观的行为、事件做个性化的解读，这个解读可能和对方真正想表达的意思迥然不同。

扭曲分为负向扭曲和正向扭曲。

（1）负向扭曲往往是看到对方的不良行为，然后对他整个人的品格都进行否定。例如，学生没有交作业，班主任就批评该生缺乏学习的积极性、懒惰，等等，这样的评价往往会伤到学生的自尊心、自信心。避免负面扭曲的方法有两个：一是先肯定对方的品格，二是再指出对方行为上的不足，也就是俗话说的"对事不对人"。例如学生没交作业，可以这样说："我知道你是一个学习很认真的学生，这次没有完成作业是不对的，我们来看看该怎样解决按时完成作业的问题。"

（2）正向扭曲就是看到对方做好事，把好事提升到品格层面上来。例如，学生看到学生会的同学检查教室卫生，于是自己捡起身边的垃圾，我们就可以把这个行为通过正向扭曲上升到该生具有班级集体荣誉感的品格高度来表扬。所以，评价学生积极行为的时候，就要做到"对事也对人"。

3. 一般化

所谓一般化，就是根据以往的经历，形成自己的经验意识，也就是哲学上所讲的"从特殊到一般"。一般化的思维，可以让我们形成学习能力，做到举一反三,甚至根据经验预知未来,防患未然。

但是,有的时候经验也会干扰我们的判断,因为时间、地点、人物、背景等因素都可能发生变化,而我们如果还简单地用以往的经验来判断眼前的行为,就很可能会出现"刻舟求剑"、"守株待兔"的错误。我们不能因为一次在树桩上捡到碰死的兔子,就认为可以守在树桩前不劳而获。

例如,在《快乐星球》这部电视剧中,因为胖哥以前有过作弊的行为,这次考试的时候,教师发现他看纸条,于是就认定他又在作弊。其实,胖哥看的纸条上写的是"一定不能作弊",他是用这个纸条来提示自己,帮助自己克服作弊的毛病。

例如,数学老师发现学生在课堂上使用手机,于是就站在学生旁边观看约10秒钟,学生埋头发信息,稍后发现了数学老师。老师要没收手机,学生情绪激动,结果师生双方在课堂上发生了激烈的冲突。

数学老师的过滤网:数学老师关注的只是学生在使用手机(删减);这个学生上课不认真听课,对老师不尊重,老师很生气(扭曲);观察是为了获得证据,原因是以前没收学生手机的时候曾因为证据不足而造成被动(一般化)。

学生的过滤网:自己因为有急事需要发一个信息,现在数学老师讲的这些内容自己已经掌握,并且发短信很快就能完成,影响不会太大(删减);数学老师竟然偷窥自己的短信,侵犯了自己的隐私权(扭曲);以前某个隐私暴露让自己非常尴尬,并且隐私权不能侵犯(一般化)。

数学老师的心灵焦点是"学生违纪,我一定要找到证据"。学生的心灵焦点是"做老师的竟然偷窥学生的隐私,我无法忍受"。

因为师生二人的过滤网和心灵焦点不同,所以最后双方对行为的理解就产生了很大的反差,于是,师生都认为自己是有道理的,各自强调自己的主观认识和道理,矛盾冲突不断升级。

其实,解决这种师生冲突问题很简单,只要调整一下双方的关注焦点,重新引导双方对事实进行过滤加工,从而改变对事实的理解,矛盾就自然解决。

二、每个人不同的信念系统

大脑在理解投射的过程中还存在一个自动完形的状态,也就是说,大脑会根据固有的信念和标准自动补充一些事实,帮助自己完成最后的判断。如果这个完形过程发生错误，也很容易导出错误的判断。

因此，有时候我们需要学会换位思考，以达到相互理解的目的。

大脑接收信息的渠道使得不同的人形成不同的信念系统，不同的信念系统又对客观行为、事件做出不同的解读，人际矛盾和冲突的根本原因就是信念系统不同。

所谓信念系统（BVR）就是一个人所有的观念、行为和处事方式的总和。该系统由信念（Beliefs）、价值观（Values）和规则（Rules）组成。

1. 信念

信念（Beliefs，以下简称 B）是一个人对于其他人与事物的观点，也就是他所相信的事情或者他认为事物应该是怎样的。信念是一个人主观认定的事实，也就是这个人思维中的真理，例如：①人应该不断进步；②教师要真心关心学生；③今日事，今日毕。

2. 价值观

价值观（Values，以下简称 V）是一个人做事情最终想获得的价值或利益。当这份价值足够时，他便会觉得满足。而信念的存在是为了使他获得某些他所需要的价值。所以结合上面所谈到的三条信念，可能得到的价值是：①这样会更成功；②如此才会师生关系融洽，学生才会亲其师，信其道；③这样效率才会更高。

我们每时每刻的行动其实都是为了获取某些价值和利益。

3. 规则

规则（Rules，以下简称 R）是对某件事情具体的行为做法，它是为了实现某些信念和价值而存在的。学校、班级的各种规章制度就是这个集体的若干规则。

例如：①我每天要有完整的学习计划；②教师每周都要定期找学生谈话，了解情况；③我每天睡觉前都要对当天的学习进行总结。

将以上信念、价值观和规则联系起来，可能是这种情况：①人应该不断进步（B），这样会更成功（V），所以我每天要有完整的学习计划（R）；②教师要真心关心学生（B），如此才会师生关系融洽，学生才会亲其师，信其道（V），所以教师每周都要定期找学生谈话，了解情况（R）；③今日事，今日毕（B），这样效率才会更高（V），所以我每天睡觉前都要对当天的学习进行总结（R）。

如果双方的 BVR 不同，又不能尊重和接受彼此的 BVR，那么就会产生矛盾，并且都认为自己很有道理，而对方是错误的。NLP 理论认为，没有哪两个人是完全一样的，所有人的人格都是平等的，一个人不能真正操控和改变另外一个人。因此，有效沟通必须要建立在彼此尊重的基础上，即进行平等沟通。

每个人都有自己的一套 BVR，并且靠这套系统来获得人生的成功和快乐。NLP 理论认为，一个人不能操控另一个人，更不可以代替他人做出抉择，每个人都应该自己对事情做出决定，然后自己承担责任和后果，如此，这个人才可以不断地进步与成长。

有一位皇帝召集全国最好的设计师与工匠，按照他的身高，花费数万两黄金打造了一张豪华无比的金床。除了皇帝本人之外，所有觐见皇上的来使，都将被挑选安排在这张金床上睡一晚。只要是完全符合金床尺寸的人，皇帝都将赏赐其高官厚禄。

如果这个来使睡在金床上，皇帝发现他的身长不够，就会命令金床四周的彪形大汉，从两边分别拉住他的头和脚，用力地拽到与床的尺寸完全相符为止。这个人会痛苦至极，直到最后死去，但是皇帝对这一切视若无睹，而是非常开心，因为他觉得大家对他很忠心。

如果这个人的身长超出了金床，皇帝便会使一个眼色，这时站在金床两边的刀斧手便会拉住这个人的双脚，按照金床的尺寸将超出的部分砍去。床上的人在痛苦地哀号着，但是皇帝感觉很开心，因为他认为大家对他很忠心。

看完这个故事之后，你会如何评价这位皇帝呢？或许你会认为这是一个地地道道的昏君，无知昏庸到极点，而且极其残忍和暴虐。

然而，你是否发觉，很多人的教育行为，难道不是与这位皇帝有许多相似之处吗？

许多人都会将自己心中的标准作为衡量他人的标准。他们用自己所认为的是非对错的准则来约束对方，对于适合自己内心"尺码"的人就喜欢；假如对方不符合自己的标准，便会反感、气愤、憎恨、敌视，进而出现情绪暴力甚至肢体暴力，就如同他们的心中有一张金床一般。他们可以随意操控、践踏和干涉对方，而完全不顾及对方的无奈、辛酸、痛苦甚至绝望。

每个人都有自己独立的空间和界限，我们需要做的就是了解和尊重对方的界限，而不随意侵犯，就像我们不愿意他人侵犯自己的界限一样。没有谁的BVR比别人的更正确，我们需要尊重和理解对方的BVR。即便是对于一些不能接受的行为，我们仍可以给予一份关注和理解，因为这些行为的背后往往存在着可以被接受的正面动机。关于正面动机，我会在有关章节做专门介绍。

我们尊重了对方的BVR，便等于尊重了对方的人格，于是沟通自然可以更顺利地进行。当然学生的信念系统还处于未成熟期，这就需要教师进行引导，而不是简单地否定和说教。

第三节 理解等于投射，关照自己的内心状态

"心中有什么，就会看到什么"，这就是投射原理。我们看到的外部世界，往往是我们内心世界的投射。为了便于读者深入理解，我在这里专门介绍一下心理学的投射原理。

投射，简单地说就是把自己的东西（你不喜欢自己的部分、喜欢自己的部分）投给别人，来获得自己的坦然。投出去的东西可以是愿望、情感、某些冲动，等等，投出去之后，你自己就舒服了，可以"大义凛然""居高临下"地厌恶、指责、瞧不起、不认可别人，或者"假惺惺"地给予帮助。当然这些有很大的可能都是在你无意识的情况下发生的。所以从某种角度来说，学过心理学的人责任更重，因为你知道了不少事情的责任都在自己身上！

投射的背后往往伴随着一部分自己不愿意承认的东西。你投射了你不接受自己的部分，而同时也影响到另一个人于你而言的真实性，最终的结果往往是投射失败。有反思能力的人会反思自己的行为，以后不再重复；没有反思能力的人则不断地重复投射—失望的过程。

例如，如果一个人上学的时候经常受到教师的批评，以后当他做了教师，看到有的学生出现当年教师为之批评自己的行为时，也往往会很生气。这就是将对自己的不满投射到学生身上。

科恩贝格认为，投射性认同是将内在经历中无法忍受的部分投射到客体身

上，和被投射的部分保持共情；通过防御内在经历中无法容忍的部分，试图控制客体，无意识中诱导客体与他被投射到的部分产生实际的相互作用。

应对投射最好的方法就是面质和澄清，去和你投射的人进行澄清，区分你的投射和他，让他回归他的本来面貌，而你接受你所投射出去的你的部分。可是前提是，你自己需要做好准备，当你发现你所讨厌的自私、小气、无能其实都存在于你自己身上的时候，你需要很大的勇气来慢慢地消化、接受你自己。一个经常发火的班主任内心一定是不平静的，一个对学生和颜悦色的班主任，内心一定是比较平静的，这就是投射在教育方式上的一种体现。

所以，班主任所看到的学生的行为，往往也是班主任自己内心状态的一种投射。如果一个人不能接纳自己，就很难接纳别人。心理学上有一句话：爱自己才能爱别人。不爱自己的人，如果只对自己好，那是自私，如果只对别人好，那是讨好，这些都不是真正的接纳自己、爱自己。如果你发现自己身上有类似的情况，就需要觉察自我，正视自己的内在世界，这样才能从根本上解决问题。

因此，很多时候，教师对学生的行为评价往往自觉不自觉地带着情绪和自己的主观认识。所以，当教师发觉自己对某个学生特别讨厌，或者带有特别强的负面情绪时，请冷静下来，在自己内在的信念、价值观层面进行反省，这样会让自己少犯很多错误。

第四节　事实不等于真相，不要让表象遮住慧眼

我曾经读过一个很感人，同时会带给我们很多警示的故事。

男女主人公原本有着一个非常幸福的家庭，夫妻二人出于孝心将婆婆接到家中，却因为种种猜疑而发生了致命的误会，最终导致了难以挽回的遗憾。

媳妇看到婆婆洗碗的时候不用洗洁精，为了不伤及婆婆的自尊，晚上在厨房里偷偷背着她洗碗，却不巧被婆婆撞上。婆婆感到很生气，因为她认为媳妇嫌她脏。

看到媳妇吃早饭呕吐，婆婆再次感到气愤和受伤，以为媳妇忍受不了她做的这顿早饭。婆婆一气之下收拾东西冲出家门，却被急速驶过的汽车撞倒，后经抢

救无效去世。从此,丈夫连续三天彻夜不归,跟妻子的关系降到冰点。他认为,妻子如果不呕吐,自己的母亲就绝不会冲出家门,于是他将妻子视为间接凶手。

而实际的情况是,妻子之所以那天早晨会突然呕吐,后经检查是因为已经怀有身孕。

当丈夫准备与妻子签订离婚协议时,却突然发现妻子隆起的腹部,刹那间似乎明白了真相。

听到丈夫夜里在屋子里的呻吟,妻子以为他又在故伎重施,因为之前每次吵完架,丈夫都是用这个办法来哄她。她听到丈夫在不停地打字,心想他说不定又在跟哪个女孩子聊天。几个月之后,当丈夫紧握着她的手把她送到医院,然后亲眼看到生产过后平安的母子时,却倒在了地上。

妻子终于明白,丈夫并不是像从前一样在哄她开心,他已被确诊为肝癌晚期。妻子终于知道他之所以在那段时间日日夜夜发出呻吟,是因为他一边在忍受着阵阵剧烈的疼痛,一边在电脑上给他即将出世的孩子写出他这一生的经验智慧。

原本恩爱的夫妻、幸福的家庭,却因为夫妻过于相信自己所看到的"事实",而上演着一次又一次的悲剧!

有专家曾表示,99%的矛盾是由误会导致的。而这些误会产生的根本原因,则是由过于相信自己内心的地图而产生的。一旦我们过于相信自己的地图,便会难以避免地沉迷于自我。而一个过于自我的人,一定只会从自己的角度出发做出推测、假设、演绎,因此得出的结论必定是非常偏激的。

试想一个思想偏激、妄下结论的人,怎能在沟通之中取得好的效果呢?过于执着于自己的内心地图的人,就如同《盲人摸象》里的盲人一般,有的说大象的形状像一面墙,有的则坚持说像一根柱子,还有的说像一把扇子。每个人都只站在自己的角度来谈论,哪里会有什么真正意义上的沟通?这样的"沟通",要么就会徒劳无功,要么就会导致误会。

班主任作为学生思想成长过程中的重要陪伴者,更应该明白事实不等于真相的道理。孩子的价值观还不成熟,抗挫折等能力还比较弱,一个小小的误会就可能对他们造成比较大的心灵伤害。所以,当班主任想批评、惩罚学生的时候,要学会用"事实不等于真相"来提醒自己,让自己冷静下来,找到真相,让教育更有权威。

第五节 打破自我限制的信念,让自己更有信心

在美国,有一对双胞胎,大哥成为一名成功的企业家,而小弟却因为犯罪被关进监狱。一名记者发现了这种情况,就抱着好奇心分别采访了他们。他问大哥:"为什么你可以成为企业家?"大哥告诉他:"从小我爸爸去世了,我妈妈要改嫁。生在这样的家庭,我能怎么样呢?我只能努力工作。"记者又到监狱里去采访弟弟,想不到,弟弟的回答几乎和哥哥一样:"我有这样的家庭,我能怎么样呢?"

兄弟俩拥有同样的生长环境,甚至拥有几乎同样的基因,却有着完全不同的命运。差别在哪里?差别在于,不同的信念决定了不同的人生结果。在同一所学校同一个班级的环境里面,班主任该怎样激励学生呢?

班主任要有丰富的思想蓝图(如图4所示),就要打破限制性信念,建立积极的信念系统。

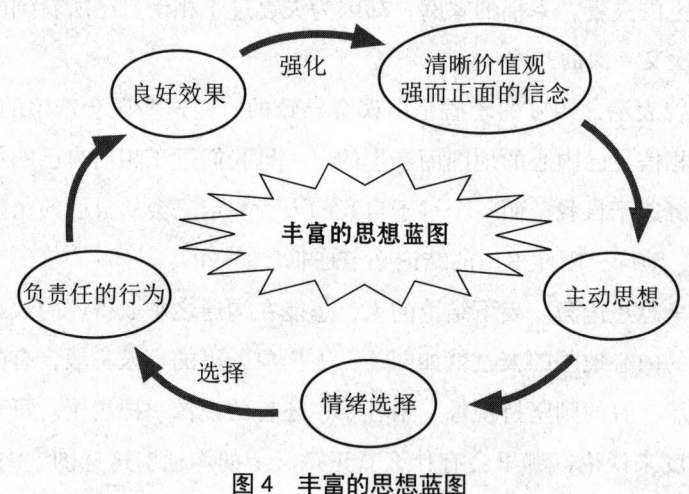

图4 丰富的思想蓝图

信念是人的人生信条,虽然我们常常误认为信念是事实,但信念其实并不一定是事实。信念是行为的红绿灯,我们的行为往往是基于我们以为信念是真实的,假如行为结果是我们所喜欢和接受的,我们便会继续以为这些信念是真实无

误的，比如"先付出后享受""一份耕耘一份收获""我很不好看"，等等。

我们平常所说的信念的力量多数是指积极的、给人以前进动力的思想观念给人的激励，对这些富有积极力量的信念我们一定要坚持。但是在生活中，还有一些负面的限制性信念左右着我们的行为。我们要想让自己有新的突破，就要首先学会冲破这些限制性信念的束缚。

NLP理论认为，最具有破坏力的三个限制性信念是：无望、无助、无价值。

无望：人们不相信某个渴求的目标有可能实现。例如：我在这个偏僻的地方工作，根本不可能成功；无论我再怎么努力，也不可能像那些名师一样成功。

无助：别人可以做到，但我无法做到，不相信自己有能力达到目标。例如：其他人有可能实现这个目标，但不是我；我不够优秀，能力不够，实现不了这个目标。无助的信念存在于大部分教师的潜意识里，左右着他们的行动，有时候他们还用一个冠冕堂皇的说法来美化"人贵有自知之明"。

无价值：我可以做到，但我不值得拥有这些美好的事物。

这些限制性信念的形成和我们的生活经历有关。下面我们借助一个实验来谈谈这个问题。

有一个著名的心理学实验，在实验中有一批狗在执行一个很简单的任务时都失败了。

实验中，有一个很大的笼子，底部是铁做的，笼子中间有一个铁栅栏，把笼子分成两半。实验人员把狗放进笼子的一边，在笼子底部通电，狗受到电击后，会很快地跳到笼子的另一边去，从而躲避电击，而在另一边受到电击时，这些狗又会很轻松地跳回没有通电的一边。这个动作是很简单的，随着通电部位的变化，狗就在这个笼子中跳来跳去，以躲避电击，因此这个笼子也被形象地称为"穿梭箱"。

但是有另外一批同样的狗，它们在"穿梭箱"中受到电击时不做任何跳跃和挣扎的动作，只会浑身发抖、低声哀鸣，一副失败的可怜样。为什么这些狗会表现出任人宰割的惨相呢？

原来心理学家在把这些狗装进笼子之前，对它们进行了如下操作：把这些狗拴在一个铁柱子上，时不时用电刺激它们，狗受到电击后会挣扎、跳跃、咆哮，但是无论它们如何挣扎都摆脱不了电击的折磨。经过几天数十次的电击和无效的挣扎后，这些狗都放弃了努力，在受到电击时只是趴在地上，瑟瑟发抖，低声哀号，再也不挣扎了。这时再把这些狗放进"穿梭箱"中，对于这种轻轻一跃就可以摆脱的电击刺痛，它们也认了。

这个实验告诉我们，所谓的失败其实就是自己的一种感觉，是在试图实现目标的过程中，由于自己的行动多次受挫而产生的绝望感，是自己在心中滋养起来的障碍。如果我们在遭遇挫折之后对自己的能力产生了怀疑，产生了失败情绪，就此放弃努力，那么我们就真的失败了。

其实我们的能力与生俱来，我们的自信与勇敢、自我价值与自尊就在我们的身体里面，存在于我们的内心。起初，我们不断地在外面找它，以为这一切都是在别人的评价中、在别人的赞许中，好像我们的一切都由外界主宰、由环境控制，所以我们一次次地失去了自己。渐渐地，我们开始明白，这些使我们不断痛苦的人和事，其实是为了更好地帮助我们找回自己。当我们能够觉察，当我们相信自己是可以做到的时候，我们就可以做到了。

我们可用下列信念来替换自己的限制性信念。

（1）一切皆有可能。

（2）别人能够成功，只要我按照成功的模式去努力，我同样也能成功。

（3）没有失败，只有暂时还未成功。这些所谓的失败都是通往成功的台阶。

（4）我拥有了成功的所有要素，我需要做的就是把这些要素发挥出来。

（5）凡事皆有因，有因就有果，此果必将有利于我。

（6）把困难当作垫脚石，而不是绊脚石。

我们的信念，常在不知不觉中产生作用。对于好的信念，我们要保留下去。对于不好的信念，我们要运用一些方法改变它，换上新的程序。更换了信念系统之后，我们的头脑中就会形成丰富的思想蓝图。

第二章　做一个有亲和力的班主任
——亲和力是有效沟通的前提

提到班主任，人们往往会想到"威严""凶"等词语，这是因为很多班主任的经验就是不凶管不住学生，"马善被人骑，人善被人欺"，脾气好的班主任会被学生欺负，而在实际的教育教学中类似的情况也的确常常出现。然而问题是，借助"威严""凶"就真的能做好班主任吗？被学生欺负的真正原因是脾气好还是教育的自信和能力不足？苏联教育家苏霍姆林斯基说：皮鞭不只会降低孩子的尊严，也会毁损孩子的心灵。高压式的管理只会得到表面的驯服，学生内心的抗争与不服将会潜伏久远，甚至会对其心灵产生巨大的伤害。这样的管理模式与当今倡导全面发展、个性发展的理念也不一致。

据我了解，那些知名教育家和著名的班主任都是对学生特别亲切，是学生眼中的脾气好的人。心理学研究证明：亲和力是产生信任的基础，而信任是产生教育效果的基础。"亲其师，信其道"说的就是这个道理。要想做一个会沟通的班主任，首先要建立起自己的亲和力。

第一节　什么是亲和力

亲和力（affinity）的狭义概念是指一个人或一个组织在所在群体心目中的亲近感，其广义概念则是指一个人或一个组织能够对所在群体施加的影响力。

亲和力源于人对人的认同和尊重，很多时候，亲和力所表达的不是人与人之间的物理距离的远近，而是心灵上的通达与投合，是基于平等的相互之间利益的转换。真实的亲和力，以善良的情怀和博爱的心胸为依托，是一种发自内心的特殊禀赋和素养。

亲和力是人与人之间信息沟通、情感交流的一种能力。具有亲和力的人，会每天都保持自信、乐观、向上的心情去面对每一个人，对每一个人都不觉得陌生,会视他们为熟人、朋友、老乡、亲人,这将使他人加深对他的信任感。

当然,亲和力从本质上来说除了继承某种先天性的东西之外,更多的是自身的一种综合气质。它要求你必须具有良好的文化素养、优雅的谈吐和大方的举止。从很大程度上来说,亲和力是一种可以通过后天的努力来获得的能力,在日常工作中,我们要有意识地培养自己的亲和力。

要培养亲和力,首先就得装扮大方,显示出淡雅清新的气质,给人以舒适感;要学会微笑,努力使笑容真实自然;要有意识地放慢说话速度,让自己的表达清晰、有逻辑,但也不要过于慢条斯理,让人感觉到没有激情;要多培养自己的兴趣爱好,不断培养自己的信心,不断地与人沟通;业余时间要多听一些舒缓的音乐,看一些杂志书籍,保持自然平和的心态。

拥有亲和力的教师非常受学生欢迎,正所谓"亲其师,信其道",要想让学生亲近教师,教师就一定要先拥有亲和力。

需要强调的是,亲和力与教育无力不同。很多年轻教师,一开始对学生很好,天天面带笑容,结果时间久了,因为和学生太过于亲近,结果造成学生的亲而不敬,让教师在学生面前失去了应有的威严,管不住学生。

同样,一旦失去亲和力,教师只是靠所谓的"师道尊严"来压制学生,这样的沟通就会激化矛盾,甚至造成严重后果。

有一次我在一所学校交流的时候,听说一个体育教师埋怨现在的学生是多么难教,甚至不懂感恩,他感叹世风日下,人心不古,所以为了自保,他认为对学生不要太严。有这种想法的教师,往往在与学生的亲和关系上做得不够,这样的教师很难享受到职业的幸福感。

记得有一年一个高一的学生,因为违纪被班主任批评,冲突非常激烈,最后请来了家长,由师生冲突变成了家校矛盾。高二分班的时候,这个被班主任称为"不可救药"的学生分到我班,我从关心这个学生入手,了解他的兴趣特长,和他一起打球、聊天,解决他的思想困惑,给予他肯定和鼓励。于是,这个学生很配合老师的教育。有一次做课间操的时候,他下楼的速度有些慢,我就从后面踢了他一脚(很轻),一开始他很生气,回头一看是我,于是很开心地跑下去做操。如果没有亲和力做基础,教师如此"粗暴"是学生很难接受的,相反,如果亲和力足够,这样的行为反而是师生互动的良好表现。举个简单的例子,当我们和很久没谋面的好友或发小见面的时候，我们一般不会很客气地握手、礼貌地问好，而是会给对方一拳，以表达自己的思念之情。所以，无论对于什么样的沟通技巧、什么样的教育方式，教师都需要从建立亲和力开始。

第二节　快速建立亲和力的方法

在生活当中，亲和力和影响力经常是密不可分的，有影响力的人一定拥有非凡的亲和力。就好像我们初次见到一个人，他身上散发出一种独特的力量，迫使我们不得不去喜欢他，那种神秘的力量便是亲和力，我们就是被这种力量吸引了。

有两种类似镜子的特质：亲切或合群性，以及活力或耐力。

当你表现出这些特质时，别人也会跟着表现出来，你想让别人怎样对待你，你就应怎样对待别人。

有些教师不了解这一点。对他们来说，说一声"你好"来跟学生打招呼，都显得是那么多此一举。他们只会点头或低哼一声，表示知道你在那里了。我观察到，学生跟老师打招呼的时候，有的教师好像感觉理所当然，反应冷淡，甚至没有反应，更多的时候是我看到班主任在和学生打交道的过程中面色严峻，一副管教的面孔，语言冰冷，充满说教甚至训斥，以这样的方式怎么能赢得学生的好感与信任？这样要不了多长时间，学生也会以同样的态度来回应他。那么，班主任该如何建立亲和力呢？

一、建立亲和力首先要深刻地认识自己

人贵有自知之明，一个人只有深入地了解自我，才能更好地了解他人。所以，先深刻地认识自己才是真正具备良好的人际亲和力的基石。每个人在成长的过程中都会有一些创伤和问题，也许会在童年时代感觉到自卑或者自傲，或者以自我为中心，或者曾经遭受到各种各样的心灵上的创伤，这些问题的存在都会影响成年之后的人际亲和力。要想深刻地认识自己和了解自己，不让童年时代的阴影影响现在的人际交往，应从自我反省开始。

如果一个人不了解自己潜意识的内容，童年时代的潜意识中的某些东西就会

支配他成年后的某些行为。如果能够对自己的潜意识有深刻的了解和洞察，你就能够拥有更为良好的人际亲和力。

在深入了解自己的基础上进行人际交流的实践是增强人际亲和力的重要过程。在不断的人际交流实践中，别人作为一面镜子，可以折射出自己的某一面，从别人的身上，你可以看到自己心灵中自己看不到的侧面。在与他人的交流实践中，你还可以不断强化自己的实践能力，随时修正自己。有一些人在童年时代就很少有和人交往的机会，虽然他们曾经是快乐活泼的孩子，可是由于成长在封闭的家庭环境中，他们和人交往的潜能被压抑了，他们成年以后渐渐成为木讷寡言、紧张而容易害羞的人。有的人虽然在青少年时代很少和人交往，缺乏实践的机会，但他们成年以后由于生活所迫，不得不去从事销售等专门和人打交道的职业，渐渐地，他们和人交往的能力在实践中增强了。所以说，实践是增强人际亲和力的必修课程。

每个人都有自己特定的成长环境，而一个人所生长的家庭环境和社会环境给他的自我亲和力意识打下了烙印，使他形成了自己独特的观点。当他和其他人交往的时候，这些观点会影响他对他人的评价。当他仅仅根据自己的世界观、人生观和价值观去评价他人时，就无法深入理解他人内心深处的感受。所以在洞察自我的基础上，在人际交往的实践中，我们要不断地放下自己固有的价值观的标准，耐心地倾听来自他人内心深处的声音，这样便会看到一个个与自己不同的全新的内心世界。如此，我们的自我意识就会扩展，对人的理解能力就会增强，人际亲和力自然也就增强了。

另外，我们要时刻注意自己的情绪，避免烦躁情绪的干扰和破坏，不要让情绪污染了身边的环境。一个人的情绪状态会体现在他的肢体和表情上，然后会影响周边的气场，从而影响到周边的人际关系。

二、建立亲和力的技巧

除了上述的自我觉察之外，下面的一些技巧（即 4S 技巧）也有助于你在短时间内建立亲和力。

（1）注视（See）。当我们和他人交流的时候，最好是很自然地看着对方，这样传递的信号是"我很重视你"，对方同样会收到被重视的信息。

（2）微笑（Smile）。对他人微笑的含义就是"我很高兴见到你"，这对他人来说是一种很大的肯定。微笑是人际交往的第一份见面礼，会微笑的教师往往会受到学生的欢迎。

（3）握手（Shake hand）。通过握手，双方会发生合理的肢体接触，这有助于拉近彼此的距离。握手的时候要注意正确的姿势和力度，要传递你的真诚和热忱，不要让对方产生被轻视的感觉。

（4）说话（Speak）。有前面三个环节做铺垫，最后才是开口说话，这样就为双方的进一步交流打下了良好的情感基础。说话的时候除了要注意自己的语言内容之外，还要特别注意语调和声音的高低。

第三节　建立"情感银行"，让自己的情感保持富足状态

是否有人曾经对你做过一些特别的事让你觉得欠了他（她）什么？你是否很想做些事情去"偿还"？你是否觉得有些看不见的"债务"让你怎么还都好像还不清？当"情感债务"如影随形而你又有心无力时，又会怎样……人与人之间的关系好像都是一种"你欠我""我欠你"的关系，就像银行一样，总会出现"存款"和"取款"、"放贷"与"借贷"的关系，一个拥有足够"存款"的人会获得各方面的支持，而不健康的"情感债务"则会破坏我们的关系，摧毁我们的健康，消耗我们的生命，引起无止境的痛苦。

我们生活在一个历史悠久的国度中，聪明的中国人历来擅长"搞关系"，但就在"搞关系"的这个过程中（不管是无意的还是有意的），从心理学角度看，就留下了大大小小的"我欠你""你欠我"的"情感债务"，也就是我们俗称的"人情债"。这些藏在我们内心深处的人情债，有些我们能够意识到，有些根本都意识不到，但它们又常常左右着我们的关键决策，控制着我们的行为，常说的"士为知己者死"，何尝不是偿还人情债的极端演绎？！因此，作为班主任，我们一定要注意经营自己的"情感银行"，只有自己的"情感银行"富足了，才能够感动和激励更多的学生，才更能赢得学生的心。

通过图5，我们可以直观地看到如何建立和经营自己的"情感银行"。

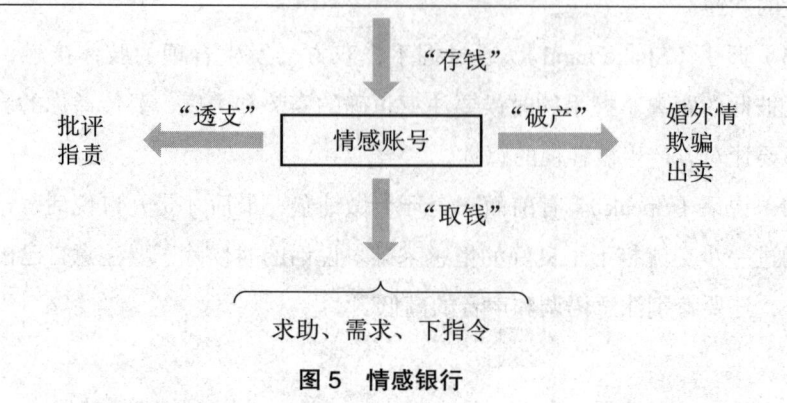

图5 情感银行

一、要经常往自己的"情感银行"里"存钱"

"存钱"的方式就是鼓励、肯定、赞美、关爱、支持。人性的特点之一就是渴望被赞美和认可,喜欢表扬、不喜欢批评,喜欢鼓励、不喜欢打击,成长中的学生,尤其是当今的学生,从小被父母疼爱有加,班主任的鼓励、肯定等言行对于他们就显得尤为重要。所以,班主任在和学生交流的时候尽量不要用"权威"说话,过分强调自己的权威往往会让自己失去权威,要多一些人文关怀,对学生做得好的地方及时给予鼓励、肯定、支持,平时交流的时候多关心一下学生的生活状况,在学生遇到困难的时候,及时伸出援助之手。古今中外的那些名师或教育家,都是这方面的高手。著名教育家陶行知的"四块糖"的故事,更是这方面教育的典型案例。陶行知面对犯错的学生,没有任何的批评,而是用四块糖进行肯定,让学生自我反省,这样的教学效果是批评、说教的方式难以企及的。

二、谨慎"取钱",避免"透支",杜绝"破产"

当我们的"情感银行"存款丰富的时候,"取钱"也就比较容易,班主任的管理策略和行为往往很容易被接受。为了让"情感银行"处于良性状态,班主任还需要谨慎"取钱",避免"透支",杜绝"破产"。"取钱"是指求助、需求、下指令。班主任尤其要避免采取下指令的方式,因为这样很容易把自己置于高高在上的位置，无意中就会弱化学生的自尊。敬人者人恒敬之，如果学生的自尊经常受到挑战，那么班主任的亲和力和威信就会受到影响。在经营"情感银行"的过程中还要尽量避免"透支"，即批评、指责，即使学生犯了错误，也要讲究批评的艺术，保留学生的尊严，让对方自察自省，而不是抓住他们的错误猛攻到底。"杀一儆百"的做法要慎用，否则很可能杀一伤百，失去民心。同时还要尊重每个学生的意见和感受，很多时候学生会根据自己的理解向班主任"进言"，或者想向班主任讲述自己的秘密，班主任要做出承诺，守信用，尊重学生发言的权利和动机，不要轻易出卖学生的感受和秘密，否则苦苦经营的"情感银行"就可能瞬间破产。

有一位年轻的班主任，开始的时候深得学生的信任，被学生称为"知心姐姐"。后来一个男生向该老师讲述了他的一个秘密：他喜欢班里的一个女生，后来遭到这个女生的拒绝，该女生甚至都不和他说话了，见面就躲着走。男生很苦恼，就向"知心姐姐"倾诉，甚至说如果这个女生不同意和他交往，他就去跳楼。最后，男生一再向老师强调，不要把他的事情告诉家长。这个班主任很为难，最后权衡再三，还是通知了家长。

接到老师的电话后，男生的父母、爷爷奶奶等都来到学校一起做男生的工作，该生什么语言都听不进去了，只是感受到"欺骗和出卖"。当天晚上他就逃出校园，喝酒解闷，冲动之下，冲到办公室对班主任大发脾气，之前班主任建立起来的"情感银行"瞬间破产。其实，班主任可以在理解尊重学生情感的基础上，通过有效的语言引导，促使这个男生化情感的力量为学习的动力，激励他用优秀的表现来赢得美好的爱情，这样的教育思路才更有效。

当然，班主任在做工作的时候，还要小心不经意的"出卖"。例如，我在教高一的时候，我班的女班长向我反映班里一个男生有欺负女生的行为，如果我直接找该男生谈话，他可以矢口否认，并问我是谁说的，如果我不经意地说出"是女班长说的"，为自己的批评找依据，那就把女班长给出卖了，以后要想让班干部再向班主任反映班里的情况就很难了。

三、坚持原则，温情执法

让制度看守哈佛，使哈佛成为了世界一流名校。在依法治国的大背景下，制度治校已经成为大家的共识。然而，教育又是一门特别讲究"人情"的艺术，如果教育失去了"人情"，无论多么严谨的制度，都会带来致命的损害。

有一次我班的团支部书记迟到，该生一直表现很好，为班级建设尽心尽力，这次的迟到也存在客观原因。如果因为该生平时表现好，就放她一马，必然会影响班规的尊严，也会影响班主任的威信，班主任强调的"班规面前人人平等"也就成了空谈。于是，我找到该生说："老师很纠结！考虑到你平时的表现，为班级做出的贡献，再加上事出有因，从情感上考虑，我真的不想惩罚你。但是，全班同学都看到你迟到了，如果不罚你，又很难服众，你看该怎么办？"该生看到老师对她的理解和尊重，主动告诉我："老师，你不用纠结，我知道该怎么做。迟到受罚是班规规定的，我作为班干部应该带头维护班规的尊严。"于是，她主动在全体同学面前，按照班规的规定接受相应的惩罚。然后，我又在全体同学面前表扬该生：这就是班干部的表率作用，应该为这样的班干部点赞。如此，不但维护了班规的尊严，也照顾了学生的情绪，还树立了班干部的良好形象。

第四节　配合与映现，让亲和力体现在言行中

古语说："物以类聚，人以群分。"古语又说："同声相应，同气相求。"二者说的都是一样的道理：类似的人彼此之间比较容易相处与亲近。因此，我们就可以尝试用一些方式与他人配合，让对方感觉我们是可以亲近与信赖的。那么，怎样才能让对方对自己产生"同类"的感觉呢？和对方保持同步状态是关键要素。

亲和力指的就是要进入别人的频道。人与人之间的相处，首要的是必须找出共同点，人们之间相似之处愈多，就愈能彼此接纳和欣赏。你是否有过这种体验——你曾经碰到过一个人，你和他接触了没有多久，就有那种一见如故、相见恨晚的感觉，莫名地就对他有一种信赖感和好感？不论你是否有过这种体验，我的问题都是：你是否希望不论谁见了你，只要和你相处十几分钟或半个小时，就会对你产生信赖和好感，觉得和你一见如故？你是否希望自己走到哪儿都是一个受人喜爱和欢迎的人？同步沟通就能产生这种效果。

一、情绪同步

情绪同步就是指在情绪上、心境上和沟通对象处于同一个频率。

班主任每天都要保持活力,要有自信心,笑容要常挂脸上,碰到同事和学生一定要面带微笑,要有活力,用自己的正能量来影响对方,但有时候也需要适当收起笑容,来配合对方的情绪状态。例如,如果有学生遇到了挫折和打击,目前正处于情绪的低潮期,这个时候在他面前你就不能面带笑容,更不能哈哈大笑,而是要配合对方的情绪状态,面露忧色,感同身受地和对方交谈。要让对方能够感觉得到,在心理和情绪上你是很理解他的,这样他就会有一种被理解、被尊重、被接受的感觉。

二、共识同步

在人与人之间的影响和沟通方面,有一个著名的"七加一法则"。什么是"七加一法则"呢?如果你想一直让一个人处在认同你的状态,你就借由问题引导他,让他一直说"是的""我赞成""我了解""我同意"之类的同意语词,如果你让他同意了七次,通常你在第八次问他的时候他仍会习惯性地表示同意。

但是,在提问时你必须注意两点:第一,问题必须要引至你的目的,如果问题与你的目的风马牛不相及就丝毫无用;第二,必须很自然地进行,问句不要问得很拗口,要顺畅自然。在提问的过程中要创造对方的兴趣,借由问题来引导对方产生正面的回馈。思考是一种问答过程,你要想引导一个人的思考,就必须要借由问题来引导。

三、价值观与信念同步

人与人之间会有价值观的不同。例如某甲追求安全感,某乙追求冒险和刺激,各有不同的价值观。某甲问某乙:"放假你要去哪里?"某乙答:"我打算去哈尔滨滑雪,因为我很喜欢冒险和刺激。"由于某甲是一个非常顾家、注重安全感的人,所以他很不以为然,对某乙说:"放假你不在家里休息,陪陪家人,还和朋友去滑什么雪,万一不小心从山上摔下来摔断了腿怎么办?"某乙听了就会觉得很扫兴,他可能已经很高兴地准备了三个月了,却被某甲当头一盆冷水。这就是一种价值观的冲突。

不同年龄段的学生，在这一点上的要求不同。低年龄段的学生价值观还没有形成，往往以成年人的标准为判断的准则，所以，幼儿园、小学的教师要多向学生传递正能量，帮他们树立清晰而又积极的人生信念。8—13岁的学生以模仿为主，这是身教重于言教的典型时期，所以，教师要注意以身作则，做好学生的人生楷模。14岁之后，学生的价值观开始形成，对于这个年龄段的学生，教师要学会尊重，在理解、尊重其价值观的基础上进行积极有效的引导。

在与家长、同事沟通的时候，要考虑价值观的一致性，先在这个层面上取得共识，然后才能深入交流。

如何做到价值观和信念同步？同步不是要你去逢迎拍马。使价值观和信念同步最简单的方法就是先跟后带。碰到任何人有反对意见，你可以先说"我很了解""我理解""我感激""谢谢你提了这样一个意见，同时"……尽量不要说"可是""但是"等。例如，当有人和你的意见不同时，可以这样说："我很了解你的看法，同时我对这件事情的看法是……"这样，你既尊重了对方的观点，也能够顺利表达自己的意见，从而达到沟通上的一致性。要了解如何做到"先跟后带"，请参考本书第九章第五节的内容。

四、生理状态同步

要做到生理状态同步，最有效且快速的方式就是"镜面映现"。人与人之间的沟通有三个渠道：一是语言和文字；二是语气或音调；三是肢体语言，例如表情、手势、姿势、呼吸等。根据调查分析，人与人之间的沟通，文字只占了7%的影响力，有38%的影响力是来自语气或音调。

例如，当某人对你说"我爱你"这三个字时，如果用一种咆哮愤怒的音调和语气，你会有什么感觉？你可能感觉到的是"我恨你"这三个字。同样，若有一个人用轻柔搞怪或嗲声嗲气的方式说"我讨厌你"时，你感受到的可能就是一种挑逗或爱意了。

最重要的占了55%的影响力的部分，就是肢体语言。一个人的举止动作、呼吸和表情在沟通时所代表和传达的信息量，往往超出了他所说的话。有些演员即使随便说一句话，也能引来哄堂大笑，有些哑剧，即使没有文字和声音，也能达成莫大的娱乐效果和影响力。但一般人在沟通的过程中，却时常会忽略这个占了55%的比例的沟通渠道。

所谓镜面映现，是通过一种对映或临摹对方的方式让一个人在文字、声音、肢体语言三方面都能和对方形成共同的沟通模式。换句话说，当两个人所使用的语言、语气、音调、说话态度、呼吸方式及频率、表情、手势、举止动作都处于一种共同的状态时，自然会产生一种共鸣，两个人都会很直觉地认为对方与他个性相近，并且产生一种亲切和信赖感，由于这种感觉的产生是无意识的，所以我们也称镜面映现为一种潜意识沟通模式。近代的埃里克森催眠学派的创始人催眠大师米尔顿·埃里克森（Milton Erickson）博士通过这种方式，借由模仿对方的语气和音调、呼吸方式及频率、表情、姿势等，便能在短短的几分钟内，让对方无条件地信任或接受他。

或许有人认为这种模仿他人话语、音调、姿势和表情的方式有点愚蠢，似乎很做作且没有诚意，不是一种自然的表现。但事实上沟通最大的障碍就在于你不了解对方的想法和心境，当你和一个人有相同的想法和心境时，自然会沟通无障碍，而你如何才能做到这样？当甲模仿乙的生理状态时，甲不但会和乙有相同的内心感受，甚至会有相似的想法，而对方的想法和感受，不正是我们想知道的吗？事实上，这种模仿的过程其实每个人都已经在做了，只是没有意识到而已。你可以找一对感情很好的朋友或夫妻，仔细观察他们在讲话时的表情、姿势、肢体动作或用语遣词是否都有许多共同或相似之处。

对肢体动作、脸部表情及呼吸的模仿与使用是最能帮助你进入他人频道并建立亲切感的方式。当你和他人谈话、沟通时，你可以模仿他的站姿或坐姿、他的手和肩的摆放姿势，以及他的举止。有许多人在交谈时惯用某些手势，你也可以时常使用这些对方惯用的手势来做表达。他耸肩伸颈，你也耸肩伸颈，他用胸部呼吸，你也用胸部呼吸；他吸气时你也吸气，他呼气时你也呼气；当他的脸部有何表情时，你也和他一样——这么做你可能一开始会觉得幼稚或不习惯，但当你能模仿得惟妙惟肖时，你知道会产生什么效果吗？对方会莫名地开始喜欢你、接纳你，他会自动地将注意力集中在你身上，而且觉得和你一见如故。

但在做这种镜面映现的过程中，要注意别去模仿他人生理上的缺陷。若某人行动不方便，脚有缺陷，你就不能去模仿他走路的样子，若有人说话口吃，你也不能去模仿他的口吃，如此只会弄巧成拙。

要模仿一个人，必须具备敏锐的观察力及弹性，同时唯一能让你熟练的方法就是练习。在一开始模仿他人的动作、表情、呼吸时你会觉得非常不自在，同时做得不好或不像，这是必然的。不过当你练习得多了，你会对人生理上的变化及肌肉使用变得特别敏感，这时你甚至不必刻意地去模仿他人的生理状态，便能自然地做出和对方相同的动作、表情和呼吸来。当你到了这一程度时，成功也就离你不远了。映现和模仿是具有转移性的，你一开始是跟随和模仿他人的文字、声音、肢体动作，当你一旦进入对方的"频道"，你便会从跟随的地位转换成带领的地位，这时你就可以不必再去模仿他说话及其动作，而是以主动的方式改变自己的语气及动作，这时对方将会不知不觉地随你而变。你先借由模仿来进入他人的内心世界，进入其"频道"后，你便可借助这个契合来引导对方的行为，而一旦你可以引导对方，你便已发挥了潜意识说服的能力，这时你会发现对方特别容易认可和接受你的想法和意见。

五、语调和语速同步

与对方的语调和语速同步，就是说要使用对方的表象系统来沟通。表象系统分为五大类。每一个人在接受外界信息和向外界传达信息时，都是通过五种感官来进行的，它们分别是视觉、听觉、触觉（感觉）、嗅觉及味觉，而在沟通中，最主要的是视、听、触（感觉）三种渠道。由于受到环境、背景及先天条件的影响，每一个人都会特别偏重于使用某一种感官要素来作为头脑接收处理信息的主要渠道。

倾向于使用视觉的人（我们称之为视觉型）特别偏好用眼睛来理解周遭的世界及信息，同时借由视觉形象或图案的方式来记忆与思考。倾向使用听觉的人（我们称之为听觉型）喜欢用耳朵来知觉事物，同时也惯于在行为或表达上使用明确的文字或信息。以触觉为主的人（我们称之为感觉型或触觉型）借由他的经验或感受来接收或传达信息。

视觉型的人处理信息及思考主要是通过图像转换的方式，因为头脑中图像的转换速率很快，而他在说话时，要追上头脑中图像的变化，所以视觉型的人说话速度快，音调也较高，他们的呼吸较为短促，且通常以胸腔部位呼吸，呼吸时胸腔起伏较大、较明显，而且经常在说话时耸肩伸颈。听觉型的人说话不疾不徐，音调平和，呼吸匀称，通常在胃部（横膈膜）处起伏较大，说话时喜欢侧耳垂肩。感觉型的人说话慢吞吞的，声音低沉，说话时停顿时间长（需要去感受及思考），同时说话时所使用的肢体动作或手势较多，通常以腹部呼吸。

对于不同表象系统的人，你得使用不同的语速、音调来说话，换句话说，你得用他的频率来和他沟通。以听觉型的人为例，如果你想和他沟通或说服他去做某件事，却用视觉型的、飞快的速度跟他描述，恐怕收效不大。你得和他一样用听觉型的说话方式，不急不慢，使用和他一样的说话速度和音调，这样他才能听得真切，否则你说得再好，他也没有听懂。再以视觉型的人为例，若你以感觉型的方式对他说话，慢吞吞而且不时停顿地说出你的想法，不把他急死才怪。所以对不同的人要用不同的方式来说话，对方说话速度快，你得跟他一样快，对方说话声调高，你得和他一样高，对方讲话时常停顿，你得和他一样也时常停顿，你若能做到这一点，对你的沟通能力和亲和力的建立将会有莫大的帮助。

例如夫妻之间的沟通，假设丈夫是感觉型，妻子是听觉型，如果丈夫在外面忙了一天，回到家为了表达对妻子的想念，一进门，他一定会使用他的肢体动作（触觉、感觉），例如抱一抱、拍拍妻子的头，听觉型的妻子就会一脚把丈夫踹开："你干吗？！一进门就毛手毛脚。"丈夫觉得很委屈，就说："我今天一整天都没有见到你，想要表达一下想你呀！"妻子就说："你会想我？你有多久没有跟我说一句你爱我了？"因为她要听到才算数。所以这两个人有很大的沟通障碍，夫妻之间容易产生矛盾。

又如，男女朋友在热恋的时候都不会有问题，视觉、听觉、感觉三种都完全符合，因为一开始你在跟对方接触的时候，不管你是什么型的，你一定是视觉、听觉、感觉都同时并用，而且不是一方在用，是双方都在用。但是当两人越来越熟悉之后，就会原形毕露，本来是感觉型、本来是视觉型或者本来是听觉型的都回到原来的表象系统去了，彼此间就会开始有冲突产生。

在语调和速度上应与对方同步。当你碰到一个视觉型的人，他讲话很快的时候，你也要讲话很快；他音调很高的时候，你的音调也要很高；他讲话很注重抑扬顿挫、用字选词的时候，你也应该做到抑扬顿挫，注重用字选词。而当你碰到一个讲话讲一讲停一停，嗓音又很有磁性、很低沉的人时，你也应该说得慢一点，仿照他的速度。当你能够做到这一点时，你就有了38%的亲和力。

六、语言文字同步

什么叫语言文字同步呢？很多人说话都惯用一些术语，或者是善用一些词汇，例如有些口头禅。如果你能听得出对方的惯用语，并时常使用他的这些惯用语，对方就会感觉你很亲切，听你说话就觉得特别顺耳。所以，若你能够使用对方的语言，又使用与他相似的音调、语速、声音，又和他有相同的生理状态，他看到你时就会像在镜子当中看到自己，自然就会对你有好感。

第五节 与不同类型的人沟通

不同表象系统的人，因为他们头脑中处理资讯所偏重使用的感官不同，所以也会偏重于使用不同的"感官文字"或"感官用语"。与不同的人沟通时，只有使用对方最常用的感官文字或感官用语，才能让对方更容易了解及接收你所欲沟通及传达的信息。而经由语言文字，人们会显示出他们偏重于使用何种感官系统来理解及组织周遭的信息与经验。以下分别为视觉、听觉、感觉三种不同类型的感官用语的例子。

视觉型：我可以"看出"你所说的；这件事"看起来"不太对；我必须搞"清楚"这个概念；我现在头脑一片"空白"；让我们"瞧瞧"你的计划。

听觉型：我已经"听到"你所说的；这件事"听起来"不太对；仔细"听好"他们想说什么；这个想法在我脑中已经"回响"好一阵子了。

感觉型：对你的提议，我"觉得"不错；"掌握"好这件事；一个"坚实"的计划书；我们正"面临"阻碍；我得"体会"一下你所表达的意思是什么。

视觉型的人喜欢快节奏，说话很快，思考也很快，喜欢阅读图表，行动力强。

听觉型的人喜欢秩序，说话较慢但很有条理，喜欢交谈与聆听，行动力稍次。

感觉型的人重视感觉，爱好舒适，说话有时是不看对方的，速度也慢。

知道了这些之后，我们与别人交谈时，就可以观察对方是什么类型的，然后配合他的特点来沟通。例如：对于那种说话速度极快的人，要强调行动与成果；对于那种说话时要分成几个要点来讲的人，要强调逻辑与条理；对于那种慢吞吞的人，要多谈谈感受。

我们来看看下面不同类型的人的对话。

感觉型：我只是"觉得"这份计划书仍不够完整，我一时之间也"感觉"不出到底哪里有问题，但就是"觉得"有什么地方需要修正。

视觉型：我认为你被自己的"观点"限制住了，如果你站在我的"角度"去"看"，你就会发现其实没什么好修正的。

感觉型：我不认为这份计划书已"抓住"了重点，这会导致严重的问题。

很明显，这两个人正"鸡同鸭讲"，视觉型的人"看不到"对方所欲传达的"感受"，而感觉型的人"感觉不到"对方所要表达的"观点"。接下来的一段对话则是"视觉型"与"听觉型"无法沟通的例子。

听觉型：我想和你"谈谈"我脑中的一些想法，希望你能告诉我一些你对这些想法的意见。

视觉型：让我来"看看"你的想法，你有什么"具体"的计划或资料可以先让我"瞧瞧"吗？

听觉型：我的这些想法才刚萌芽而已，我只想先"听听"你初步的意见，还没什么具体可"说"的，我本以为和你先"谈谈"就好了。

视觉型：当你有具体的东西可"呈现"出来时再来找我吧！让我"看见"你有值得"重视"的想法，那时我们再来进一步讨论吧！

同样，错误的沟通之所以产生，是因为双方都没有发现对方使用何种感官系统或用语来接收及传达信息。下面的对话则是一个以同步方式来和对方沟通的例子。

视觉型：当我再次"看过"你给我的这份计划书后，我发现其中有若干地方不"清楚"，我不太明白你究竟想表达什么。

同步：我可以"清楚地看出"你的意思，让我先向你勾勒出这份计划书所要表达的"图景"，如此可更明白地"展示"出我的想法。如此一来，我相信我们可以"看到"相同的部分。

听觉型：我认为我们应该进一步"讨论"一下，因为"听"过你所说的之后，我认为你说的和我想的有些差异。

同步：我想我"听懂"你的意思了，让我再"重述"一遍刚才所讲的，你若有任何不了解之处，可随时提出和我"讨论"。

感觉型：我"感觉"不到你的重点，我"觉得"你似乎在强调这个，但我不是很确定。

同步：我可以"感受"到你的意思，让我们再回头来"思考"一下这份计划书，同时"挑出"其中不完善之处。

在上面的例子中，采用对方所使用的表象系统和感官用语来进行应对与说明，有助于更快速地沟通及达成协议。

了解了不同的人有不同的接收信息的主渠道，教师在上课的时候，就要考虑全班学生的情况，丰富教学语言，文字（板书）、声音、肢体等多种语言共同运用，这样必然会提升教育教学效果。

第三章　做一个懂得尊重的班主任
——尊重是有效沟通的基础

尊重是昂贵的黄金，但没有标价；尊重是悠长的时空，但没有尽头；尊重是生命不朽的延续，源远流长。尊重的价值，在于它的永恒，在于它与日月同辉。

一句赞美，一个鼓励，使我们感受到了别人对自己的尊重，感受到了自己存在的价值。要想得到他人的尊重，就应当首先尊重他人。你只有尊重了别人，才可能从别人那里得到应有的尊重，尊重别人就等于尊重自己。

有一次，英国的维多利亚女王招待了一批印度客人。印度客人用过餐后错把端上来的洗手水当成汤喝了。为了保护他们的尊严，女王也面不改色地喝了洗手水。这是一件很平凡的小事，但其中隐藏着尊重的价值。每个人都有地位高低之分，但无人格贵贱之别。无论是高贵的女王，还是普通的百姓，无论是伟大的科学家，还是辛苦的清洁工，都值得我们尊重。我们没有理由以低下卑微的态度去仰视别人，也没有资格用不屑一顾的态度去嘲笑别人。假如别人在某些方面不如我们，我们不要用傲慢和不敬的话去伤害他们的自尊；假如我们在某些方面不如别人，我们也不必以自卑或嫉妒去代替应有的尊重。

尊重就像一个善解人意的小姑娘，她透明的微笑叫理解，她淳朴的心灵叫高尚；尊重又像一位德高望重的学者，饱含待人处世的智慧，尽显人格操守的高贵！因此，班主任如果要真正和学生进行有效的沟通，就一定要把"尊重"二字放在前面。

第一节　尊重学生的尊严底线

先看一个关于尊严的故事。

外祖父年轻的时候曾经跟人做生意。有一次他的父亲病了，急需用钱，他就趁老板不在的时候偷了5块大洋，结果被正好回来的老板看到了。外祖父极其尴尬难堪。但是老板说："我忘了给你了，那正是你应得的红利，赶快拿去吧。"外祖父知道那是老板在保全他的面子啊！他从此发愤图强，终于创下了一片家业。

新中国成立前的那几年，天灾人祸多，村子里有很多人家吃不上饭，外祖父家自然就成了穷人偷盗的目标。他们偷粮食，偷地窖里的地瓜，偷家什。这些外祖父都知道，他甚至因此而辞退了帮助看家的雇工。来偷粮食的，他就装作没有看见。偷家什的，他就悄悄地对人家说，不要拿家什，拿粮食吧。有一次隔壁的邻居来偷地瓜，结果装多了，自己怎么也翻不过墙去，外祖父干脆自己从后面托他过去。

外祖父的哲学是：他们是因为没有办法才来偷的，要是还过得去，谁愿意做贼？他知道我们发现了他，但我们没有声张出去让他丢人，保全了他的面子，所以他不会再来偷了，人都有尊严啊！

外祖父用这种方式到底帮助过多少穷人，谁也不知道。但是，外祖父的村子里后来盗贼几乎绝迹了。

这个故事，母亲给我讲了很多年。我常常面对这个故事沉思：尊严是一个人生命中最重要的东西，如果你懂得了维护别人的尊严，你的尊严就无处不在了。

一个人的尊严是他最重要的东西，我们做教师的，是否要时刻注意维护学生的尊严呢？除非绝对必要，尽量不要在公众场合点名批评学生。不是不可以用激烈的言辞，你尽可以在办公室里，在只有你和他两个人的时候，把他骂得狗血淋头，那样，他不会恨你，因为你维护了他的尊严。同样，也不要在办公室里许多教师在场的情况下批评家长，一定要维护他们的尊严。千万不要为了一点点小小的错误剥夺别人最宝贵的东西。下面结合一个非常优秀的教师的案例来谈谈如何做才是尊重。

从"老师是大笨蛋"说起

【案例背景】

一天中午，小厨和小豪气喘吁吁地跑进我的办公室，报告了一个爆炸性的新闻——小寒在学校三楼平台的玻璃窗上写下："于老师是大笨蛋。"初听此言，我并没感到愤怒，只是觉得这些小家伙有些无聊。但是小寒敢公然这般描述我，一定是事出有因。我决定抓住这次教育契机，对学生进行礼仪、感恩等方面的教育。

【处理措施】

1. 调查取证，弄清真相

想到每个孩子都是在犯错误中长大，于是，我决定找到小寒，进行循循善诱的教育。然而当我找到小寒时，他对此事矢口否认。透过他的神情，我看得出他内心的恐慌，他已觉察到此事的严重性。面对我的盘问他总是答非所问，不肯直面此事。对此，我只能拿出撒手锏——找到小尉、小豪这两个证人。但小寒对此仍然否认，并理直气壮地说道："你们凭什么说是我写的？我还说是你们写的呢！"这小家伙的应对能力真强，还倒打一耙。得知这句话还保留在玻璃窗上，只是"老师"二字已经不太清楚了，我决定把认笔迹作为"案情"的突破口。我跟小寒说我认识他的笔迹，但是他仍然不承认。我带着小寒他们来到三楼的平台，这次他的底气明显不足，但仍然极力狡辩。他说自己写的不是于老师，而是于小尉，而他的说法早就被机灵的小尉否定了。此时小家伙的心理防线已是不攻自破了。我跟他说，人最大的错误就是用一个错误掩盖另一个错误，此时的他已经酿成了三大错误：一是在玻璃上乱涂乱画，不爱惜公共财物；二是用这样的语言形容老师，极不尊重老师；三是对于自己犯下的错误不能承认，错上加错。面对我的分析，小寒终于低下了头，承认了自己的错误。

2. 精心分析，寻根究底

小寒用如此的语言评价老师的原因是什么？我反思着自己的言行，感到有些冤屈：我并没有什么过分行为呀！不管怎样，我还是决定询问当事人小寒，查找原因。小寒给我的回答是，我布置的日记是自命题，他不会写，非常生气，所以就……这些天真的孩子，表达情绪就是这样直接。小寒有这种情绪，那么其他的孩子是不是也有抱怨呢？我觉得应该和孩子们进行一次良好的沟通。

3. 即时班会，多向育人

小寒事件是一个很好的教育契机，我决定利用下午的班会时间对全班学生进行教育。本次班会预设三个目标：一，学会尊师，学会感恩；二，明白礼仪是做人的根本；三，学会与人沟通。

（1）感恩教育。班会如期开始了，我在黑板上写下了"警察"二字，并问学生谁最怕警察。孩子们回答"罪犯"。我又问："谁最怕老师？""学生！""学生都怕老师吗？"我反问道。"违纪学生！"我们一问一答，一切非常顺利。该换个角度了。我问："人们对警察有怎样的情感？""感谢！""那学生对老师该是怎样的？"学生同样回答"感谢"。"为什么要感谢老师呢？"孩子们列举了一系列理由。我便因势利导，让孩子们一起讨论怎样感恩老师。听到孩子们精彩的发言，我知道感恩教育的目标已达到了。

　　（2）礼仪教育。我在黑板上写下了"猪老师"，问孩子们"猪老师"的学生是谁。"小猪！"孩子们反应很快。"大笨蛋老师教育出的学生应该是什么？""小笨蛋！"鱼上钩了，我暗暗想。于是，我在黑板上写下："于老师是个大笨蛋！"我告诉孩子们这是今天咱们班一位同学写下的话语。孩子们马上心领神会，意识到自己也卷入其中。他们攥紧了拳头，要找这位同学算账呢！我对同学们说，大家不要急于查找这是谁写的，问题的关键是我们一起来分析这句话背后隐藏的内容。

　　我们经过分析得出结论，当一个人拿起泥巴抛向他人时，首先脏的是自己的手；当一个人在骂别人时，首先就脏了自己的嘴巴。所以，骂人这种愚蠢的事情可不应该是聪明的孩子该去做的。孩子们纷纷点头称是。"这位同学说老师是大笨蛋，老师没有生气，因为我认为这并不是他的真心话，他只是随便说说而已。你们从老师这里又学到了什么？"孩子们说道："宽容！""走自己的路，让别人去说吧！"我同时送给孩子们这样一句话。

　　（3）学会沟通。"金无足赤，人无完人。每个人身上都有缺点与优点。我们在评价别人时，要学会多赏识，这样就会获得快乐，也会使自己更加优秀。在遇到问题时要学会与人沟通，用骂人这种方式表达不满是不可取的。现在给大家一个沟通的机会，你们可以尽情地说出对老师的不理解。"孩子们纷纷举起了小手。面对孩子们的不满，我一一解答，最后得出的结论是，他们对班级的有些问题理解片面，造成了对老师的误解。心灵疙瘩解开了，我们的沟通顺畅无阻。我告诉孩子们，话语是沟通心灵的钥匙，与人沟通是一门艺术，需要大家慢慢学习掌握。为了进一步深化教育，我要求大家当晚的日记以此次班会为题。因为孩子们的表达能力还不是太好，所以第二天收上来的日记并不太精彩，但是我相信班会的教育在孩子们的心灵深处已深深地扎根。

4. 精彩教育，美在始终

　　我通过观察发现，班会的教育在班级中形成了良好影响，孩子们的言行明显规范了很多。然而我又发现了一个不妙的情况：日记一向写得非常精彩的小寒，连续两天不写日记。第一天问其原因，说是忘了写。我想孩子有心理压力，此次日记不写就算了。然而第二天他又没写。我在内心敲起了警钟。如果仅因此事给孩子的心理造成了阴影，那就是老师教育的失败。我决定叩开孩子的心灵，于是和小寒的妈妈进行了电话沟通，希望她晚上能疏导一下孩子的思想。结果第三天，孩子的日记按时交上了，题目为"于老师，对不起"。他在日记中真诚地写出了自己的歉意，写出了自己对老师的不理解，尽管理由有些牵强，但是我想只要能有效地释放孩子的心理压力，就足够了。

　　既让我感动，也给我深深启示的是小寒妈妈的感受。她写道："看完子寒写给于老师的话，我下笔沉重。和老师交流时，我还没有太大的心理负担，以为孩子只是随便说说写写而已。在家里我们之间也经常彼此称呼'大肥猪''小瘦子'，但子寒用不恰当的词汇来称呼自己的老师，我感到很惭愧。孩子对师长缺乏尊重的意识，有很大一部分责任在于我们家长，是我们疏忽了对孩子的礼仪教育。感谢于老师母亲般的豁达，感谢于老师用科学的方法引导孩子，及时纠正了孩子身上的错误。"

　　看到母子俩坦诚的话语，我也在小寒的日记本上写道："其实老师并没有生气，老师一直很喜欢小寒，老师希望小寒遇到事情的时候能够主动跟老师沟通。望我们的小寒开心快乐！"就这样，一件看似恶劣的事情，在我们耐心细致的分析下，得到了圆满的结果。问题解决了，孩子成长了，这就是我们老师的收获。

（摘自"班主任之友"论坛）

　　案例中于老师的做法会得到教师们的一致认可，其教育智慧和人格都值得教师们学习。看得出，于老师是一个非常有爱心、热爱教育、为学生成长考虑的老师。然而，即使像于老师这样优秀而富有智慧的教师，尚且会在不经意间忽视"尊重"的元素，更何况那些教育方法简单粗暴的教师呢？下面，笔者从教育是为了孩子的健康成长这个角度，谈谈本案例中的"尊重"元素。

尊严重要还是真相重要？这是很多教师在教育当中往往会忽略的问题。其实小寒写下这样的文字也"只是随便说说写写而已"，只是对老师布置的日记是自命题，他不会写，非常生气的一种表达，再加上该生家庭的语言习惯，"在家里我们之间也经常彼此称呼'大肥猪''小瘦子'"，可以看出孩子的"童言无忌"。案例中于老师也意识到了这个问题——"因为我认为这并不是他的真心话"。并且老师找到小寒的时候，小寒已经意识到自己的错误，并为此而紧张不已——"透过他的神情，我看得出他内心的恐慌，他已觉察到此事的严重性"。孩子的"矢口否认"也只是出于自我保护的本能。所以我认为老师没有必要穷追猛打，非要让小寒在老师的铁证面前无地自容。被"剥光"了的小寒此时的内心感受可想而知。

我认为，如果教师真心是为孩子的成长考虑，那么对此事就当然不能不闻不问，否则就是放纵，教师可以采取旁敲侧击的方式，既让学生明白老师已经知道了，又不点破，从而在维护学生尊严的基础上达到教育目的。这一点可以学习一下曹操在官渡之战中当众焚烧"书信"的做法。我们设想，如果曹操查出写信人，然后再当面赦免他们，效果又会怎样呢？楚王也有类似的做法。

战国时期，一次楚王宴请大臣们。酒喝得正欢畅之际，烛灯忽然灭了，一位醉酒的将军趁机拉扯楚王的一个妃子的衣服。这个妃子在挣扎中扯下了将军的帽缨，然后向楚王哭诉，要求严惩这位无礼的将军。但是楚王说道："大家开怀畅饮，何不将帽缨都摘下啊？"于是在重新点亮灯火前，大臣们全都把帽缨摘了下来。这样一来，那个失礼的将军总算没有在众人面前丢人。后来这位将军在战场上英勇杀敌，立下汗马功劳，为的就是报答楚王当日的恩情。

楚王的一句"大家开怀畅饮，何不将帽缨都摘下啊"，别的大臣听了觉得没什么，可是那个非礼楚王妃子的将军听了可就不一样了——大王是为了顾及我的面子才有此言的。后来将军的行为就体现了尊重对方的价值。

因此尊严比真相更重要，我认为教育也应该如此。正如钱梦龙所说："老师要用心保护好学生的自尊，要适当地给学生留一些成长的空间，不要把他们的脸面剥夺得一干二净，这样才能保护学生成长的动力。"

如果于老师找到小寒，不直接问这个问题，而是征求学生对老师的意见，问问他老师有哪些做得不恰当的地方或者让学生不喜欢的行为,这样就能让小寒既明白老师的目的,又保留尊严,我想小寒会从内心里感谢老师,并会成为老师的得力助手。

上述案例中,于老师做得已经非常好,如果再融入"尊重"的元素,那么于老师的教育就会达到春风化雨、润物无声的境界。

第二节 尊重学生的信念系统

美国心理学家威廉·詹姆斯(William James)说:"人类内心最深沉的渴求,就是得到充分的尊重。"

根据第一章所讲的人的信念系统的形成,我们了解到,没有哪两个人的信念系统是完全一样的,每个人的人格都是平等的,一个人不能真正操控和改变另一个人。如果在沟通中不能尊重和接受对方与自己不同的信念系统,那么沟通的双方就会产生矛盾。因此,班主任要想和学生有效沟通,引领学生成长,首先就要尊重学生的信念系统。如果出现以下行为,便意味着失去了对学生的尊重,这样就很难达到教育的预期效果。

一、自大行为

当一个人自大的时候,他不会尊重对方。他会认为自己的信念系统(BVR)是最正确的,会认为自己的位置凌驾于对方之上,于是傲慢便成为他的特征。自大的人很难接受别人的观点,在沟通中他不会真正地聆听对方,总是不厌其烦地打断对方、嘲笑讥讽他人,或者表现出盛气凌人的样子。带着这种态度,无论你多么正确,都很难打动对方,反而会引起反感,更不用说教育对方了。

二、自我行为

自我行为虽不像自大行为那样给人以典型的傲慢或高高在上的感觉,但仍然会像自大行为一样表现出对信念系统(BVR)的坚持,而且很难改变。自我的人很难顾及他人的感受,他们往往我行我素。他们习惯于把责任往外推,认为一切不好的结果都是由外界的因素所导致的,而他们自己没有任何责任和问题。班主任很容易把自己的"信念价值观"强加到学生身上而不自知，认为问题都出在学生身上，而自己的教育理念和方法绝对没有问题。

三、自私行为

自私者更多地表现出贪婪，只顾自己谋取利益。自私的人会想尽办法来利用对方，甚至不择手段，用损害他人利益的行为换取自己的利益。教育当中的自私行为，往往体现在教育功利主义上——教育行为的指向是班级的荣誉、成就、奖金等，而非学生的身心成长。有一次我和一些非常优秀的班主任讨论教师的负责问题，很多教师认为，管理那么细致到位，都是为了学生好。我让大家思考一个问题：如果取消高考评奖或者学校评奖标准，大家是否还会如此用心地管理学生的这些日常行为？结果很多人的回答是"不会"。那么，请思考：管理学生到底是为了学生还是为了教师自己？曾经有一年，我的学生问我："老师，你如此用心地督促我们学习，是为了奖金还是为了我们学生？"如果一个教师太功利，学生是会感受到的。

四、操控行为

操控一般有三种表现形式。第一种是采取命令的手段。第二种是较为隐蔽的形式——干涉，比如通过提意见来影响对方的行为。第三种形式比较特殊，是用自己的情感，例如痛苦来进行软干涉，用情感来打动对方，从而起到干涉的作用。

操控实际上是告诉对方自己的信念系统（BVR）比对方的正确，并试图强行让对方按照自己的这套系统做事。达不到自己想要的理想效果，沟通就不会结束。这种行为在师生沟通中经常发生。学生的应对姿态也往往是：当面接受，转身忘记。

五、多疑行为

多疑对于人际关系来说是非常致命的。多疑反映出对对方人格的否定，因此会成为否定对方正面动机的因素，自然会引发对方下意识的防范和抗拒。一个多疑的人是无法走进他人内心世界的，因为他自己首先就没有打开自己的心门，他的世界是封闭的。自古中国就讲究"疑人不用，用人不疑"，如果班主任用多疑的眼光来看待学生，那么他就很难取信于学生，也就很难和学生产生深层次的共鸣。我知道，很多班主任担心，如果轻易信任学生，会被学生欺骗，给班级管理带来麻烦，但事实上，信任和防止学生欺骗是可以有效统一的，这方面的内容后文再详细论述。

班主任一定要避免做出上述五种缺乏尊重的行为，要放下教师的架子，真正走进学生的生活中，了解学生的信念和价值观，然后在这个基础上做出正面的、积极的引导和激励，与学生的信念和情感产生共鸣。

第三节 尊重学生的内心感受

尊重并不一定等同于接受或认同。尊重是建立在承认你和我原本就不完全相同的基础上，建立在承认你和我有着不同的人生轨迹的基础上，更是建立在我们不可以操控对方的基础上。尊重意味着拓宽自己的内心疆域，容纳更多未知的可能性，然后让自己拥有更多的选择，言行更加具有灵活性。

一位商人看到一个衣衫褴褛的铅笔推销员，顿生一股怜悯之情。他不假思索地将 10 元钱塞到卖铅笔者的手中，然后头也不回地走开了。走了没几步，他忽然觉得这样做不妥，于是连忙返回，并抱歉地解释说自己忘了取笔，希望他不要介意。最后，他郑重其事地说："您和我一样，都是商人。"

一年之后，在一个商贾云集、热烈隆重的社交场合，一位西装革履、风度翩翩的推销商迎上这位商人，不无感激地自我介绍道："您可能早已忘记我了，而我也不知道您的名字，但我永远不会忘记您。您就是那个重新给了我自尊和自信的人。我一直觉得自己是个推销铅笔的乞丐，直到您亲口对我说，我和您一样都是商人。"

没想到商人这么一句简简单单的话，竟使一个自卑的人顿时树立起了自尊，使一个处境窘迫的人重新找回了自信。正是有了这种自尊与自信，他才看到了自己的价值和优势，最终通过努力获得了成功。不难想象，倘若当初没有那句尊重鼓励的话，纵然给他几千元也无济于事，断然不会出现从自认乞丐到自信自强的巨变。这就是尊重的力量！

　　尊重他人内心的感受，就是对他人信念和价值观的提升，对他人身份意识的提升，于是被尊重的人会看到自己身上本已具有却被忽视了的东西，当这些东西被唤醒之后，就会产生强大的动力。故事中的乞丐，就是被唤醒了"商人"的身份和"靠经商来实现人生价值"的信念，这支持他做出了勇敢的改变并最终获得成功。

　　有一个初二的学生，长得人高马大，是学校棒球队的运动员。因为一次情绪失控，他暴打班主任，八九个教师一起才把这个学生制伏。对于如此顽劣的学生，学校自然要给予处分。家长也没有办法，最后通过人来找我，请我帮忙做这个学生的思想工作，挽救他，帮助他重新回到校园。

　　家长带着学生找到我之后，我并没有急着给学生讲那些老师管学生都是为了学生好等人生的道理，而是先通过开玩笑、谈爱好建立亲和力。当亲和力建立起来之后，我取得了学生的信任，然后从理解学生开始入手。通过学生的行为，我觉察到学生内心压抑的负面情绪，通过交流了解到这个学生小时候是很听话的，他妈妈在这里靠打工谋生，工作很紧张，压力也大，孩子为了不让妈妈担心，就尽量不在学校惹事，和同学发生矛盾，也尽量忍耐，放学后如果妈妈没有时间接他，他就跟着同学回家。了解到这些情况后，我觉察到学生内心的委屈，表示理解他的委屈，孩子非常感动，就不断向我倾诉。通过学生的倾诉，我也了解到他父母离婚以及这件事给他带来的心理上和情感上的伤害。

　　进入初中后，随着身体的发育，他的行动能力不断增强，看到老师处理学生问题的一些方式不合理，他认为不公平，如此长期压抑，终于有一天他不愿再压抑自己，于是多年积累的委屈就一起爆发。当情绪冲破理智的闸门之后，言行就会表现出强烈的非理性，于是就出现了他暴打班主任的一幕。

　　在我的尊重和理解下，孩子内心压制的情感再一次爆发，七尺男儿再也控制不住自己，于是号啕大哭。这个时候，我并没有制止他，而是让他尽情地哭，把所有的委屈都哭出来。哭过之后，孩子变得越来越平静，自己开始反省自己的行为。我让他通过换位思考，站在班主任的角度来考虑问题，于是他也感受到了来自班主任的"关爱"，只是这关爱的方式他有些不能接受而已。

　　在沟通的过程中，我不断肯定他身上表现出来的优秀品质，例如孝顺、勇敢、有力量等，然后引导他思考如何保持自己身上的优点，如何用合理的方式来表现优点，为他指明了成长的方向，给予他内心的正能量，他也表示会心甘情愿地接受学校的处分，会真诚地向老师道歉。最后，这个学生表现得非常阳光，迈着坚定的步伐，陪同妈妈离开。

试想一下，如果我没有充分尊重学生独特的成长体验和感受，而是大讲特讲人生的道理，教育效果又会如何呢？

第四节 尊重学生的认知规律

德育从古代的"传道、授业、解惑"，到苏联模式的引进，再到美国教育家约翰·杜威（John Dewey）的"儿童中心"论，无论教师的角色如何变化，都没有去掉教师用自己的价值观来影响学生的影子，变化的只是影响的形式，不变的是价值观的单向输入。

无论是诲人不倦的谆谆教导，还是"动之以情，晓之以理"的循循善诱，在这样的德育模式中，往往是教师的思维模式占据主导地位，而学生在潜意识里处于被动接受的地位。学生要么被教师"说服"，要么因为不服从而被贴上"逆反"的标签。像这样用成人的相对成熟固化的思维模式对接发展中的少年儿童的思维模式，自然难免出现"问题"。

瑞士心理学家让·皮亚杰（Jean Piaget）的儿童认知发展理论阐释了儿童的心理发展规律和特征，给长期在黑暗中摸索的德育工作带来了革命性的引领。皮亚杰认为儿童的思维发展要经历四个阶段：感知运动阶段（从出生到2岁左右）、前运算阶段（从2岁左右到7岁）、具体运算阶段（从7岁到12岁）、形式运算阶段（从12岁到15岁）。他对每个阶段的思维特征进行了明确的描述，这样就便于我们根据学生的认知发展规律和思维特征来进行有效的干预。

皮亚杰认为，包括成人教育在内的任何外部刺激都是通过"同化"与"顺化"这两种机能来实现的。任何外部的教育只有被学生同化于他的认知结构中，才能使学生对外部的教育做出应有的反应。在进行同化的过程中，学生的认知结构也会发生一些改变，这个改变的过程就是顺化。这就好像饮食一样，只有食物被身体消化吸收，才能变成真正的营养。教师对学生的道德教育，也只有被学生的内在认知接受才能成为精神营养。皮亚杰认为：所谓良好的教育，是指能够引起儿童主动同化的教育，如果教育不能引起儿童的同化，这种教育就是无效的。所以，教师在进行德育的时候，一定要尊重学生的天性，要顺应学生的认知模式来进行。

请看下面的例子。

今天发生了一件事，让我不得不感叹自己和 7 班 49 个家庭的幸运，因为所有孩子都毫发无损地活着！

下午第二节课，我带 7 班排练合唱，图书馆馆长突然打来电话："郑老师，你知道吗？今天中午午休时，你们班的学生爬到图书馆的天台上去了。"

"什么？爬到天台上去了？"图书馆总共四层楼，天台的楼梯是那种消防铁梯，在第四层的楼道上，楼道很窄，平时学生很少去那里。他们怎么会突然想去爬天台呢？

"你确认是我们班的孩子吗？"我追问道。我承认我这句话是有私心的。49 个孩子的影子在我脑海里迅速地闪过。谁都不像是会爬天台的孩子，虽说有时候他们有些顽皮，但我真的不相信他们中的任何一个会突然做出这么冒险的事情。

馆长一再肯定，就是 7 班的学生，有几个学生经常在图书馆做义工，他认识，还有视频和照片！我请馆长把照片发给我。

看到照片的那一瞬间，我惊呆了！真的是我们班的孩子，而且令人难以置信的是，他们是五个平时非常懂事、品行都很不错的孩子。照片向我展示着他们一个接一个地通过消防铁梯爬上天台的惊险动作。今天下着雨，万一其中的某个孩子脚一滑，那么窄的楼道根本接不住他们！我不敢往下想！太让人后怕了！

可是，照片里的这帮家伙还浑然不觉，他们脸上满是猎奇后的喜悦和兴奋。

我把这几个孩子从教室里叫了出来。他们还不知道此刻我已经知道了全部的事情，出来的时候兴高采烈的。

"今天中午你们干什么去了？"我问。

"去图书馆四楼排练小节目。"L 说，表情很平常，好像什么事情都没发生过。

"排练完了以后呢？"我继续问。

他们你看看我，我看看你，大概知道已经瞒不住我了。X 坦白道："我们去爬了图书馆的天台。"

"怎么想起来要去爬天台呢?"

"刚好路过那个梯子,就想上去看看。"L说。L是一个很活泼的男孩,参加了车模社,动手能力很强。如果我没猜错,这个主意一定是他想出来的。

"那你看到什么了吗?天台上有什么?"我问。

"空调压缩机。"L回答。其他几个人听他这么说,都在偷笑。

"你们都爬上去看了吗?"

只有M没点头,不是她不想上去,而是她正准备爬就被图书馆里的老师发现了。

"我突然觉得自己好幸运,遇上了你们这帮好奇心这么强的孩子,你们都有成为哥伦布、麦哲伦的潜质,将来有机会环游世界可别忘了带上郑老师。"

五个人仍然在偷笑。

"不过,我更庆幸的是,你们五个人现在都还毫发无损地活着,"我说,"想过自己会出现意外吗?"

五人沉默。

我翻出手机里刚刚收到的照片给他们看。

"消防楼梯离楼道的防护栏只有不到80厘米的距离。今天下午,楼梯上肯定还有水,楼道上也有。想过没有,如果脚滑,从楼梯上跌下来,最可怕的情况是什么?"

"L,你来回答。你物理学得好。按照惯性,你觉得会有怎样的后果?"

"可能会摔倒在楼道上。"

"这是最幸运的摔法。如果不那么幸运会怎样?X,能告诉我吗?"

"可能摔到一楼。"X小声回答我。

"从四楼摔到一楼,按照图书馆的层高,你们觉得自己存活的概率有多大?"

五人没有一人回答我。

"不是吓你们,之前网络上就有这么一则新闻。在一所中学,晚上有一个学生爬天台看血月,看完下消防梯的时候,失足从10层高的楼上掉下来摔死了。"

我继续说:"大家都是家里的独生子女,身上寄托了几代人的希望。从妈妈怀胎十月到现在,耗费了父母多少心血?你们有没有想过,如果真的发生不幸,你们的爸爸妈妈、爷爷奶奶等亲人得有多伤心?你们的老师、朋友得有多难过?也许，你们最喜欢的母校，还会因此而受到社会舆论的谴责。而这一切，最初的起因竟然是几个孩子的好奇心。现在，你们知道自己身上承担的责任了吗？"

五人点头。

"珍爱你们的生命，是对爱你们的人最大的安慰。"

五人沉默。

我继续问："其实，想看看图书馆楼顶上有什么，有一个既安全又简单的方法，你们知道吗？"

五个"小笨蛋"暂时还想不出来。

我问："图书馆和教学楼哪个高？"

C想到了："可以爬到教学楼六楼去眺望图书馆天台。"

其他几个人都笑了。

我说："不过，以后，我还是希望你们能用自己的好奇心去做一些更有意义的事情，而且要采取安全的方式。"

后来，我让几个孩子每人写一份情况汇报，深刻反省自己的错误，又分别联系了家长，希望家校配合，共同教育。

（摘自"班主任之友"论坛）

从案例中可以看出，郑老师是一位富有爱心和充满教育智慧的教师。她面对学生的危险行为，先通过问话了解情况，然后又用幽默的语言——"遇上了你们这帮好奇心这么强的孩子，你们都有成为哥伦布、麦哲伦的潜质"——来保护孩子好奇的天性，这是对学生最根本的尊重。然后郑老师通过循循善诱让学生知道了这件事可能带来的危险后果，这样学生就会在反思中成长，以后面对类似问题的时候，就会采取更合理的方式来发展天性特质。这样的教育才是有意义的，才是对孩子的成长负责的教育。

郑老师的谈话应用了皮亚杰的"同化"和"顺化"的原则，先与学生好奇的天性共舞——"我突然觉得自己好幸运，遇上了你们这帮好奇心这么强的孩子，你们都有成为哥伦布、麦哲伦的潜质，将来有机会环游世界可别忘了带上郑老师"，然后通过照片，让学生形象地感受到可能带来的危险，通过推理强化危险效果，让学生引以为戒，进而引导学生用保护自身安全来回报家长的关爱。这样就使学生的认知模式不断丰富，心智不断成熟，这样的教育既尊重了学生的天性特质，又尊重了学生的认知规律，同时也能引领学生一步步地成长。

第五节　尊重学生的需要

有这样一个寓言故事：

城门上挂着一把沉重的巨锁，铁棒、钢锯都想一显本领，打开这把锁。铁棒对自己的力量很自信，一会儿撬，一会儿砸，巨锁却纹丝不动。钢锯嘲笑它说："蛮干不如巧干，你可以歇着了，瞧我的吧！"钢锯拉开架势，或轻或重，拉拉锯锯，巨锁却仍不为所动。这时，小小的钥匙走过来，说："让我试试吧！"铁棒和钢锯见它一副弱不禁风的样子，不屑地笑了。不料，钥匙插进锁孔，轻轻转了一下，巨锁就打开了。铁棒和钢锯都大吃一惊，问："你是怎么做到的呢？"钥匙温和地说："因为我懂它的心。"

其实，每个人的心门上都挂着一把"巨锁"，用蛮力和巧智都很难打开，心锁只为懂心的人而开。

这把"巨锁"是什么呢？是无欲，或者说，不需要。古语云："壁立千仞，无欲则刚。"谁都拿不需要的人没办法。而开锁之法则是满足需要。每个人都是"有欲"的人，只不过需要不一样。"一把钥匙开一把锁"，在人际交往中，找准了对方的需要，予以满足，就等于拿到了开门的钥匙。

按马斯洛的需要层次理论，人有五大需要——生理上的需要、安全的需要、情感和归属的需要、尊重的需要和自我实现的需要，每个人在不同的时期有不同的需要。在自己看来很好的东西，送给一个不需要的人，好比请一个刚吃饱的人进餐一样，怎么可能让对方产生好感呢？只有对方最需要的东西，才是最配套的开心钥匙。

班主任在管理班级、教育学生的时候也要充分考虑学生的这五种需要。只有合理地满足学生的需要，学生才更愿意听老师的，如果合理需要得不到满足，学生可能就会抗拒老师的教育。

请看下面的案例。

临近元旦，我班学生打算举办一场晚会迎接新年的到来，但学校"恩准"的通知直到下午放学时才下发，显然这点时间不足以让我们充分地准备晚会。于是，我们几个班主任一商量，决定还是让学生先上晚自习，等以后再找机会补上。回到教室里宣布这个决定时，教室里像炸开了锅，引起了很多学生的极大愤慨和强烈反对，竟然还夹杂着刺耳的嘘声。我解释说不是不办晚会，而是缓办。话音刚落，下边就有一个学生爆粗口："放屁！"骂完以后，他还用毫不退缩的眼神盯着我，整个班级突然鸦雀无声。有些胆小的同学紧张地看着我，那个家伙也不由得忐忑不安地低下了头。我假装没有听见这句脏话，依然解释并强调这个决定。大局已定，有些学生不禁气鼓鼓地坐在座位上，一言不发。还有一些学生心有不甘地前后左右悄悄串联，试图建立联合阵线共同推翻我的决定。在他们看来，我只是托词敷衍，实际上就是打算拖延不办、不了了之。不管怎样，我都清晰地从他们的眼神中看到了不信任。

为了赢得学生的信任，修复千疮百孔的师生关系，我决定向学校申请举办新年晚会。我向学校说明了特殊情况，表达了班级管理中面临的困惑，终于得到了学校的同意。在学生们诧异的眼神中，我借了设备齐全、装修豪华的教师活动室，并破天荒地专门召开了班级迎新春晚会"筹备会议"。经过商议，全班同学一致同意办晚会的资金完全自筹，采用凑份子的方式。我当即很"小气"地贡献了10元，学生的积极性也被调动起来了，你5元，我3元，不一会儿集资任务就顺利地完成了。有学生建议邀请科任教师，这个任务就交给各科课代表完成。根据同学自愿报名和推荐，我们排出了节目单，并发给学生便签，让他们随时可以通过传纸条的方式自告奋勇上台表演，以此作为节目单的补充。生活委员负责买水果、零食和供应茶水。筹备工作在闲暇时间紧锣密鼓、有条不紊地进行着。为了达到更好的表演效果，有些学生悄悄地利用课余时间进行了简单的练习和小范围的彩排。

这样，我们班的晚会晚6点正式亮相，获得了空前的成功，给全班师生留下了深刻的印象。其间歌曲、相声、小品、哑剧、街舞以及师生互动欢声笑语不断，成为一场班级文化娱乐盛宴。一些平时性格内向的学生也跃跃欲试，我们教师也被感染了,纷纷一展歌喉,其乐融融。课间活动室的窗口挤满了兄弟班级的学生,纷纷投来羡慕的目光。这场晚会竟然一直持续到晚上9点半,那些"叛逆者"都大呼过瘾。最后,为了不影响第二天的学习,我们恋恋不舍地离开了教师活动室。第二天,许多学生,包括那个爆粗口的学生,都向我真诚地道歉,并表示一定要和班级融为一体,永不再"叛"。就这样,通过组织一场成功的晚会,我终于赢得了学生的信任,也赢得了学生的尊重,修复了即将破裂的师生关系,向创造和谐的班集体迈出了关键的一步。

(案例有删减,摘自"班主任之友"论坛)

举办晚会就是学生的情感和归属需要以及尊重需要的具体表现。当学生充满期待的时候晚会突然被取消,学生的需要得不到满足,"造反"是必然的,只是程度会有所不同。当班主任重新申请并得到了举办晚会的机会,满足了学生的需要,还把一些权力交给学生,并给予更多的支持时,就满足了学生自我实现的需要,取得良好的效果也是意料之中的。

第四章　做一个有觉察力的班主任
——觉察是有效沟通的关键

我们先看如下的生活情境。

几个同事一起用餐，兴高采烈地吃完饭，服务员端上咖啡。

"等一下！"一位小姐把转身要离开的服务员叫住，"我要代糖（即低糖）。"

服务员很快递上，笑道："对不起！小姐，我怎么看，都觉得您那么苗条，不需要用代糖。"

"笑话！减肥要早早开始啊！"小姐得意地说，"难道等我吃肥了再减？那就来不及了。"

服务员笑笑离开了，走了一半，又折回，问桌上的一位胖小姐："对不起！我忘记了问您要不要代糖。"

胖小姐脸色本来已经不怎么好，听他一问，更火了："不用了！我已经来不及了！"

在这个沟通场景里，我们很难说谁有错，都讲得有道理，但沟通效果越来越糟糕，这就是说话者缺乏觉察力造成的。很多班主任在和学生、家长沟通的时候，因为缺乏觉察力，也常常好心办坏事，出力不讨好。因此，要想准确地理解学生，改善沟通效果，就必须增强班主任的觉察力。

第一节　觉察自我，莫受情绪干扰

情绪往往会控制我们的沟通效果，而对行为事件的认识和理解又往往会影响情绪，因此班主任要增强自我觉察，尽量减少情绪对沟通的负面影响。班主任可以把教育生活的每一个当下，每一个生活中的人、事、物当作沟通的主题，把每个生活事件当作自己的一面镜子，透过镜子的反射现象来觉察自我，并进行自我沟通，借此提升自我的觉察能力。

当我们不知道该如何觉察自我的时候，可以尝试用下面一些语言来进行自我对话，提醒自己，让自己静下心来认真思考。

"当我无法忍受对方的缺点时，正是无法忍受隐性自我的缺点。"不断重复地告诉自己："对方的缺点正是我的缺点。"此时你将明白，你无法忍受的别人的行为风格及缺点，正是自己的风格及缺点。

当你在批评、指责别人时，要知道对方就是"我"，其实你是在指责批评你自己。重复地告诉自己："她（他）就是'我'。"并且要再三问自己："从这当中我看到了自己的什么过失？我体会到了自己有何感受？我领悟到自己在批评什么、指责什么？"从中你将体悟到，原来你只是急于引导别人去看到别人的不是，而且让他们最好不要看到你自己的缺失，原来你在指责别人的同时正是在指责自己啊！

当你无法原谅别人并对别人生气时，也正代表着你无法原谅自己，在对自己生气。请重复地问自己："我不能原谅自己什么事？我在为自己的哪些问题而生气？自己还要再演戏吗？"当然你会看到这一切都是在演戏，借由生气来演给别人看而已，同时也演给自己看，所以你必须看清楚演戏的目的：获取别人的认同与肯定，以及表达自己的情绪与感受。当观众不了解或是离场远去时，只有继续演给自己看——对一个持续生气的人来说就是如此。请试着用自己的智慧想想看：选择其他的方式来表达是否也能达到同样的目的呢？

心理学研究证实，一个人看到的世界往往是个人主观世界的投射。既然如此，我们看待外部世界的时候，就应先放下自己的主观评判，客观理智地做出探究、分析、判断。我们要时刻提醒自己，学会以中正客观的角度去看世界。

以上这些提升自我觉察能力的自我沟通步骤，可帮助你唤醒自己的心灵，使你不再迷失，从困境中走出，迈向自悟的大道。

使用这些自我沟通步骤时，要从每一个生活状态去检视自己。沟通时必须按步骤大声诵念出来且反复不断地大声诵念，每念一句自己就回答一句，如平常沟通一样，重复再重复地诵念，直到有所领悟，并把领悟大声地告诉自己。善用这些沟通步骤，对于提升自我会有莫大的帮助。

第二节 觉察学生的言行细节

身体语言往往更能体现一个人内心真实的想法。文字可以修饰加工，而且因为缺乏语气、表情的配合，所以单纯靠文字很难把握对方真实的想法。相对于文字，语言传递的信息更丰富，语调、语气等会让文字信息产生不同的意思。例如"你好"两个字，不同的语气语调表达的信息完全不同——可能是礼节问候，可能是真情流露，也可能是讽刺打击。然而，语调语气同样可以加工掩饰，所以很多时候谎言说得比真话更可信。但是人的肢体语言就比较复杂，脸部表情、五官动作、躯干姿态、手部位置、双腿摆放等都会暴露一个人内心的真实想法。如果一个人内外一致，往往就会在文字内容、语气语调、肢体语言等各个方面保持统一，而如果一个人有所掩饰，就往往不可能顾及各个方面，总会在某个环节出现矛盾之处。所以，身体语言是最难以掩饰的部分。因此，学会关注学生的身体语言，对读懂学生非常有帮助。

一、正确解读身体语言的三大规则

1. 连贯地理解

初学者经常会犯一个最致命的错误，那就是将每个表情或动作分离开来，在忽视其他与之相关联的表情或动作以及大环境的情况下，孤立、片面地解读他人的肢体语言。譬如说，挠头所表示的意思有很多，比如尴尬、不确定、去头屑、头痒、健忘或撒谎，等等，所以其具体含义应当取决于同时发生的其他表情和动作。

如果你想要获取准确的信息，就应该连贯地观察他人的肢体语言。当我们感到无聊或是有压力的时候，我们常常会不断地重复一个或多个动作，不停地摸头发或玩头发就是这种情况下我们最常见的一种表达方式。可是，假如不考虑其他动作或表情，同样的动作也很有可能表示这个人心中很焦虑，或是对某事不确定。人们之所以会在这样的情况下做出摸头或抚摸头部的动作，完全是因为他们小时候，他们的妈妈就是用这样的方式来安抚他们的。

2. 寻找一致性

研究表明，人们对信息的接收来源中，语言占7%，声调占38%，肢体语言占55%。语言可以撒谎，但声调往往会表达真实的情绪。有时候人会有意识地控制自己的声调，但肢体语言的下意识反应往往会暴露最真实的想法。

精神分析学派创始人西格蒙德·弗洛伊德（Sigmund Freud）曾经遇到过一个案例。案例中，病人告诉他，她的婚姻生活十分幸福。在谈话中，这位病人不断地将她的结婚戒指取下，然后又戴上。弗洛伊德注意到了她的这一无意识的小动作，他很清楚这意味着什么。所以，当有消息传来说她的婚姻出现问题时，弗洛伊德丝毫不感到惊讶，因为一切都在他的意料之中。

当教师和学生谈话的时候，教师问学生知道错了吗，能不能兑现自己的诺言，如果学生说"知道错了，我能做到"，用的是很平淡的语气，并下意识地把头扭向一边，或者用手抚摸嘴唇，或者拉拉耳朵等，又或者双脚有离地的动作，这就说明他自己也不相信能做到，所有的语言只不过是应付老师眼前的追问。如果学生面色凝重，语气低沉，深思熟虑后做一个重重的点头动作，这就说明学生内心的触动比较大，认识比较深刻，改正的意愿也比较强烈。

有人担心"能否在肢体语言上做手脚"，通常情况下是很难的。这是因为，假如我们对肢体语言弄虚作假，那么，在同一时间发生的主要肢体动作和面部表情、肢体细节所传递的微信号以及我们的话语，这三者很难达成一致。我们看到电视剧里经常有这样的情节：总感觉事情有些不对，但又说不上来有什么不对。事实上这个"不对"的感觉往往来自对方语言信息和肢体信息的不协调，从语言逻辑上来说找不出破绽，但肢体语言一定会暴露对方真实的想法，所以又感觉存在问题。这种感觉往往发生在女性身上，因为女性解读肢体语言的能力比男性更胜一筹，这也就是女性常常引以为豪的直觉。

3. 结合语境来理解

所有动作和表情都应该放在其发生的大环境下来理解。一个肢体动作在不同的情况下可能传递不同的信息。例如，双臂环抱于胸前，如果这个动作发生在双方的谈话过程中，就是一个典型的防御动作，传递的信息是对对方的谈话不感兴趣；如果发生在寒冷冬天的室外，就很有可能表明这个人很冷，而并不是他想保护自己。

二、孩子的身体语言容易理解

与理解年轻人相比，要想正确理解老年人的面部表情和动作似乎是一件更加困难的事情，这是因为老年人面部肌肉的伸缩能力比年轻人差很多，同时年轻人少不更事，缺乏城府，对信息的反应比较直接，而老年人因为饱经沧桑，追求和喜怒不形于色，更懂得掩饰自己，所以判断起来相对有难度。

一个人完成某些动作和表情的速度，以及在他人眼中完成动作和表情的明显程度与其年龄紧密相关。例如，如果一个年仅5岁的孩子撒谎，他很可能会在说话之后立刻用一只手或双手捂住自己的嘴巴。

孩子捂住嘴巴的动作往往会告诉父母、老师，他正在撒谎。而这一动作也很可能会贯穿一个人的一生，只不过在不同的年龄阶段完成动作的速度发生了变化。当一个十来岁的少年说谎，他也会像小孩那样，将手移到嘴边，不过，与之前迅速地遮住嘴巴不同，他只是将手放在嘴边，轻轻地在嘴边摩挲着。

第三节　觉察学生的行为背景

瓜田李下的故事告诉我们，不同的行为发生在不同的背景下，其行为的意义是不一样的。我每次给班主任做培训的时候，都举例说："我是山东人，现在在广州工作。如果我山东的朋友来到广州，我只是请他吃了一次盒饭，大家认为恰当吗？"与会的老师都认为不恰当，这样显得太小气了。于是，我又讲了故事的背景：我的朋友要乘坐8点的飞机，会议结束的时间是6点，我提前买好盒饭放在车上，然后开车送他去机场，这样，他既可以吃上可口的饭菜，又能保证按时到达机场。当我把事情的背景讲清楚之后，老师们的反应完全不同，请吃盒饭的行为中没有了小气，有的是温暖和情义。

这件事情就告诉我们：同样的行为在不同的背景下产生的意义会不同。所以，班主任在评价学生的行为时，需要先放下主观判断，细心觉察学生行为的背景，甚至可以耐心地和学生交流，了解其行为背后的故事，这样才能有的放矢地进行教育。

很多教师在处理学生问题时往往感觉力不从心或无可奈何，根本的原因就在于这些教师忽视了学生不良行为背后的原因。弄清楚引发某种行为的前因——行为前事，是教师有效矫正学生不良行为的关键性前提。

对于"行为前事"，美国教育家加里·D.鲍里奇（Gary D. Borich）在《有效教学方法》(Effective Teaching Methods）中有这样的界定："学生表现出某种行为，该行为是由前面的事件引发的，这个事件就是行为前事。"例如，晚自习时，教室里比较喧闹，原因是科代表刚刚发下测验试卷，学生拿到试卷必然要引发讨论，因为考得好的同学情不自禁地要兴奋，考得不好的难免要抱怨，同学之间相互了解成绩，核对错误答案，询问同学情况，等等，这些因素必然会引发教室的喧闹。"发放试卷"就是引起喧闹的"行为前事"。这个时候，草率地批评学生不遵守纪律显然是不明智的。同样，在这个时候，教师进行长篇大论的纪律教育，效果肯定也不明显，反而可能激起学生的逆反心理。此时最有效的方法是，针对具体问题采取具体措施，例如规定将发试卷的时间放在课间，让学生利用课间进行情绪发泄，到了上课的时候，这个事件已经过去，不再引起学生的关注，由此而引发的喧闹问题自然就解决了。

引起学生不良行为的"行为前事"很多，有的可能是家庭因素。例如，我班一个在教师眼里非常优秀的学生，平时非常遵守纪律、尊敬老师，但是有一天上课时，这个学生竟然不愿意回答老师的提问，老师追问的时候还出言不逊，顶撞老师。如果仅根据这个行为就给这位同学戴上"扰乱课堂，侮辱师长"的帽子，就很不利于解决问题，甚至从此就把这个学生推向了老师的对立面。过后，我找这位同学谈话，谈话地点不是办公室，因为进办公室往往给学生一个心理暗示——接受老师的批评教育，学生容易产生警惕和敌对心理。我和该生来到操场，先从他平时的优秀表现说起，肯定他的行为一直很优秀，尤其是学习态度和对待老师的态度一直受到所有老师的肯定。学生的表情逐渐松弛，甚至对老师的表扬有些不好意思。接下来，我说："你今天在课堂上对抗老师肯定是有原因的，例如心里不愉快，然后就把这种不愉快不自觉地迁移到了课堂上，你能告诉老师是什么让你不愉快吗？"这时，学生紧闭的心灵开始向我敞开，原来昨晚他和父母争吵得很厉害，父母不分青红皂白把他批评一通，而他不服气，想要申辩，结果越谈越糟糕，最后演变为家庭冲突。他只是帮助一位女同学，却被家长说成早恋，不厌其烦地教育和批评他。他昨晚没有休息好，今天老师上课正好提问到他，因为心情不好，他回答的态度和说话的语气就都没有注意。昨天的家庭矛盾就是今天课堂冲突的行为前事，要解决问题还是要从行为前事入手。我对该生说："很感谢你对老师的信任，把家庭的隐私告诉了我。你认为老师该如何帮助你呢？"这时学生的情绪已经得到了充分的发泄，恢复了理智，他说他会当面向科任老师道歉，希望取得老师的谅解。后来，我又针对这个问题和家长交换了意见，家长也认识到自己教育孩子的方式过于简单。

学生不良行为的"行为前事"也可能是来自教师的做法。例如，去年有一位女同学，也是平时表现比较优秀，但突然有一段时间上课小动作不断，甚至还在课堂上睡觉，这些行为基本上都发生在历史课上。我发现了这个学生身上的不正常现象，就找她谈话。一开始，她很激动地说，我就是不喜欢这个历史老师。这让我感到很意外，因为学生们对历史老师的评价一直不错，为什么单单这个学生有那么大的意见呢？我和蔼地对她说："能告诉老师为什么吗？"她说："我原来上课认真听，作业也认真完成，但很快我发现历史老师不喜欢我，好像对我有意见，所以我也不喜欢他了。"我问："你根据什么说老师不喜欢你呢？"她的回答有点出乎我的意料："因为他从来都不提问我。我想可能是因为我成绩不优秀，所以我加倍努力地学习历史。结果当我的测验成绩比较好时，他也不表扬我，不提问我，我就开始试图用小动作来引起老师的注意，但他还是不理我。实在没办法，我就想用更严重的行为引起老师的注意，那就是装睡觉，没想到装着装着就变习惯了，一上他的课，我就不由自主地'趴下'了。"她的一席话让我恍然大悟——老师的"不关注"是引起她这些"恶劣"行为的前事。老师可能是忽略了她，但肯定不是有意的。我先对该生进行了安抚，说历史老师如何优秀，平时对学生很好，很关心同学，过后又和该老师交换了意见。该老师主动找她聊天、谈心，一个星期之后，她又找到我，面带兴奋地对我说没想到历史老师那么好，那么和蔼可亲，现在听课都感觉趣味无穷，再也不会在课堂上睡觉了。如果不从"行为前事"来找解决问题的方法，只是针对学生的"小动作""睡觉"等不良行为进行批评教育，不但不能解决问题，反而可能进一步激化师生矛盾，而一旦出现师生对立，我们的教学管理就很难有效进行。

学生不良行为的"行为前事"也可能是教师不恰当的评价。有的教师在批评教育学生的时候不注意用语，一不小心就会采取简单的贴标签式的评价，从而引发学生后面的不良行为。例如，如果学生一次值日没有做好，教师就批评他不负责任，那么就给他贴上了"不负责任"的标签；如果学生一次没有参加集体活动教师就批评他缺乏集体观念，那么就给这个学生贴上了"缺乏集体观念"的标签。这些贴标签式的批评很容易引起学生的反感——既然老师认为我"不负责任"，那我就"不负责任"，下次值日还不做好；既然老师认为我"缺乏集体观念"，那下次集体活动我就还不参加。所以，这个时候教师对学生的批评教育要注意"就事论事"，让学生改正的是其具体行为。例如说"你的作业有许多涂改，显得错乱"而不是说"你做作业从来就很马虎"，这样学生既容易改正自己的错误，也知道该如何改正；学生没有值日，只针对"值日"事件进行批评即可，包括哪些环节没有做好，然后惩罚他多做一次值日，这样学生就容易接受。

因此，当学生出现一些不良行为的时候，教育者一定要把视野放得更宽，不仅要仔细分析不良行为本身的情况，更要关注引发该行为的"行为前事"，只有"对症下药"，才能"治病救人"。当然，引发学生不良行为的原因有很多，有些问题的解决不是一蹴而就的，在教育上更没有一劳永逸，学生的不良行为也存在反复性，教师要认同这种反复的必然性，毕竟学生是在受教育、在成长，成长过程中就难免出现错误，对此教师要有教育者的耐心和细心。有时候，矫正学生的不良行为还需借助一定的惩罚手段，"没有惩罚的教育是不完整的教育"，当然这种惩罚是针对行为本身的教育手段。总之，矫正学生的不良行为是一个长期的、艰巨的过程，但是当我们把视野放宽，更多地关注一下"行为前事"的时候，就会收到事半功倍的效果。

第四节　觉察学生言行的正面动机

我们先看一个故事。

今天在公园里看到一对母子，小朋友手中拿着两个苹果，妈妈问："给妈妈一个好不好？"小朋友看着妈妈，把两个苹果各咬了一口。此刻，母亲的内心或许会有一种莫名的失落吧。孩子慢慢吃完后，对妈妈说："这个最甜的给妈妈！"

很多时候，我们成年人往往会根据我们的标准来评判孩子的行为，造成对孩子的误解，伤人伤己。忍耐有时很疼，但结果会很甜蜜；懂得倾听，才会了解真相；爱，有时需要等待，因为爱心在路上。所以，很多时候我们需要静下心来，认真觉察孩子行为背后的正面动机。

西格蒙德·弗洛伊德认为：一个人做一些事情，不是为了得到某些乐趣（正面价值），便是为了避开某些痛苦（负面价值）。任何人任何时候的动机不外这两个。NLP理论认为：行为背后总存在正面动机。例如：学生考试作弊的行为背后有获取高分的正面动机；学生在课堂上讲话，甚至讲一些有"轰动效应"的话，可能隐含着"渴望被关注"的正面动机；学生迟交作业可能隐含着"把作业做得更完美"的正面动机。如果教师发现了学生错误行为背后的正面动机，那么学生就容易接受对他错误行为的批评并勇于改正，因为当学生行为背后的正面动机被肯定和接受之后，他在潜意识里就会感到放松，会有一种被理解的感觉。

例如有一次期中考试，班里一个平时表现很好的学生却在考试中作弊。我找该生谈话，首先肯定了他想要获取高分的正面动机，然后询问他背后的缘由。原来这个孩子的妈妈生病住院，孩子想要帮助妈妈更好地康复，希望妈妈开心快乐。他知道最能让妈妈快乐的事情就是自己考一个好成绩，而自己之前没有做好复习，于是就试图靠作弊来提高成绩。

我了解事情之后，充分地肯定他的孝心，然后用借分的方式，给他在成绩单上填一个他满意的成绩，条件就是用下次的考试来换，如果下次达到这个成绩，就等于换上了，如果达不到，就和这次作弊事件一起处理，如果他愿意，就签订一份借分合同。愿望得到满足后，他就加倍努力，认真复习，结果在下一次考试中取得了巨大进步，还超过了原来规定的分数。

当一个人的正面动机被认可后，他就会感觉自己被接纳，从而愿意调整自己的行为，用合理的方式来实现动机。

我们可以用以下技巧来询问正面动机。

（1）这个行为可以为你带来什么？

（2）你这样做的目的是什么？

（3）它有怎样的意义？

（4）这个行为可以带来什么结果？

（5）通过它可以得到什么？

（6）为什么？

（7）这样做是为了什么？

（8）它为什么这样重要？

通过问这些问题，我们就可以从不同角度，更全面准确地挖掘行为背后的若干正面动机。

当然，为了能更好地觉察行为背后的动机，有时候需要以爱和宽容做基础。我们来看看下面这个有智慧的爸爸教育孩子的故事。

有一个14岁的男孩，在放学的路上，看到书亭里有一本他喜欢了很久的书。可是他身上没有带那么多的钱，于是就大着胆子把书藏进了怀里，谁知被刚转身的老板发现了。这个男孩被愤怒的老板拽进了派出所，几名警察轮流讯问他。男孩吓得眼泪鼻涕一起流下来。民警打电话通知了孩子的父亲，很快他的父亲就赶到了。男孩低着头，默默地等待父亲的责骂。"我想，这一定是个误会，"父亲淡淡地开口了，"因为我非常了解我的儿子，他是一个非常懂事的孩子。他一定是十分喜欢这本书，同时又没带足钱，才这样的。你们看这样行不行，我出三倍的钱买下这本书，这事就算结束了。"然后，父亲掏出了钱包。男孩惊呆了。他看着父亲，父亲也看着他，眼里有责备，但更多的是爱怜。出了派出所，父亲停下了脚步。他捧起孩子那张满含羞愧与感动的脸，一字一句地说："儿子，人这一辈子或多或少会犯错误。听着，不要让它在你心里留下阴影，好好学习和生活，只要以后不再犯这样的错误，你就依然是一个让父母骄傲的孩子！"说完，他郑重地将这本书放到孩子手中。男孩控制不住地放声大哭，父亲慈爱地将他搂进了怀里。

宽容是一种美德，是一种修养。尤其是在家庭教育中，家长懂得宽容有缺点的孩子，善于用宽容教育孩子，这更突显出家长的一种智慧。孔子的学生子贡曾问孔子："老师，有没有一个字，可以作为终身奉行的原则呢？"孔子说："那大概就是'恕'吧。"所谓"恕"，用今天的话来讲，就是宽容。本案例中最值得肯定的还不是宽容，而是父亲对孩子正面动机的觉察和肯定："他一定是十分喜欢这本书，同时又没带足钱，才这样的。"如果没有这样的觉察力，只是简单地原谅，就很难直达孩子的内心世界。

第五节　觉察对方情绪下的渴望

我们先来看看美国心理治疗师维吉尼亚·萨提亚（Virginia Satir）写的一首诗——《当我内心足够强大》：

当我内心足够强大
你指责我
我感受到你的受伤
你讨好我
我看到你需要认可
你超理智
我体会你的脆弱和害怕
你打岔
我懂得你如此渴望被看到

当我内心足够强大
我不再防卫
所有力量
在我们之间自由流动
委屈，沮丧，内疚，悲伤，愤怒，痛苦
当它们自由流淌
我在悲伤里感到温暖
在愤怒里发现力量
在痛苦里看到希望

当我内心足够强大
我不再攻击
我知道

当我不再伤害自己

便没有人

可以伤害我

我放下武器

敞开心

当我的心，柔软起来

便在爱和慈悲里

与你明亮而温暖地相遇

原来，让内心强大

我只需要

看到自己

接纳我还不能做的

欣赏我已经做到的

并且相信

走过这个历程

终究可以活出自己

绽放自己

这首诗告诉我们，负面情绪里有正面的意义。如果教师能够充满教育的自信，用爱和宽容来看待学生的行为，就很容易找到学生情绪中的正面意义和内心渴望，然后就可以根据学生的内心需求来给予积极的教育。

有一次上课的时候，我提问一个学生，该生站起来后沉默不语，面色凝重，课堂气氛一时陷入尴尬和紧张之中。我坚持让学生谈自己的看法，学生面无表情地说不会，我继续说"你可以的，你尝试回答一下"。没想到我的坚持和鼓励却激怒了学生，他当场顶撞我。学生的发怒让我感受到他内心一定压抑了很多情绪，并且对我的鼓励可能有误解。于是，我缓和一下气氛，暂时让该生坐下。过后，我找该生谈话，原来他读初中的时候有过类似的经历，受到老师的嘲讽，当我坚持让他回答的时候，他的心理反应是"老师故意让我难堪"，为了维护自己的面子，他情绪失控，当场发火。

于是我肯定了他爱面子并维护自尊的想法，和他分析如何做才是真正的维护自尊。在我的引导下，学生意识到了自己的错误，认识到一个人的面子和尊严不是别人给的，而是自己活出来的。在课堂上顶撞老师却得到老师的理解，学生非常感动，决定以后用实际行动来证明自己也是可以取得好成绩的。

人生中出现的各种负面情绪，除了一种"恨"之外，都有其正面的价值和意义，不是给我们一些力量，就是指引我们找寻更好的方向，有些甚至两者兼具。以下是常见的负面情绪的正面价值和意义：

（1）愤怒。它给我们力量去改变不能接受的情况，电影中和社会罪案里的主角常会警告对方不要激怒他，否则他"什么事情都做得出来"，便是最好的例证。今天的社会里充满内心力量不足的人，他们往往需要生活在愤怒里，以产生更多的力量去面对人生。这就像一个人在冬天里燃烧自己的腿去取暖，只会使问题越来越严重。世人最大的错误是企图依靠愤怒带来的力量去改变外界的人、事、物，这当然不会成功。然后这些人以为需要更大的力量，于是变得更愤怒。事实上，用愤怒带来的力量改变自己，这才是突破方向。每个人出生的时候，已经拥有了完全足够的力量，可是后来怎么会变得力量不足呢？力量消耗在哪里了？或者，什么事是不能接受的？真的不能接受吗？前面我处理的学生在课堂上顶撞老师的案例就体现了愤怒背后的力量。

（2）痛苦。它指引我们去寻找一个摆脱的方向（因为继续这样做只会继续痛苦）。痛苦可分为生理的痛苦和心理的痛苦，但意义是一样的。例如，一个人把手放在火上感觉痛苦，就会把手移开一点，如果仍感到痛苦便会再移开一点，直到痛苦消失为止。所以，痛苦给人以动力，这份动力是必需的。没有它，这个人便不会做出改变和突破了。心理治疗大师罗伯·麦当奴（Robert McDonald）说："在有痛苦的两人关系中，感到痛苦的人就是该做出改变的人！"

（3）焦虑、紧张。有焦虑、紧张情绪往往代表着对事情的重视，因为事情很重要，需要额外的关注，或者已拥有的资料与能力不足，须添加更多所需。当一个人的焦虑被认可、被允许后，他往往会变得放松下来。学生在考试前有焦虑的时候，我都会充分肯定他们的重视态度，并且允许他们适度紧张。焦虑、紧张同样也指引我们找寻方向。我会引导学生感谢自己的焦虑、紧张，正是因为有这种情绪，他们才会重视学习，才会取得不错的成绩，今后还应继续保持适度的紧张感，让自己更好地安排学习。

（4）困难。困难指引我们去衡量必须付出的代价是否比可能收到的回报更大。很少有人会注意到困难也是一种情绪感觉，它也能为我们指引方向。对于困难，只要清晰地量化需付出的和收取的，便能马上改变这种感觉。你感觉困难就说明自己有需要提升的地方，然后才会寻找提升的方法，这样就会不断获得成长。

（5）恐惧。恐惧指引我们去找出原以为需要付出的代价是什么并去思考可以做些什么使自己不必付出这些代价。与困难一样，恐惧情绪并不一定是使人去做或不做某一件事，而是让他多一份考虑，多一种选择，这样有利于避免失败，减少伤害。恐惧是维持动物生存的第一重要工具，人活着不能也不应该完全没有恐惧。有勇气并不意味着没有恐惧。真正的勇气是：虽然有恐惧，但还能继续走下去。

（6）失望。失望其实可分为两种：对人、事、物的失望和对自己的失望。对人、事、物的失望往往来自想控制它们的企图，因无法如愿便感到失望。对自己的失望往往来自不能接受自己，此时，"接受自己"就是解决问题的方向。所以，失望也是一种为我们指引方向的情绪。

（7）悲伤。悲伤使我们从失去中获得力量，使我们更加珍惜自己仍然拥有的，包括记忆。"珍惜"的意思是妥善运用。所以悲伤既为我们指引方向，又给予我们力量。

（8）惭愧、内疚、遗憾。我们已经完结的事里尚有未完结的部分，未完结的部分可以转化为下一步行动的力量。这些情绪是指引方向的，你若明白了它们的意义，便能将它们转化成力量并用这种力量来鼓舞自己把未完结的部分完成。

（9）嫉妒。嫉妒是中转站般的情绪，它有两个发展方向：第一种是"我低你高，但是我相信我可以超越你"，这样的嫉妒会变成"不服气"，从而产生动力，让人发奋努力；另一种是"我低你高，但是我无法提升自己或超越你"，这样的嫉妒会变为憎恨。

（10）委屈。委屈的意思是："你没有给我你应该给我的。"感到委屈的人把自己放在低位，把对方放在高位。委屈的背后是渴望得到满足，这样会促使我们思考获得满足的其他方法。一个心理成熟的人，在父母、爱人那里得不到心理满足时，就会学会做自己的朋友，自己支持自己，从而更加珍惜生活，更懂得掌握自己的命运。

第五章 做一个有教育情怀的班主任
——沟通立足于学生的成长

班主任的工作是一项艰辛而光荣的工作，班主任从事的是育人的工作，是要把青少年培养成德智体全面发展的人。做培养人的工作，比做其他任何一项工作都更需要付出劳动和感情，唯大德大能者方能任之。因此，班主任一定要有教育情怀，对自己教育工作中的每一次付出乐此不疲，而要做到这一点，就只有真正地喜爱自己的工作，用情于这个工作，如此才能为它付出再多的时间和辛苦也丝毫不觉得苦和累，反而会感到很愉悦。

第一节 教育情怀从职业定位开始

有人问一个乞丐："如果你有很多钱，你会用来干什么？"乞丐认真思考后说，会用来买一个讨饭的金碗。

小故事，大智慧。这个故事告诉我们，一个人无论拥有多少资源，如果不能从内心给自己做一个身份定位，都很难突破固有认识的限制。

班主任的工作的确很烦琐，也很劳心劳力，在很多地方都出现无人愿意做班主任的情况。我认为，要想做一个有教育情怀的班主任，首先要有一个明确的职业定位。

我和很多年轻班主任交流的时候，都会问一个问题：你想要成为一个什么样的班主任？

这个问题很宽泛，每个人的答案都不尽相同，但正是这个问题给我带来了职业的转机。

2010年我在参加一个企业界的培训时，培训教师在轻松的背景音乐中让学员闭上眼睛，问自己一个问题：五年后我要成为一个什么样的人？在老师的语言引领下，每个人都放松心情，去掉生活繁杂事务的束缚，和自己的内心进行一场灵魂对话。它让我开始思考自己的职业规划。这个很简单的问题，是我工作15年之后在一个非教育类的培训上开始思考的。

在这场心灵对话里，我意识到了自己这十几年的碌碌无为，开始用心描绘自己五年后的生命状态。我想到了一个个教育名师以及他们的成长轨迹，我慢慢描绘出了自己的理想状态：五年后，自己可以像那些名师一样给教师们传经布道，能够有一本自己的专著。这个想法一出现，我开始感到恐惧、恐慌，甚至脸红，我为自己的"妄想"感到不可思议。

不过当这个想法出现之后，我开始思考实现它的计划，人生的发展也越来越清晰。培训回来之后，我按照预定的计划落实自己每天的工作，把每天的教育故事写下来，和大家分享每一个案例、每一次谈话、每一次处理工作的方法，有的得到了大家的认可和热捧，于是在大家的鼓励下我更有热情和信心，也有的受到大家的质疑甚至反对，在讨论和争辩中我提升了自己的认识和水平。同时，每一次的写作也是自己的一次反思和提升。写作有利于进入理性思考，在写作的时候，我会思考哪些细节做得比较好，哪个环节做得不够好，更好的方法是什么，以后遇到类似的情况应该怎样做。就这样坚持着，到2012年6月我就接到了中国轻工业出版社吴红老师的电话，他邀请我把自己在论坛里的文章整理出书，2012年年底我开始外出讲学。五年后的梦想，我两年就实现了，而之前的15年中我一直很难实现人生的突破。

认真思考其中的原因，可以看出做好职业定位是非常重要的。

我的导师张国维先生说：一艘不知道驶向哪个港湾的船是永远遇不到顺风的，北风吹就往南漂，南风吹就往北漂，这样的船只会随波逐流。同样，一个没有目标的人也很难遇到贵人，即使遇到贵人也只能擦肩而过。

当我明确了自己的职业定位后，我就不断遇到人生的贵人。郑学志、郑立平等老师亦师亦友，在工作和学术等方面都给予我很多指导；"青春老人"张万祥老师专门写文章对我进行推荐，还给我的书写推荐语；《班主任之友》杂志社的王皓老师和《班主任》杂志社的魏强老师都向我伸出橄榄枝，让我做封面人物——我竟然可以登上如此权威的杂志的封面，这是我之前想都不敢想的。

当一个人明确了他想要成为怎样的一个人时，其他的环境、行为、能力等问题就都不再是问题。环境是可以改变的，行为是可以选择的，能力是可以培养的，这些都可以围绕个人的职业发展目标来进行调整。

有一个农村的教师想要拜我为师，说他非常想在学术上有所建树，但他很苦恼身边没有同行人，更没有给他指点迷津的。他说自己身边的同事在工作之余一般是做两件事：喝啤酒、打麻将。

这样的环境是好还是坏呢？如果我们一时不能改变环境，那就改变对环境的认识。我告诉他这就是他的优势，目前的评优机制基本上采取的是指标分配的方式，当他的同事都在喝啤酒、打麻将的时候，他只要稍微努力就可以脱颖而出，更容易取得成绩。

一听此话，他心情大好，不到两年就被评为了省优秀教师，2015年也出版了属于自己的专著，目前他能与更多的名师交流，学术视野大开。这一切的转变都是从他明确自己想要成为一个什么样的开始的。

理解层次再次告诉我们，明确职业身份定位是多么重要。

一般情况下，人们对事件的理解分为六个层次，由下往上分别是：环境、行为、能力、价值观/信念、身份、灵性（如图6所示）。前三个层次为基础层次，也叫问题层次；后三个层次为精神层次，也叫效果层次。世界著名物理学家阿尔伯特·爱因斯坦（Albert Einstein）说：在问题层面解决问题，是很难有效解决的。一般人对事件的理解都会停留在前基础层次，在这个层次上看问题往往会出现"公说公有理、婆说婆有理"的局面，这也是产生困扰、困惑的层面。

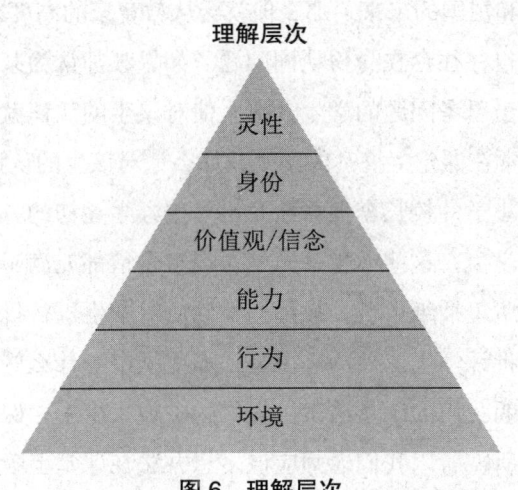

图6 理解层次

环境、行为、能力这三点比较容易理解，也就是要具体问题具体分析，结合当时的情境、当事人的具体行为和能力来理解。这里我重点介绍一下上面的三个层次。

一、灵性

灵性就是你与世界的关系，就是你为这个世界、社会做出了什么有价值的事，为这个社会奉献了什么。

所以，人民教师，是太阳底下最光辉的人。教师为这个世界、社会，为这个国家，做出了很大的贡献，所以是最有灵性的一群人。

请记住一句话：人类因教师而精彩！

还要记住一句经典的话：今天孩子的行为，就是未来国家的文化！

那些能够在艰苦的环境下默默奉献的人民教师，往往都在灵性层面和身边的环境建立起了良好的关系。

二、身份

身份不是指职务，而是指你是个什么样的人。例如，有的教师认为我就是一个教书匠，教书只是一份养家糊口的工作而已，那么他就会按照教书匠的方式来工作；有的教师认为教书不仅仅是一份工作，更是一项事业，教师肩上承担着学生灵魂塑造的重任和祖国的未来，那么他就会从教育家的高度来看待学生。

教师看待学生也往往存在身份认同问题。如果教师认为某学生是一个关心社会、思维活跃、善于思考问题的学生，那么他对该生的认识就会是积极的；如果认为该生是一个经常在课堂上捣乱的学生，那么他对该生的认识就会是负面的。

北京亦庄实验小学的校长李振村给我讲了他办学之初的一个案例：当时学校整合了很多农村的学生，这些学生一开始对很多事情都充满了好奇，例如开学之初，很多学生在厕所里抽纸巾玩。教师们看到后对学生进行批评教育，而李振村校长却不让教师们批评学生。他的理由是：那些纸巾有什么好玩的？而学生却玩得非常投入，这说明我们的课堂给学生提供的乐趣太少了，课外也没有给孩子们提供更好的游乐场所，所以我们老师应该多想办法在课堂上吸引学生，在课外给孩子们提供更好的活动场所。另外，那些纸巾才值多少钱？而孩子们好奇的天性多么宝贵！不能因为一些纸巾而泯灭了孩子们的天性。

这就是教育家的眼光和情怀，也是亦庄实验小学能够迅速崛起的一个重要原因。

三、信念

信念，说简单点，就是相信的念头。信念是人生活的规条，虽然我们常常误认为信念是事实，但信念其实并不一定是事实。信念从小就会在我们的头脑中存在。信念是行为的红绿灯。我们的行为往往是基于我们以为信念是真实的，假如行为结果是我们所喜欢和接受的，我们便会继续以为这些信念是真实无误的。

比如，"先付出后享受""一分耕耘一份收获""让每个孩子成为最优秀的自己""没有失败，只是暂时还未成功"，等等。

不同的信念决定了不同的反应。面对孩子抽纸巾的行为，教师们可以批评，甚至告诉孩子一大堆爱护公物、维护公共环境的道理，但李振村校长坚持保护孩子玩的权利和好奇的天性，认为这些比物质的东西更重要，他看到的是人，而一般教师看到的是物。

因此，所谓的事实只不过是我们自己的信念对外界存在的主观定义，而不一定是真的事实。

四、价值观

价值观就是你认为什么是最重要的。

价值观是人生中主要的动力源头。

当个人的价值观得到满足时，我们会得到满足感、协调感或亲和感。

当价值观不可能得到满足时，我们便会感到不满、矛盾或被冒犯。

每个人都会根据事件对于自己的意义和重要程度，来为它的价值层次排序。

大部分的价值观是存在于潜意识层面的，故此我们并不能察觉它的存在。

但人们通常只留意到自己在意识层面的价值观，因此，潜意识与意识层面的价值观可能互相矛盾。

有的人用了很多精力来压抑情绪，把它们推向潜意识深处，以至不能被察觉。

例如，有的学生在课堂上顶撞教师，如果教师认为按时完成教学任务最重要,那么他就会对该生置之不理;如果教师认为师道尊严不容侵犯,那么他就很可能对学生大发雷霆;如果教师认为培养孩子美好的心灵最重要,那么他就有可能包容学生,然后相机引导。因此,对行为事件的应对态度,往往是一个人价值观的体现。

从理解层次我们可以看出,身份决定一个人的信念和价值观,而信念和价值观直接影响着人们对环境、行为、能力的认识和选择等。要做一个有教育情怀的班主任,必须要有良好的教育观、学生观等观念,要具有能够感染学生的人格魅力,而这一切都要从明确职业定位开始。

第二节　用爱心撑开教育情怀的天空

要当好一名教师,首先要做一个充满爱心的人。全国著名特级教师霍懋征老师说过:"是什么力量把一个人见人烦的孩子,变成人见人爱的孩子?是爱。爱是阳光,可以把坚冰融化;爱是春雨,能让枯萎的小草发芽;爱是神奇,可以点石成金。"希望教师们能关爱每一名学生,努力成为学生的良师益友。所以,班主任的教育情怀首先要用爱心撑开。

教育是"一个不完美的大孩子领着一群不完美的小孩子一起追求完美的过程"——这是教师应该具备的最起码的教育情怀,是走上神圣的三尺讲台最基本的前提。

教育是爱的事业。我们的学生,有成绩出色的,也有成绩暂时落后的;有漂亮的,也有并不漂亮的;有出身豪门的,也有平民子弟;有说话乖巧的,也有木讷寡言的;有气质颇佳的,也有习惯不良的……但没有哪个孩子不值得我们爱。他们每个人都是独一无二的生命个体,他们生命的鲜花都应该自由地绽放。越是暂时还不够出色的学生,就越可能是平时缺少爱的雨露滋润的学生,就越是需要教师的尊重、理解与关爱。教师要懂得锦上添花,更要学会雪中送炭。孩子健全的人格和丰富善感的心灵比出色的成绩更重要。有多少个学生,就应有多少把尺子。多一把尺子,就多一个好学生。所谓的"差生",往往是教师用分数这一把尺子量出来的。教育的真正价值应该用受教育者的一生来衡量与评价。丁榕老师从教几十年,保存了她教过的几乎所有学生的文字资料,她的家就是一座教育博物馆，她的心灵就是她教过的学生的成长档案室，一个个故事、一个个细节、一张张纸片构成了她的爱的教育传奇。

做一个有教育情怀的班主任还要拥有一颗包容学生的心。海纳百川，有容乃大。学生群体是一个充满个性的群体，每个学生都有属于自己的天空和思想王国，有自己独特的思想和看法，作为班主任，如果不能容纳这些充满"个性"的学生的独特之处，就很难发现他们身上独有的价值。

《老子》有言："太上，不知有之；其次，亲而誉之；其次，畏之；其次，侮之。信不足焉，有不信焉。悠兮，其贵言。功成事遂，百姓皆谓'我自然'。"

最好的统治者，人民并不知道他的存在；其次的统治者，人民亲近他并且称赞他；再次的统治者，人民畏惧他；更次的统治者，人民轻视他。统治者的诚信不足，人民才不相信他。最好的统治者是多么悠闲，他很少发号施令，事情办成功了，老百姓说"我们本来就是这样的"。

作为一个班主任，也应该追求这样的教育境界。

孔子说："仁者爱人。"——爱别人的目的，不是别的，就是使自己成为真正的"仁者"。每个人都有缺点，都有不足，那些不管对象是谁，不管出于什么样的原因，都拥有宽厚、仁爱之心的人，就可能成为领导，成为"大人物"，因为人们愿意跟随他。没有人会愿意跟一个不知道欣赏别人、只会整天责备并埋怨别人的人在一起。

古人曰："宽以济猛，猛以济宽，宽猛相济""治国之道，在于猛宽得中"。领导包容，就可以使近者悦远者来，天下归心。《尚书》中有"有容，德乃大"之说，《周易》中提出"君子以厚德载物"，荀子主张"君子贤而能容罢，知而能容愚，博而能容浅，粹而能容杂"，讲的都是领导者要加强个人修养，学会包容，学会超脱。

实践证明，假如你不按"包容"的原则行事，那么你就永远不可能成为一名真正的成功者。试想，如果你因别人的一点过错就心生怨恨，一直耿耿于怀，甚至想打击报复，整日沉湎于一些琐事上，那么你还有精力发展自己的事业吗？所以我说，学会善待学生，拥有豁达、包容的胸怀是成功的班主任必须走出的第一步。唐英年的演讲词《领导的包容艺术》也许能给我们班主任一些启发。

包容是一种个人的修养，一种自省的能力和虚心、谦恭的态度。不少人有一种感觉，领导应该英明神武，大小事务都洞悉先机，智珠在握。这是理想国的领袖。在现代社会，领袖需要面对和处理的问题，有很多超乎他的认知和经验，因此必须抱有不知为不知这种对自己诚实、对自己负责任的态度。

只有勇于面对自己的不足之处，才有弥补的可能。其中一个方法就是从领导团队入手。精明的领导会有胸襟，身边能够容纳能人，甚至是比他更有才能的人，他更应该找一些在性格上能够与他互补的人。很多人重视团队对外时是否能合唱和谐之歌，但我觉得好的团队更大的价值是在内部发出杂音，刺激我们的思维，令我们不会麻痹，不会睡觑。历史上有很多一言堂造成的悲剧，原因就是在领导层内部未能做到百花齐放，以致重要的决定没有经过充分的论证，而单凭长官意志去行事。

包容的另一重含义，就是对错误的宽恕。在讲求"零容忍，重问责"的今天，提出这个论调似乎有点不合时宜。虽然如此，但是我认为，领袖应该有能力分辨哪些错误可以宽恕，哪些犯错的人值得原谅，又或者如何小惩大诫。目的只有一个，宽恕不是纵容，宽恕是希望犯错的人可以放下包袱，总结经验，吸取教训，重新上路；有时候宽恕也是为了避免社会陷入无止境的争拗，造成分化。其中困难之处在于要有准确判断的智慧，有足够的理据说服那些坚持赏罚分明的人士为什么宽恕会是最好的处理方法，更要有勇气承担因此而产生的后果和风险。

教育是慢的艺术。学校应是真正育人的地方，是允许学生犯错误的地方。教育是传统意义上的农业式的实践活动，是农业式的，就要遵守"农时"，遵守"农作物"的生长规律。教育是中医学，就要最大限度地减少副作用，就要标本兼治。教育是一种过程。素质的养成不会立竿见影，应是螺旋式上升、跳跃式发展的。能力的培养更不可能一蹴而就，应该水到渠成，瓜熟蒂落。教师要了解、理解、尊重孩子，要欣赏、引领、包容孩子。学习最大的动力就是产生了浓郁的兴趣，学习最大的增值点就是养成了良好的学习习惯。有时候，等待与沉默也是一种有效、有情怀的教育。全国著名特级教师王栋生（笔名吴非）老师的眼睛向着前方，不跪着教书，坚持给孩子提供最适合的教育，他耐得住寂寞，默默地坚守着对人格的培育，从教几十年没给孩子排过一次名。这是何等的气魄与情怀！

他的文章《像太阳一样升起的白旗》是他教育情怀的极好诠释。教育是追求和谐与自由的。心灵与心灵交流，智慧与智慧碰撞，春风化雨，润物无声。淡妆浓抹总相宜，风定犹闻碧玉香。

国务院原总理温家宝这样鼓励教师："中华文明之所以绵延不绝、薪火相传，依靠的就是道贯古今的师者，依靠的就是化育天下的精神。你们选择了做教师，就是选择了奉献，选择了高尚，就是人生中最大的幸福。你们对教育事业的奉献，应该像小河奉献给大海、阳光奉献给大地那样无私、那样无怨无悔、那样一往情深。希望你们把追求理想、塑造心灵、传承文明当作人生的最大乐趣，做好终身从教的思想准备，甘做培育人才的泥土，在奉献中体现价值，在平凡中成就伟大。"

第三节 用平和来播洒教育情怀的雨露

我们经常看到一些班主任对学生大吼大叫、指责批评，有的学生被骂得垂头丧气，有的学生可能会"奋起反抗"，我还看到一些敢于对教师拍桌子的学生，更有甚者和班主任直接开战。我们暂且放下师生双方的对和错的评判，单纯从教育效果上来说，无论哪种场景，都不会产生理想的教育效果。而班主任对学生轻易发脾气、发泄怒火，说明他的教育能力比较差，教育方法也比较简单粗暴。

心理学研究表明，愤怒就是当心里的愿望不能实现或受到挫折时引起的一种紧张而不愉快的情绪。当人们处在高度的压力下时，就会出现焦虑情绪，许多内在的情感需求得不到满足，就会不断地从潜意识中浮现出来，于是人们便会变得烦躁不安，虽然懂得人际交往和亲和的原则，可是生理状况不允许他们做得很好，所以他们会不由自主地发脾气，会因为一点鸡毛蒜皮的小事而生气，渐渐地在无形中便会给自己的人际关系增添许多麻烦，使自己的人际亲和力下降。所以我们应注意劳逸结合，工作和生活兼顾，紧张和松弛并存，有了一份好心情，才能有良好的人际亲和力。

《孙子兵法·火攻篇》中说："主不可以怒而兴师，将不可以愠而致战。"愤怒情绪对人的心理没有任何好处，它只会损耗内在的正能量，将各种与你内心情境相呼应的人、事、物吸引而来，使你耽溺于自己的受害者身份。愤怒情绪不但有损身体的健康，还会影响思维，从而影响对事物的判断。

既然愤怒的负面影响那么大，那么为什么人们还总是愤怒呢？这是因为，愤怒可以满足人的一些心理需要。要想根除愤怒，首先要找到引起愤怒的心理动机。

（1）愤怒可以帮助人推卸责任。当你觉得难以控制自己、感到沮丧或遭受挫折时，你可能会通过愤怒将自己的不愉快归咎于其他的人或事，而不是控制自己的情感。

（2）愤怒可以用来控制别人。你可以用愤怒来控制怕你发怒的那些人。对于那些年龄较小、在心理上处于弱势的人来说，这一方法尤为见效。

（3）愤怒会引人注意，因此你可以自以为了不起。

（4）愤怒是个现成的借口。你可以先狂怒一阵，然后向别人道歉："对不起，我刚才实在不能控制自己。"这样，你就可以用愤怒作为理由来原谅自己的不当行为。

（5）你可以将自己的意志强加于人，因为别人宁愿迁就你，也不愿让你大闹一场。

（6）愤怒可以让你获得自我怜悯。在大怒一场后，你可以陷入自我怜悯之中，自叹无人理解你。

其实，这些心理需要的根本就在于心理弱势。一个真正内心强大的人，是不会借助这些手段来满足内心需要的，他会注意控制自己的情绪，保持平和的心态，用理性的态度和有智慧的模式来处理问题。因此，要做一个有教育情怀的班主任，就一定要控制自己的愤怒，用平和的态度与学生进行心灵对话。

一、平和，从接纳自己开始

接纳自己，是指以一种温暖、关爱、亲切、宽容和体贴的态度对待自己。批判别人源于不接受自己！会批判别人就一定会批判自己。所以，每一次批判别人，自己都会受伤一次。对别人的限制，其实正是对自己的限制。看别人不顺眼，其实是看自己不顺眼。觉得别人不可爱的地方，往往也就是觉得自己不可爱的地方。不满意别人，正是因为不满意自己！你怎样批判别人，就会怎样批判自己。原来，你真正不能接受的人是自己，而不是别人！生活中遭遇的每件事、我们和每个人的冲突，都只是一种象征。每一个象征都代表了我们内在的冲突和分裂！内在的冲突源于我们黑暗面的投射。接受你的黑暗面，你就不会被黑暗所困,所有的黑暗就会消失!

但事实上,我们的每个缺点背后都隐藏着优点,每个阴暗面都对应着一个生命礼物。好出风头也许是自信过度的表现,邋遢说明你内心自由,胆小能让你躲过飞来横祸,泼妇做法在有些场合是解决问题的最好方式。阴暗面也是生命的一部分,只有真心拥抱它,我们才能活出完整的生命。

有人说:一个人没有缺点,也没有优点,只有特点;缺点是特点的误用,优点是特点的善用。因此,我们唯一需要做的,就是在适当的时候,以适当的方式,把这些特点表现到适当的程度。那些所谓的"缺点",可以成为你前进的垫脚石,而不是绊脚石。

作为班主任,应该追求尽可能透明的生活状态,毫不掩饰,毫不伪装,即使不喜欢自己身上的某些东西,也不应该刻意压抑它们,甚至直接否认它们的存在。透明意味着真实,意味着敞开心扉、返璞归真,回归完整的、原本的自我。

多少次为了掩饰心中的阴影,我们只能去欺骗别人,同时也欺骗自己,自己给自己戴上面具,不让真实的想法流露出来。随着时间的流逝,我们逐渐习惯了这个面具,忘记了面具下面还有一个真实的自己,尽管在生活中屡屡经历失败,却仍然刻意压抑内心的暗示,蒙起眼睛,堵住耳朵,拒绝看到真实的自己,拒绝聆听内心的声音。

接纳和拥抱心中的阴影,可以让你的生活发生彻底的转变,宛如丑陋的毛毛虫破茧而出化为美丽的蝴蝶。你不必再刻意掩饰,不必再假装成另一个人,也不必再努力证明自己,因为那时你会拥有足够的自信。拥抱阴影,找回完整的自我,你就可以自由追求自己想要的生活。

爱自己,接纳自己,让完整的自我充分表达出来,不去刻意掩饰内心的"缺陷",这是每一个婴儿与生俱来的本性。然而,随着年龄的增长,我们会受到周围人们的影响,开始刻意讨别人的喜欢,把那些可能惹人生气的想法深深掩藏起来。结果,在长大的过程中,我们逐渐丧失了纯真、自由的本性。

"诚实"对生命的成长和提升很重要!练习对自己诚实,不再那么在乎面子,封闭的心就会逐渐敞开,心灵就会变得洁净而有力,你对生命就会充满信任和希望!当面具一层一层地剥掉、伤痛一层一层地释放、封闭的心一层一层地打开时,你会发现你的内在确实是有力量的!

二、平和，要学会用长远的眼光看问题

要做到凡事从长计议，拓宽自己的视野，不为当前的事发火。人都是有自尊的，在工作和生活中受到委屈或被冤枉，谁都会生气，作为班主任，如果自己的想法受到质疑或批评，内心也会很烦恼，难免产生不满情绪。但如果任由情绪滋长，就会给自己造成无法弥补的伤害。古希腊哲学家毕达哥拉斯（Pythagoras）说："愤怒从愚蠢开始，以后悔告终。"因此，班主任在处理问题的时候，一定要有长远的眼光，要能够预测事情的走向，把眼前的问题变成以后的财富。在这一点上，曹操给我们做出了很好的示范。

东汉末年，曹操率兵在官渡大败袁绍，创造了中国战争史上以少胜多的著名战例，为其统一北方奠定了基础。

双方交战之时，袁绍兵力数倍于曹操，曹操的形势一度岌岌可危。幸亏袁绍刚愎自用，不听谋士许攸忠言，致使许攸愤而投向曹操，献计献策，火烧乌巢——袁军粮草重地，曹军方得大胜。

胜利后，曹军发现袁绍的文件中有大量朝中官员给袁绍的书信，全都是讨好袁绍，为自己谋好退路。有人建议曹操彻底追查此事，以通敌罪名论处这些官员。

曹操否决了这个建议，也没看这些信件，命人将它们全部烧掉。望着燃起的火焰，曹操说："当时形势危急，我尚不能自保，他们这样做也是迫不得已啊！"

曹操如果去追查，一则显得自己没有容人的胸怀，不近人情；二则会将这些人逼向敌人一边，等于削弱了自己而增强敌人的实力。曹操会多角度观察问题，站在将领的角度对背叛他的人多一份理解和宽容，看得远，想得透，一举征服人心，实在值得我们学习。

三、平和，要让自己的内心保持喜悦状态

有个成语叫"自寻烦恼"，也就是说烦恼是自己寻来的。那么，既然自己可以寻找，为什么不寻找快乐呢？

奥列佛·文戴尔·哈马斯说："每个人都应该沐浴在快乐的日光之中。焦虑、孤僻和愤怒都是生命之舟上的斑斑铁锈，我们的人生之舟应该每一天都被快乐的油脂擦亮。"内心的喜悦状态是自信的表现，显示出掌控大局的气度。作为班主任，更应该用这样的状态来影响学生。

请用微笑来维持内心的喜悦。美国人际关系学大师戴尔·卡耐基（Dale Carnegie）说："笑容能照亮所有看到它的人，像穿过乌云的太阳，带给人们温暖。"一个微笑可以打破僵局，一个微笑可以温暖人心，一个微笑可以淡化缺点，一个微笑可以树立信心。

微笑是一种宽容、一种接纳，它缩短了彼此间的距离，使人与人之间心心相通。喜欢微笑着面对他人的人，往往更容易走入对方的心里，难怪有人说微笑是成功的先锋。对人微笑是一种文明的表现，它显示出了力量、涵养和暗示。

经常微笑，也是在和自己的潜意识进行沟通，暗示自己：内心喜悦，充满自信，包容一切，一切困境都会变得风轻云淡。于是，潜意识也会积极配合这种感觉，支持你的内心保持这种喜悦感。

第四节　用同理心与学生一起共舞

教育的本质就是帮助学生发现自己，唤醒心中的巨人，最好的教育就是让每个人成为最优秀的自己。要想唤醒学生，就要用学生的思维和他们交流、相处，使他们在内心深处自然而然地产生共鸣与感悟，用心理学的概念来讲就是要有同理心。

同理心的基本意思是，在人际交往过程中能够体会他人的情绪和想法，理解他人的立场和感受，并站在他人的角度思考和处理问题。在沟通中，同理心尤其重要。有句英国谚语说："想知道别人的鞋子合不合脚，那就穿上别人的鞋子走一英里。"

苏霍姆林斯基说，要时刻不忘自己也曾经是孩子。他的同理心教育体现在其教育实践的各个方面，包括智力教育、道德教育、劳动教育等。基于对儿童的认知特性、情绪变化、行为动机等教育心理要素多年的研究与观察，苏霍姆林斯基在情感上与孩子们产生了强烈的共鸣，并达到了深切的理解。

苏霍姆林斯基强调，教育者首先应该全身心地热爱儿童，这种爱不仅指长辈对晚辈的爱，而且指跟孩子有共同的精神需要。他愉快地和学生一起活动，一起读书，一起旅行。教育者只有时刻不忘自己也曾经是孩子，回忆自己的童年，把自己的情感完全融入进去，才能在自己与学生之间建立起心与心的交流。

因此，班主任要提升自己的沟通艺术，要学会用同理心和学生共舞。

一、接纳情绪，与学生的情绪共舞

接纳情绪是师生良好沟通的基础。教师只有接纳了学生的情绪，才能和学生进行平等、平和的沟通。但接纳情绪并不代表认同学生的观点。以前我对待学生的情绪往往采取"以硬碰硬"的态度来处理，潜意识里是保护教师的权威，担心学生"乱发脾气"会给自己的管理带来后遗症，结果这种方式只能使师生关系恶化。

人人都需要被别人理解、尊重和接纳，然而反过来人们却不善于理解、尊重和接纳别人。其原因就是，人们不善于站在别人的角度思考问题，总是太主观、太狭隘、太自私了。

所谓接纳孩子的情绪，就是指无论孩子烦躁、生气、绝望、委屈、孤独，还是兴奋、快乐、激动，家长、教师都能够对孩子的情绪给予关注、尊重和理解，而不是立刻反对他的情绪。

接纳孩子的情绪，并不等于赞同他的情绪，而是说你要关注到、意识到、觉察到他的情绪，从而使自己从一个更宽广的视角来面对问题、解决问题，避免主观偏见的产生。

当学生的情绪被接纳之后，学生往往能自己找到解决问题的办法，而这个办法往往正是家长、教师所期望的。

常用的接纳情绪的语言是"噢""嗯""我知道了"等，也可以用描述对方情绪的语言，例如"看来你很生气""看来你很伤心""我知道你很难过"等。

接纳孩子的情绪主要有两个作用：

（1）孩子的情绪被接纳之后，可能问题就没有了。换句话说，孩子的情绪被接纳之后，心态会变得平和，于是自己就有能力解决问题了。例如一次有学生和别的同学发生了激烈的矛盾，该生一开始情绪激动，想要采取以牙还牙的方式报复对方。我就说:"我理解你的心情,换成我也会非常生气的,甚至也会想用更激烈的方式来还击,来证明我不是好欺负的。"学生听我如是说很开心,告诉我他也就是想和我说说他的心情,他知道我不会简单地给他讲道理,因为这些道理他都懂得。倾诉完之后他的情绪就好多了,最后他告诉我,自己也有不对的地方,和对方计较只会让问题更复杂,耽误自己的前程,等等。最后,该生很理性地处理了两人之间的矛盾。

(2)接纳孩子的情绪是解决其问题的基础。换句话说,接纳孩子的情绪,是解决其问题的前提。人最喜欢的是自己,之后便喜欢像自己的人。人的情绪被接纳之后,就有一种被理解的感觉,因为人都喜欢像自己的人,所以便会喜欢理解自己、和自己的感受一样的人。因此,孩子往往会对能够接纳他情绪的家长或老师产生好感和信任,愿意与他们沟通,也愿意与他们配合、听他们的话。

二、换位思考,与学生的心灵共舞

陶行知先生说,"我们要懂得儿童"——我们要懂得儿童的心理活动及思想感情。陶先生多次告诫教育者:"我们必须会变成小孩子,才配做小孩子的先生。"所谓"会变成小孩子",就是说教师要尽量使自己理解学生的心灵,用学生的方式去思考,用学生的眼光去看待,用学生的情感去体验,用学生的兴趣去爱好。但我们今天的教师往往把学生看成不懂事的小孩子,认为学生是理所当然的受教育者,我怎么教,你就怎么学,不学不行,学不好也不行,至于学生愿不愿学、喜欢学什么,就很少考虑了。于是学生几乎成了无血无肉、无情无义的"木头",教师想怎样砍削,就怎样砍削。这种对学生缺乏理解、漠视学生主体性、无视学生创造力的做法,陶先生早就深恶痛绝。他曾这样愤慨地抨击道:"你这糊涂的先生,你的教鞭下有瓦特,你的冷眼里有牛顿,你的讥笑中有爱迪生。你别忙着把他们赶跑。你可要等到坐火轮,点电灯,学微积分,才认他们是你的当年的小学生?"我们教师要以陶先生为榜样,注重研究学生、理解学生。

"一个人不懂小孩的心理,小孩的问题,小孩的困难,小孩的愿望,小孩的脾气,如何能教小孩?"教师不理解学生,不了解学生所需,硬要他们去做一些他们不想做的事,只会使师生关系僵化。

俗话说:理解万岁。任何人之间的交往都离不开理解。正在接受教育的学生就更需要教师的理解。教师只有理解学生，才能发现每个学生的闪光点，因材施教；只有理解学生，才能帮助学生找出犯错误的原因，使其愿意接受教育；只有理解学生，才能消除自己心中的焦躁和不冷静，心平气和地对学生动之以情、晓之以理，使学生能吃一堑、长一智。教师理解学生，民主平等的师生关系才能够建立。正如一位教育家在论述教育的功能时所说："教育成功的秘诀在于尊重学生。"

站在学生的角度看问题，首先就要求我们老师放下架子。"平易近人"这个词，说起来很容易，做起来却很难，难就难在许多老师难以放下自己被传统"架"起来的架子，维护着所谓的"尊严"，把自己的角色神圣化，让自己去扮演说一不二的神，而忽略了自己作为一个人的本质。

事实上，找学生谈心，和学生交流，对方往往在开始时并不注意老师讲的道理，而是会看老师对自己的态度和感情。因此，谈心不只是教师单方面的说教，它是为了达到教育目的而和学生进行的一种互动。谈心要交流思想，但首先要交流感情，只有在相互平等、相互尊重的基础上，才能建立良好的谈心氛围，双方才能谈得来。

第五节　用创新架起教育情怀的通道

教师是一个很容易产生职业倦怠的行业，很多教师刚入职的时候充满了教育的激情，教过几届学生之后，发现自己的工作只是简单的重复，很难再感受到初为人师的激情，于是开始产生倦怠感，所谓的教育情怀也渐行渐远。因此，一个具有教育情怀的班主任一定是一位不断创新的教师，他会在教育的道路上孜孜以求，不断创新，用创新架起教育情怀的通道。

教育既是科学，也是艺术。教师从事的是创造性的工作，没有创新精神的教师，不可能培养出创新型人才。钱学森先生曾回忆说，在他一生的道路上有两个高潮，第一个高潮就是在北京师范大学附属中学——六年的学习生活对他的影响很深。当时的数学老师傅仲孙特别提倡创新，在给学生的测验评分时独出心裁：如果出5道题，学生都答对了，但解法平淡，只给80分；如果答对4道，但解法有创新，就给100分，还要另加奖励。杰出教师的过人之处，就是能够在平凡的教学点滴之中，探索教育的真谛，追求事业的卓越。希望教师们都能积极投身于教育改革创新实践，重视培养学生的想象能力、创新能力和实践能力，激发学生的兴趣，创造有利于个性发展的氛围，使美好的教育理想变为现实。

教师要刻苦学习。"学然后知不足，教然后知困。"教师作为知识的传播者，必须不断学习，不断充实自己，才会有教学之乐，而无教学之苦。中小学是人生启蒙、知识准备、世界观萌芽的特殊阶段，学为人师尤为重要。教师只有学而不厌，才能做到诲人不倦。每位教师都应不断地学习新知识、新技能，不断提高教书育人的本领和教学质量。

第六章 做一个善于掌控情绪的班主任
——情绪影响沟通的成败

我们常说,冲动是魔鬼,意思是人在高强度情绪下容易做出不理智的决定和行为。然而人又是有感情的动物,不可能像机器那样总是做出标准化反应。所以,我们需要做的不是去压制情绪,而是要勇敢地面对情绪,学会做情绪的主人,让情绪为我们服务。

第一节 情绪是怎样产生的

"情绪心锚"是一个心理学概念,通俗的说法就是"情绪按钮",生物学上的概念就叫作条件反射,也就是指:"人的某种心情与行为、表情的链接而产生的条件反射。"当条件与反射之链接模式衔接完好后,人之心锚就建立了;如果能够将这一衔接过程重复地使用多次,那么,心锚产生的效果会更加明显。

在现实生活中,很多人听到一句话、一首歌或者看到一件物品、某个场景,甚至触及身体的某个部位,都会引起相关的情绪反应,这种反应只是属于当事人的,其他人很难感受到,也很难理解。那么这句话、这首歌或者这个物品、场景、动作,就成为当事人的情绪按钮。"触景生情""睹物思人"等说的都是这种心理规律。

这种情绪心锚和个人经历有关。例如,一对恋人在热恋期间常常一起听一首歌,这首歌就和当时的情绪感受建立了密切联系,多年后再重新听这首歌,内心就会产生温馨、喜悦、幸福的感觉,这就是歌声按动了当年形成的情绪按钮。

如果一个人早年遭受过一些不公平待遇或者不幸,当时的场景、对方的音容笑貌等也会成为这样的情绪按钮,以后遇到类似的场景或有类似言行的人的时候,就会莫名其妙地感觉不开心或者讨厌。

影响最大的情绪按钮往往是在7岁之前形成的,因为7岁之前是一个人的印记期，这个年龄段的孩子主要是靠感受来思考的，很多情绪记忆深深地印在脑中，在这个年龄段留下的感受绝对不是靠简单地讲道理就能够解决的。

我遇到过很多外表漂亮、业务能力强、成绩突出的女教师，大家都认为她们很优秀，但她们自己不接纳自己，不敢承认自己优秀，外人以为她们是谦虚，其实她们是发自内心地感觉自己真的不够优秀。像这种情况，往往是由于她们在小的时候没有得到父母足够的肯定、鼓励、赞美、支持，甚至还常常受到否定、批评、指责，于是，当她们遇到批评的时候就容易反应强烈，受到表扬的时候又不敢相信。

下面是一个教师咨询的问题。

有个5岁的小女孩，见到别人笑就会很生气，觉得别人在嘲笑她（其实根本跟她无关，或者别人的笑是善意的笑），然后不停地纠结这个别人笑的问题，很久都过不去。

这种孩子的家庭往往有很大的问题，经了解果然是这样：父母离婚，妈妈不要她，爸爸不喜欢她，致使她缺乏安全感。在这种感受下，如果正好有人用说笑的方式嘲笑过她，那么说笑就成为她的心锚，一看到有人笑，她的情绪按钮就会启动，是否和她有关已经不重要了，重要的是她认为是这样的。对于这种情况，可以求助专业的心理教师，设置一个场景，给予她足够的心理安全感，在场景里重新调整她的内在感受，在感受比较强烈的情况下，用笑种下新的情绪心锚，问题就有可能解决。如果只是给她讲道理，那么往往是没有效果的。

教师首先是作为有情感的人存在，同样有很多情绪心锚，我们在工作中，在和学生相处中，如果遇到一些事情、行为正好触动了自己的情绪按钮，我们的情绪就可能被引发，甚至会暴跳如雷。

教师明白了情绪产生的原因，了解了自己的情绪按钮，就会理解情绪来自自己的内心世界，和外界、他人的行为关系不大，这样就能主动地掌控自己的情绪开关，而不再把自己情绪的遥控器交到别人手中。

第二节　情绪的 EMBA 法则

心理学里的 EMBA 法则不是指工商界高级专业管理人员的工商管理硕士学位，而是指 NLP 里面的一种情绪管理模式。

E：Emotion——情绪。

M：Mind——思想。

B：Body——身体。

A：Attitude——态度。

这四个方面是互相影响的。情绪会影响到认知，认知就会影响到身体反应，身体的反应就会向外界传递你的态度，同时情绪也会直接影响到身体反应。同样，身体反应、思想认知也会影响情绪和感觉，这些相互的影响都会以一定的形式表现在态度和行为上。

近些年来，人们在探索身心关系方面做了很多工作。事实上，我们的身心同属一个系统。既然它们是内部相关的，那么一方的变化必然引起另一方的改变。当我们的思想充满喜悦——譬如完成了一次成功的演讲，得到了期待已久的赞赏——时，我们的身体里面必然会产生相应的反应。这种反应会体现在我们微笑的眼神里、我们的面部表情上、我们说话的语调中，以及我们走路的姿势上。反之亦然，当我们沮丧的时候，我们往往朝下看（通常会是右下角），并且会采用消沉的身体姿势。"垂头丧气""趾高气扬"等表达的都是情绪与身体行为的相互作用。

情绪是一种非常强大的工具。当它被触发的时候，能制伏一切。不论思想如何光芒四射，它都能被消极情绪掩盖，进而影响态度。反之，积极情绪能使思想强大并激励我们成功。

从心理学上说，EMBA 法则能够为我们提供对内在力量的洞察力，并潜移默化地推动我们的思想和行为超越我们的想象。一旦我们能够创造强烈的意识，并获得在 EMBA 的每个阶段间选择的自由，我们就能释放自己的智慧，掌控自己的生活。

既然情绪、认知、身体、态度如此紧密联系，我们就可以从简单的看得见的身体状态开始改变，例如，可以通过改变身体姿势带来一种更快乐的思想感觉。当我们心情不好的时候，可以调整一下我们的身体，让它保持高昂的状态，走路可以适当加大步伐，昂首挺胸。当我们觉得沮丧的时候，我们就应当朝上看，并且以开放的身体姿势来回走动，通过这样的方式，我们就能感到自己慢慢得到了放松。

例如：班主任心情不好（原因可能很多），看到学生上课精神状态不佳或出现违纪行为，可能就会感觉学生不听话，不服从老师的教育，这样的认知会让心情更加糟糕，于是面部表情等身体语言就可能表现得非常严肃，传递给学生的态度和教育行为就可能比较严厉，老师的亲和力就会丧失。而如果班主任了解情绪的 EMBA 法则，就可以先从自己的身体开始改变，当自己想要生气的时候露出一点微笑，把身体调整到自信状态，情绪就会自动跟着你身体的改变而改变，这样就会达到"制怒"的效果，教育智慧也会随之产生。

思想与身体共同决定我们的态度。反过来，我们的态度又决定了我们会如何对待自己的工作。

那么，我们又该如何保持积极的思想和积极的态度呢？有许多实用的 NLP 技巧能够帮助我们做到这一点。让我们看如下一些简单有效的例子。

（1）当你需要完成重要目标的时候，首先要建立一个强有力的内部状态。

（2）想象你已经达成了目标，想象完成目标后围绕着你的感觉：喜悦、被认可、强烈渴望庆祝的心情，等等。

（3）制造这样的画面，并把它放入你的脑海里，在你的内心珍藏——这就是你真正想要的。

（4）当一天进行得顺利时，请感谢你自己和帮助过你的人。

（5）当这一天进行得并不特别顺利时，回想那幅画面，体会那样的感觉，强有力的内部状态会返回并激励你继续走下去。

如果我们有积极的态度，我们就会专注于找到克服障碍的方法以达到目标，这样，我们就能获得成功。

第三节　ABC法则，充满正能量地去看问题

请看下面这个故事。

有位秀才第三次进京赶考，住在一个经常住的店里。考试前两天他做了两个梦：第一个梦是梦到自己在墙上种白菜；第二个梦是下雨天，他戴了斗笠还打雨伞。

这两个梦似乎有些深意，秀才第二天就赶紧去找算命的解梦。算命的一听，连拍大腿说："你还是回家吧。你想想，高墙上种菜不是白费劲吗？戴斗笠打雨伞不是多此一举吗？"

秀才一听，心灰意冷，回店收拾包袱准备回家。店老板感到非常奇怪，问："不是明天才考试吗，今天你怎么就打算回乡了？"秀才如此这般说了一番，店老板乐了："哟，我也会解梦的。我倒觉得你这次一定要留下来。你想想，墙上种菜不是高种（谐音"高中"）吗？戴斗笠打雨伞不是说明你这次有备无患吗？"

秀才一听，这说法更有道理，于是精神振奋地参加考试，居然中了个探花。

这个故事告诉我们，很多行为、事件都是客观的存在，是我们的认知左右着我们的情绪和态度，影响着我们的行为选择。很多时候，发生什么事情，别人有什么行为，往往是我们难以掌控的，我们唯一可以掌控的，就是自己的理解。对于这一点，心理学里的ABC法则可以给予理论解释。

情绪ABC理论是由美国心理学家阿尔伯特·埃利斯（Albert Ellis）创建的。这一理论认为，激发事件A（activating event）只是引发情绪和行为后果C（consequence）的间接原因，引起C的直接原因是个体对激发事件A的认知和评价产生的信念B（belief），即人的消极情绪和行为结果（C）并不是由某一激发事件（A）直接引发的，而是由经受这一事件的个体对它不正确的认知和评价所产生的错误信念（B）所引起的。错误信念也被称为非理性信念。

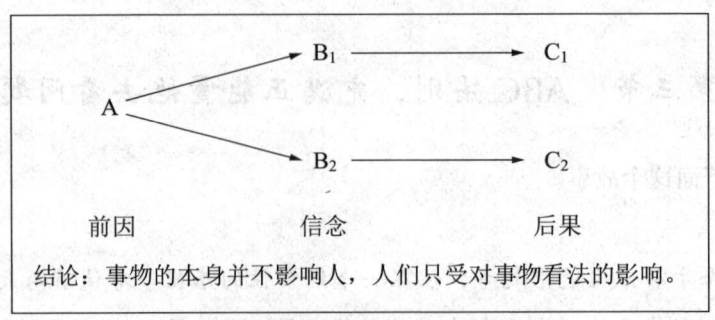

图 7　情绪 ABC 理论示意图

在图 7 中，A（antecedent event）指事情的前因，C（consequence）指事情的后果，有前因必有后果，但是同样的前因 A，产生了不一样的后果 C_1 和 C_2。这是因为，从前因到结果，一定会通过一座桥梁 B（belief），这座桥梁就是信念和我们对情境的评价与解释。在同一情境之下（A），不同的人的理念及其评价与解释不同（B_1 和 B_2），所以会得到不同的结果（C_1 和 C_2）。因此，事情产生的结果是源于我们的信念、评价与解释。情绪 ABC 理论的创始者埃利斯认为，正是我们常有的一些不合理的信念使我们产生了情绪困扰。如果这些不合理的信念长期存在，还会引起情绪障碍。

通常人们会认为激发事件 A 直接导致了人的情绪和行为结果 C，发生了什么事就引起了什么情绪体验。然而，同样一件事，对于不同的人，会引起不同的情绪体验。例如，两个同学在一次考试中都失败了（A 事件），一个人认为这次失败提醒自己以前的学习态度和学习方法出现了问题，于是找出了知识结构的漏洞，他感谢这次考试来得及时，庆幸这次失败不是发生在高考时（B 信念）。于是这个学生就会变得很积极，努力学习，真正把失败变成了成功之母（C 后果）。而另一个人面对失败（A 事件），可能会认为自己很丢面子，同学会嘲笑自己，进而怀疑自己的学习能力（B 信念），于是他变得非常焦虑，甚至萎靡不振（C 后果）。

这正如英国文学家威廉·莎士比亚（William Shakespeare）所说：事件本身没有意义，是人对事件的认识产生了意义。对于同一个事件，不同的信念（B）就会赋予其不同的意义，同时引出不同的回应方式。所以，我们不要仅仅停留在对行为、事件的评判上，很多时候，如果只是针对具体的事情来讨论，就会陷入"公说公有理、婆说婆有理"的僵局，根本解决不了问题，甚至会让矛盾加剧。

爱因斯坦说，在问题层面解决问题是不可能的。真正的突破口就是从信念和价值观开始。

所以，班主任面对烦琐的工作，要学会主动从信念和价值观层面做自我调整，当我们有不同的理解、认识的时候，我们的情绪就会随之改变。下面这个故事就是一个通过改变认知来改变情绪，从而帮助自己一步步走向成功的典型案例。

"牛仔大王"李维斯的西部发迹史颇具传奇色彩。

当年，他像许多年轻人一样，带着梦想前往西部追赶淘金热潮。

一日，有一条大河挡住了他西去的路。他苦等数日，被阻隔的行人越来越多，但都无法过河。于是陆续有人向上游、下游绕道而行，也有人打道回府，更多的人则是怨声连连。而心情慢慢平静下来的李维斯想起了曾有人传授给他的一个"思考制胜"的法宝，即一段话："太棒了，这样的事情竟然发生在我的身上，又给了我一次成长的机会！凡事必有因果，它必有助于我。"于是他来到大河边，"非常兴奋"地不断重复着对自己说："太棒了，大河居然挡住我的去路，又给了我一次成长的机会！凡事必有因果，它必有助于我。"果然，他真的有了一个绝妙的创业主意——摆渡。没有人会吝啬一点小钱，人们纷纷坐他的渡船过河，迅速地，他人生的第一笔财富居然因大河挡道而获得。

一段时间后，摆渡生意变得清淡。他决定放弃，并继续前往西部淘金。来到西部，四处是人，他找到一块合适的空地方，买了工具便开始淘起金来。没过多久，有几个恶汉围住他，叫他滚开，别侵犯他们的地盘。他刚理论几句，那伙人便对他一顿拳打脚踢。无奈之下，他只好灰溜溜地离开。好不容易找到另一处合适的地方，没多久，同样的情节再次重演，他又被人轰了出来。他刚到西部那段时间多次被欺侮，终于，他又一次想起他的"制胜法宝"："太棒了，这样的事情竟然发生在我的身上，又给了我一次成长的机会！凡事必有因果，它必有助于我。"他真切地、兴奋地反复对自己说着，终于，他又想出了另一个绝妙的主意——卖水。

西部不缺黄金，但他自己似乎无力与人争雄；西部缺水，可似乎没什么人能想到它。不久他卖水的生意便红红火火。慢慢地，也有人参与了他的新行业，再后来，同行的人已越来越多。终于有一天，在他旁边卖水的一个壮汉对他发出通牒:"小个子,以后你别来卖水了,从明天早上开始,这卖水的地盘归我了。"他以为那人是在开玩笑,第二天依然来了,没想到那家伙立即走上来,不由分说,便对他一顿暴打,最后还将他的水车砸烂了。李维斯不得不再次无奈地接受现实。然而当这家伙扬长而去时,李维斯却立即开始调整自己的心态,再次强行让自己兴奋起来,不断对自己说着:"太棒了,这样的事情竟然发生在我的身上,又给了我一次成长的机会!凡事必有因果,它必有助于我。"他开始调整自己注意的焦点。他发现来西部淘金的人,衣服极易磨破,同时又发现西部到处都有废弃的帐篷,于是他又有了一个绝妙的好主意——把那些废弃的帐篷收集起来,洗干净,就这样,他缝成了世界上第一条牛仔裤!从此,他一发不可收,最终成为举世闻名的"牛仔大王"。

优秀班主任往往都是差生"培养"出来的。很多班主任都会被班级里的几个调皮的学生搞得焦头烂额。遇到这样的学生,班主任如果改变认知——"太棒了!这样的学生也被我遇到了,我又多了一次学习和提升的机会",那么情绪就会好转,然后就会想办法提升自己的教育能力和教育智慧,既帮助了学生,也成长了自己。作为班主任,如果充满正能量地去看问题,很多问题就不再是问题,问题就会成为自己进步的阶梯。

第四节 抽离与结合,让情绪自由流淌

俗话说:旁观者清,当局者迷。当一个人能从旁观者的角度来看待事情的时候,往往就会回归冷静和理智,会产生很多的智慧。所以,当我们遇到事情时,如果一时无法解决,可以采取抽离的方式,暂时让自己从事情当中解脱出来,尝试自我发问或者从他人的视角来看待问题,这样往往会有不同的体验、感受、认知,进而找到正确的解决方法。这种处理问题的方式,也常常被大家通俗地理解为"冷处理"。暂时离开当事人的角色,尝试让自己从一个旁观者的角度来看问题,这种思维模式就叫作"抽离"。

为了便于操作,遇到问题的时候可以问自己以下几个问题。

(1)你现在的感觉和心情是怎样的?

（2）你对自己的感觉有何看法？你对自己现在的反应满意吗？（不管你的答案是什么，这些都不是最重要的问题）

（3）你对刚才这个感觉如何评价？你如果感觉不太好会不会内疚？你过去对自己太苛刻了吗？你觉得自己应该放松一下吗？（不论答案如何，这些也不是最重要的问题）

（4）如果你是某个人（你认为水平比较高的人），你会在怎样看待自我感觉这个问题上提一些怎样的忠告？如果你是一个优秀的老师，你会对你的自我感觉做出怎样的反应？在这种情况下，你可能会提供什么样的忠告或说些什么话呢？（无论你怎么说，这些仍然不是最重要的问题）

人类具有转移感觉的能力。我们可以通过感官来感受这个世界，也可以不用我们的感官，用不那么直接的方式去感受这个世界。我们可以用大脑去思考生活，而不一定非要经历某种生活才产生思考。我们可以思考我们是怎样思考生活的，而且我们可以思考我们为什么是那样想的。我们可以反复多次改变我们看问题的角度。

这是我们人性中一个很奇妙的方面。它使我们能与他人产生关系，并能理解体会他们的感觉；它使我们想到我们的行为，并能使我们确定可能会出现的后果；它使我们做出计划，并为我们提供我们所期盼的东西。如果没有这个能力，我们就不能去问"我们的生活目的是什么"这个问题，更不用说得到答案了。

这种转变感觉的能力可以使我们有效地调整自己的情绪状态。如果你还从未想过去使用它，请尽快将这种意识能力培养起来，对于在生活中控制情绪，这个能力真是太有用了。

例如，有一个班主任咨询我这样一个问题：学校组织学生参加秋游，为了增加班级的凝聚力，班主任要求全员参加，可是有一个家长就是拒绝让孩子参加，班主任感觉家长不支持她的工作，很生气。

于是，我让她从班主任的角色里暂时抽离出来，问她两个问题：妈妈拒绝让孩子参加的理由是什么？如果你是这个妈妈，你会怎么想？

这位班主任听我这么一问，立即进入了妈妈的角色。她告诉我，她的孩子有恐高症，而且在她自己小时候，父亲就是因为意外而身亡，所以孩子每次外出时，她总是很担心。

当她说出这些话的时候，她一下子就理解了这个妈妈的感受，也不再指责她不配合学校的行动了，其气恼情绪也随之消失。

然后我又继续启发这个班主任：我们怎么才能让这位家长相信我们的活动是安全的呢？组织活动安全一定是第一位的，我们是不是可以和家长一起协商一下，听听家长的意见，或者让更多的家长参与进来，让活动变得更安全、更有意义呢？

听我这么一说，这个班主任茅塞顿开，告诉我自己知道该怎么做了。

当你处于"抽离"状态时，你就会产生不同的看法。下面我介绍几个常用的抽离技巧。

（1）借助想象，调整看待问题的高度。从另一个高度，你可能会非常生动地想象出具体的情景。你可以想象一下从头顶上方看你自己的情景。从这个高度看，你会是什么样子？你看到你的头顶了吗？站在那儿的人在想什么？

（2）借助想象，调整看待问题的角度。这一点通过想象可以绝妙地表现出来。从上空向下看你自己是一种想象的过程。你可以用任何方法来想象你自己。你可以从上往下看（往往表示处于一种知识比别人多或道德权威的位置上）；你可从不同的角度来看，如从房间的一角（往往表示具有同等的权威性，但同时有着"统揽全局"的能力）。你可以利用走得更远（增加距离）、降低画面尺寸（降低它的重要性）、减弱亮度或者使其成为黑白式等手段来进一步减少情绪的投入量。

（3）从第三者的角度看问题。这是指从思想上把你自己转移开，让自己跳出事件之外，假设这个事件发生在别人身上或者假设别人看到这个事件，想想别人会如何应对。这样，自己的思维状态就处于"旁观者清"的位置，有利于做出最理性的选择。所谓"结合"，就是指把自己从旁观者的角色变成融入此情此景的当事人，和里面的人物同呼吸、共感受，感同身受地理解他人的感觉或事情带来的影响。

例如，我们看影视的时候，有的人会被故事情节、人物的命运感动得热泪盈眶。为什么影视里的人和自己毫不相干，而自己却如此激动呢？原因就是自己在看影视的时候，不自觉地把自己融入情节当中，甚至还有人会把故事中人物的命运和自己进行联系，感伤自己，这样的结合会更深。"感时花溅泪"就是诗人和自然的一种高度结合。

"结合"的好处是更容易理解对方，从而为下一步沟通打下良好的基础。"结合"和心理学的共情有异曲同工之妙，可以一起使用。

而如果一个人不明白这些，不该"结合"的结合了，就很容易产生紧张，甚至恐惧，想象并没有发生的事情，通过想象使自己陷入恐惧的场景，这样越想越恐惧，于是就会影响当下的状态。例如很多人登台演讲，还没演讲前往往会莫名其妙地紧张，就是大脑和一些紧张的场面结合在了一起所引发的情绪反应。好的方法是主动调整，结合一些成功的画面，想想自己在台上的自信和精彩演讲，想想观众的掌声，紧张就会消失，代之而来的是兴奋，这样会更有利于发挥。

"结合"状态代表了我们各种紧张的经历。如果我们的生命中有一些类似的经历，当同样的事情再发生的时候，自己就容易被结合进去，这一点和情绪按钮是一致的。

"抽离"状态代表了我们大多数的理性经历。计划、理解、琢磨、思考、分析和准备通常说来是处于抽离状态。这些是我们较保守的状态，可以防止我们"失去控制"。我们可能会失去控制这种想法就代表了一个"抽离"的过程。它以一件事控制着你的"自我结合"可能要采取的行动。抽离状态使我们理解了一个概念，那就是：我们的行动会产生结果，而且会帮助我们减少可能导致不利后果的情绪反应。抽离状态虽然会为避免采取行动的人做出解释，但是更能使他们积攒资料和信息，这样一来他们就可以充分"理解"所面对的情况。

在任何时候，"抽离"总是要导致更客观的感受。它使你用全面的观点看问题、估计情况。处于这种状态的人愿意做出决定，主要是以一种理智的方式做出决定。处于这种状态的人思考问题认真，富有理智。当你处于这种状态时，就很容易和情绪脱钩并能利用多种方法去解决难题，你对行动的结果会有一个清醒的认识，这种认识主要是来自理智。与情绪色彩相比，"抽离"状态通常更倾向于理智，因而思考会多于行动。

具有了按照意愿让你自己"结合"和"抽离"的能力，你就可以在生活中控制自己的情绪。当你处于"抽离"状态时，你就会降低情绪上的紧张感。请你思考如下在国外电视里常出现的心理辅导师和其当事人所说的话。

心理辅导师：你今天感觉怎样？

当事人：我非常生气，让人难以置信地生气！

心理辅导师：对于你的生气你有何感觉？（将当事人领入了一种抽离状态）

当事人：对此我感到失望。（一种能量很低的情绪状态，因而气愤情绪一下子就被转化了）

心理辅导师：假设你是你所崇拜的一位伟人，再来看这个问题，你会怎么想？

当事人：也许不必生气，这可能是一个有益于我成长的经验。（将当事人再次抽离，我们看到当事人已经不再生气了，相反，他开始觉得这是一个有益于成长的经验）

如果班主任掌握了"抽离"与"结合"的技巧，就会更容易掌控自己的情绪——什么时候该理智，什么时候和他人共情，伤心的时候该如何表达，愤怒的时候该如何控制。让我们的情绪自由快乐地流淌，做情绪的主人，享受情绪的快乐，而不再是情绪的奴隶！

第五节 情绪"三明治"在沟通中的应用

NLP理论中有一句话：有效果比有道理更重要。因为很多时候，别人需要的只是你的理解、支持，而不是道理。很多人都懂道理，但人是感性动物，很多时候需要的只是一份安慰，道理自己是明白的。道理是冰冷的，感受是有热度的，当用冰冷的道理应对有热度的感受时，道理往往会失效。

例如，有个妈妈对我说起她9岁的儿子的一件事。孩子在学校的时候，看到几个同学在楼上玩"水炸弹"（就是用一个塑料袋装上水，然后从楼上往下扔），她儿子一开始并没有玩，后来看其他同学玩得很开心，就忍不住也做了一个水炸弹，结果刚拿在手上就被老师捉住了，而其他玩的同学却早早地跑开了。老师只是对她儿子进行了批评，但孩子感觉很委屈，回到家里一直说老师不公平。

做妈妈的为了配合学校的教育，也因为担心孩子会因此而不喜欢老师，影响学习，就给儿子讲道理。结果妈妈越讲孩子越生气，她感觉很苦恼，没想到自己的儿子如此不懂事。

后来我用情绪"三明治"的方法告诉这个妈妈该怎么做，取得了非常好的效果。

所谓情绪"三明治"，就是谈话分成三个步骤：先谈情，再说爱，后讲理。

（1）先谈情，也就是先处理情绪。妈妈没有先处理儿子的情绪，而是直接讲道理，结果越讲孩子越生气，这是很自然的。不是儿子不懂事，而是我们成年人不理解孩子。我告诉这个妈妈要先理解孩子委屈的情绪，对孩子的情绪表示认同。可以这样说："儿子，是不是很委屈啊？如果是妈妈也会感觉很委屈的。"

当妈妈对孩子这样说完之后，孩子哇哇大哭，感觉被妈妈理解、接纳，哭得很放心。眼泪、委屈都释放出来，情绪就会归于平静。

（2）再说爱。告诉孩子：爸爸妈妈（老师）非常爱你，你需要爸爸妈妈（老师）怎样的支持？我们只需要表达爱的态度就可以了，具体如何支持先听听孩子的意见，如果孩子说不出来可以提供选择，但不要提供确定的方法、答案。例如可以这样说：妈妈是爱你的，妈妈会永远支持你，对于这件事，你认为需要妈妈帮助你做什么？当妈妈这样告诉孩子的时候，孩子却表现得非常勇敢，说什么也不需要妈妈帮助，说自己可以解决，并且表现得非常通情达理，也不再埋怨老师不公平了。他说老师也不是故意让他受委屈的，老师没有看到其他的学生玩，只看到了自己在玩，也不能怪老师。看看，孩子是多么懂事啊！

（3）后讲理。其实很多时候，如果我们做好了前两步，最后这一步一般是不需要做的，但对于太小的孩子，还是需要提醒的。比如这个孩子，他已经把家长想要讲的道理都讲了，妈妈只需要表扬儿子就可以了。如果孩子不懂，家长可以用温柔的声音给孩子讲一些人生的道理，帮助孩子成长。这个时候讲道理，才可能有效果。

不只是孩子，连我们成年人也往往会陷入情绪的漩涡，沟通乱了秩序，效果就会非常差。我们来看看下面一对夫妻的对话。

妻：累死我了，一下午谈了三批客户，最后那个女的，挑三拣四，不懂装懂，烦死人了。

夫：别理他，跟那种人生气，不值得。（提建议）

妻：那哪儿行啊！客户是上帝，是我的衣食父母！（觉得丈夫不理解她，

烦躁）

　　夫：那就换个活儿呗！（接着提建议）

　　妻：你说得倒容易，现在找份工作多难啊！甭管怎样，每个月我还能拿回家一万多块钱，都像你的活儿，是轻松，可是每个月那几千块钱够谁花啊？眼看滔滔就要上大学了，每年的学费就万把块钱吧。（觉得委屈，丈夫不理解，还说风凉话，开始抱怨）

　　夫：嘿，你这个人怎么这么不识好歹？人家想帮帮你，你怎么冲我来了？（也动了气）

　　妻：帮我？你要是有本事，像隔壁小萍的丈夫那样，每月挣个两万，就真的帮我了！

　　夫：看别人好，和他过去！不就是那几个臭钱吗？有什么了不起！

　　这是一次糟糕的沟通，妻子只是想倒倒苦水，但丈夫把"苦水"当成了问题，急着出主意。如果他放弃这种意识，而只是倾听，关注并接纳妻子的情绪，那就是另一种情形了。

　　妻：累死我了，一下午谈了三批客户，最后那个女的，挑三拣四，不懂装懂，烦死人了。

　　夫：大热天的，再遇上个不懂事的客户真是够呛。快坐下来喝口水吧（把她平日爱喝的冰镇酸梅汤递过去）。（对她的感受表示理解）

　　妻：唉，挣这么几个钱不容易，为了滔滔今年上大学，我还得咬牙干下去。（感受到了丈夫的理解和关心，继续倒苦水）

　　夫：是啊，你真是不容易，这些年，家里主要靠你挣钱撑着。我这个吃公家饭的人，最多能挣个宽敞的房子回来。（表示接受）

　　妻：话不能这么说，滔滔的功课、人品，没有你下功夫，哪能有今天的模样？唉，我们都不容易。（感受到了接受，也回报接受）唉，厨房里烧了什么呀？这么香！

　　夫：红烧狮子头。（得意地笑）滔滔，别学啦，吃饭！妈妈回来了！

对比一下两次谈话的过程，我们就会明白先关注感受、接纳情绪是多么重要。并不是道理不对，而是讲的时间、方式、顺序有问题。

在沟通的过程当中，家长、教师还要注意自己的语气语调，先把孩子的情绪处理好，再说爱，后讲理，这种方式往往是有效的。如果孩子的情绪没有处理，着急去讲道理是没有用的。换位思考一下，当我们大人有情绪的时候，什么至理名言都不能奏效，更何况是孩子。很多家长在处理这种情况时往往都是弄反了，都是倒着来的，先讲理，再说爱，最后强迫孩子把情绪压制下去，这样就造成孩子在心里多多少少留下了一些创伤！

这个工具可以用在任何与人沟通的场合里，威力无限大！无论是把它用在教育管理中、同事相处中、家长投诉中、两性关系中，还是亲子互动中，都是可以的！

第七章　做一个高情商的班主任
——与学生沟通的核心要素

情商（Emotional Quotient）即情绪商数，简称EQ，主要是指人在情绪、意志、耐受挫折等方面的品质等。总的来讲，人与人之间的情商并无明显的先天差别，与后天的培养更为相关。它是近年来心理学家们提出来的与智商相对应的概念。从最简单的层次上来讲，提高情商就是把不能控制情绪变为可以控制情绪，从而增强理解他人及与他人相处的能力。

如今，人们面对的是快节奏的生活、高负荷的工作和复杂的人际关系，没有较高的情商是难以获得成功的，而且情商也会影响智商的发挥。情商高的人，人们都喜欢同他交往，因此他总是能得到众多人的拥护和支持。同时，人际关系也是人生的重要资源，良好的人际关系往往能带来更多的成功机会。

当前的教育正处于大变革时期，应试教育仍然坚挺，素质教育不断强化，各种观点激烈碰撞。当今时代，家长对教育的重视更是空前，家长自身的素质和教育理念也在不断提升。各种教育中的矛盾问题不断凸显，班主任作为教育体系中的核心纽带更是首当其冲，所以班主任一定要培养良好的情商，妥善处理各种压力和矛盾。

美国哈佛大学心理学博士丹尼尔·戈尔曼（Daniel Goleman）在他的《情商：它为什么比智商更重要》（*Emotional Intelligence: Why It Can Matter More Than IQ*）一书中指出，情商的高低才是决定这个人能否事业成功和生活幸福的关键。因此，对学生的情商教育至关重要，而在这一过程中，作为日日和学生相处、对学生进行管理和教育的执行者——班主任，他们自身的情商水平也是十分重要的。

情商的构成要素很多，有些要素已经在其他章节论述，本章就选取几个和班主任工作密切相关的要素来论述。

第一节　克服倦怠，提升职业认同感

职业倦怠是一名优秀班主任成长过程中无法绕过的一道坎，克服职业倦怠往往是一位班主任从良好迈向优秀的关键一环。

"职业倦怠"最早由美国学者大卫·费登伯格（David Freudenberger）在20世纪70年代提出，是指人们在紧张和繁忙的工作中由于受环境、情感等内外因素影响而出现的一种身体不适、心理衰竭、情感封闭的亚健康状态。它特别容易发生在工作重复性强、工作压力大的行业中，教师职业所承受的公众压力大于其他行业，所以教师是职业倦怠的高发人群。

一份不是很精确的教师调查显示：有轻微职业倦怠的教师占被调查教师总数的86%，有中度职业倦怠的教师占被调查教师总数的58.5%，有比较严重的职业倦怠的教师占被调查教师总数的22.5%！

造成教师职业倦怠的常见因素有以下几个。

（1）个人因素。人过中年，初为人师的激情已经消退，该有的名誉已经获得，于是激情和功利带来的工作态度逐渐淡化，再加上周而复始地重复自己以前的工作，于是倦怠的情绪就会逐渐产生。

（2）职业因素。教师的工作性质使得该职业成为一个身心消耗型职业，尤其在心理层面更是消耗巨大。教师工作具有复杂性、某种程度上的重复性以及成果显现的间接性和滞后性，这使得教师职业在追求高效率、快节奏和讲究高速度、高效益的现代化职场中更加显得"格格不入"，也使得教师敏感地觉察到该职业的"特殊性"。

（3）社会因素。在当前这个以"挣钱多少"和"官职大小"来衡量一个人是否成功的社会里，教师这个职业带来的荣誉感越来越弱，这无疑会严重降低"教师"这个群体的职业认同感。缺乏对职业的认同，就会产生职业倦怠。同时，社会发展和教育改革也对教师提出了更高的要求。一方面，新课程标准的提出要求教师更新教育观念、更新教育手段、改革教学方式，不少教师尚难以适应社会和教育变革提出的新要求。另一方面，教育改革为师生关系带来了新的挑战。现代教育提倡民主化的师生关系，但一旦发生师生冲突，教师往往要承担更大的责任,甚至要背负学校乃至社会的指责。教师身负"教书育人"的社会责任,面对难管的学生常常头疼不已。国外的一项研究表明,管教学生的困难已经成为造成教师压力及倦怠的主要因素。

在上述三个因素的共同作用下,再加上年龄所带来的身体和心理反应,教师的人生观、价值观和工作态度会受到直接的影响。这种人生观、价值观和工作态度综合起来就很容易导致"职业倦怠"。

一、克服倦怠要学会清空自己,寻找新的目标

在我们的职业生涯中,不要把自己装得太满,要学会清空自己,只有这样,我们才能有足够的空间来承载后面的职业人生。

1. 清空经验,不让经验成了绊脚石

经过几年的刻苦钻研和虚心学习,教师会逐渐形成自己的教育教学风格,一些教学业绩和科研成果会支持他形成自己的独特经验,这份经验就是财富。但如果处理不好,过去的成功经验就会成为现在的绊脚石,因为教育教学是一个动态的过程,每一届学生的特点都不一样,如果仅仅靠"过去的成功经验"来教育现在的学生,就难免会犯"刻舟求剑"的错误,也会让自己的职业发展遇到困境。在现实中,经常有教师感慨现在的学生是多么糟糕,自己过去教的学生是多么优秀,这样的思维无疑是把责任推给学生,言外之意是自己是成功的、学生是糟糕的。如果陷入这种思维状态,就很难取得突破了。因此,教师一定要走出"经验"的局限,立足于每一届学生的特征、学生个体的特点来选择恰当的教育方式,这也是"因材施教"的灵活应用。

2. 清空荣誉,不让荣誉成障碍

班主任一般会得到丰富的回馈——友情、荣誉、学术成就等,因为班主任是学校的中坚力量,在评先评优中享有优先权,所以,每个当了多年班主任的老师都是"硕果"累累。但是,荣誉只是对过去的总结,并不代表现在和未来,一个人如果躺在功劳簿上,那么也就等于给自己的职业画上了句号。

另外,我们必须清楚地认识到教师是一个与时俱进的职业。教师的工作对象是一代代的人,每个时代群体都有他们的成长规律和时代特点,并且社会的发展也会对不同时代的群体提出不同的要求,如果教师不能与时俱进,就会在这种严

峻考验面前因为缺乏足够的准备和实力而疲于奔命,最终被淘汰出局。

昔日的优秀并不代表现在的成绩,教育工作的独特性在于教师不应该满足于对自己工作的证明,而是要关注每一届学生是否得到了良好的教育。因此,一个真正优秀的班主任会永远用"新手"的心态来认真研究每一个学生。

3. 清空知识,不要成为落伍者

经过几年的专业研究,教师会在自己的学科领域搭建起比较系统的知识结构,课堂教学会变得得心应手,应对学生的各种问题也会游刃有余,这个时候,就容易变得自得和自满。有关调查显示,很多教师除了阅读与自己的教材有关的书籍,很少会再主动阅读其他书籍,对于教育学、心理学等相关学科的知识更是少有涉猎。在知识爆炸的时代,如果一个教师还只是局限于自己的学科知识,那么他就很容易成为落伍者。

"活到老,学到老",这应该是一名优秀班主任的人生信条,否则班主任的知识结构和意识形态就会和不断更新的学生产生巨大差异,这种差异很可能就会成为教育的障碍。

4. 重新定位,给自己安装发动机

一艘船如果没有了目标,就永远也遇不到顺风,所能做的只是随波逐流;一个人如果没有目标,就很难遇到贵人,更难以到达成功的彼岸、享受成功的乐趣。

当一个教师实现了站稳讲台、职称评定这类目标之后,往往会在接下来的职业生涯中失去目标。当目标缺失的时候,一个教师所能做的往往就是简单地重复自己的工作,机械地按照学校的安排来实施教育教学。因此,克服职业倦怠的一个前提就是给自己寻找新的目标。

二、总结经验,完成新的突破

我看过电视剧《士兵突击》,很为里面的主人翁精神所震撼。突破自己需要"破茧成蝶"的勇气和力量,力量和勇气从哪里来?它是在不断总结自己的经验和教训中积累的。俞敏洪在对青少年的励志演讲中说过这样一段话:"每一条河流,都有自己不同的生命曲线,但是每条河流都有自己的梦想,那就是奔向大海。我们的生命有的时候会是泥沙,你可能慢慢地就会像泥沙一样沉淀下去,一旦你沉

淀下去,也许你不用再为了前进而努力了,但是你却永远见不到阳光了。所以,不管你现在怎么样,一定要有水的精神,像水一样不断积蓄自己的力量,不断冲破障碍,当你发现时机不到的时候,把自己的厚度给积累起来,当有一天时机来临的时候,你就能够奔腾入海,成就自己的生命。"厚积薄发,是为了新的突破。

1. 从工匠型教师向学者型教师转变

有了几年的教书经验之后,一般的教师都会掌握一套熟练的教学技巧,成为会教书的巧匠。这个时候,教师成长的一个重要方向就是从巧匠向学者转变,最大限度地提升自己、丰富自己。

首先,新课改要求教师具备科研能力和钻研精神。勤于研究是成为学者型教师的必备条件,做到勤学善思,方能百战不殆。学者型教师的特点是:志存高远、认真、合作、学习、研究。志存高远是成长过程中的动力系统,它牵引着行动,使之持之以恒;而合作、学习、研究是当代教师的工作状态,属于行动层面;认真是一种工作的态度,属于意识层面,它决定行动达到的高度。

其次,要成为学者型教师,还要有不断创新的勇气。学生创新精神和创新意识的培养乃至创新素质和创新能力的提高都与教师有着最为直接的关系。教师若缺乏创造性,就很难培养出适应未来社会发展需要的具有创造性的学生。是否具有创造性是区分"教育家"与"教书匠"的重要标志。学者型教师"不是传声筒,把书本的东西由口头传达出来,也不是照相机,把现实复呈出来,而是艺术家、创造者"。学者型教师要具有创新意识、创新精神和创新能力,即具有对教育发展的前瞻能力,能迅速感悟、准确判断教育过程中可能出现的新趋势和新问题;具有教育智慧,及时把握教育时机,能根据实际环境做出选择和决策,合理调节自己的教育行为;尊重科学,不盲从和迷信权威,有创新的教学模式、创新的教学方法和新颖别致的教学内容;善于进行科学研究,能创造性地把新思想、新观点、新方法融合到自己的思维模式和工作模式中去,对解决问题有自己独到的见解和主张。

最后,要成为学者型教师,还要不断提高教育理论水平和教育科研能力。学者型教师应该充分地学习掌握有关内容,理解领会其精神实质,并在日常教育教学工作中不断地进行探索、尝试,包括教学目标的制订、教学方法的选择、对教材的应用,等等。除此之外,学者型教师还要大量阅读国内外教育专著和相关的教育教学杂志，了解学术动态和最新科研成果，并把学习到的、感悟到的及时记录下来，这些思想就会慢慢汇聚成自己教育智慧的源泉。作为一线教师，要养成写教育随笔和教学反思的习惯，碰到好的内容要及时总结成教学案例，在教育叙事中反思自己、提高自己。这样日积月累，教育理论水平和教育科研能力一定会大大提高。

2. 从知识的传授者向学生的精神导师转变

教师是"传道授业解惑"的，因此教师的工作目标指向就不仅仅是"知识"。初为人师的教师往往特别关注某个知识点应该如何讲解，关注怎样安排教学过程学生才更容易掌握知识。作为基础教育的内容，学科知识是相对稳定的，但当一个教师熟练掌握了教书技巧之后，就要把自己的工作定位从做"知识的传授者"向做"学生的精神导师"转变。

知识传授不是教育的全部。如果一个教师只是满足于知识传授，那么他就会出现工作的"简单重复"，也就无法体验教育创新的乐趣。学生的身心健康成长才应该是教师关注的核心目标。每一届学生都有他们成长的时代背景，每一个个体都有其独特性。这也给教师的工作带来了挑战。

3. 从干好工作向承担教育的使命转变

三个人正在一起盖房子，有人问他们："你们在干什么？"第一个人回答："我在挣钱。"第二个人回答："我在盖房子。"第三个人回答："我在建造一座人间最美的建筑。"结果第三个人成了著名的建筑家。这个故事告诉我们，有怎样的工作定位，就会有怎样的收获。

通过下面的案例，我们来分析一下"干好工作"与"承担教育使命"的区别。

我在一所学校听课，老师讲的是苏轼的《定风波》。上课伊始，老师问学生："你了解苏轼的哪些方面？"一个学生说："他会做红烧肉。"老师说："喔，他是一个好厨师，说明他有生活情趣，多才多艺。"下面一个学生在座位上说："那他用不用地沟油啊？"同学哄笑。老师没理他，继续上课。

该老师对第一个学生的回应非常好，毕竟苏轼和红烧肉还是有联系的。而老师对第二个学生的回答却采取了置之不理的态度。如果从"干好工作"这个角度来看，这种方式保证了课堂教学的有序进行；但如果从"承担教育使命"这个角度来说，则暴露了该老师对课堂的掌控和引导能力不足，缺乏对教育行为的深入思考。

4. 接纳自己，允许自己不完美

世上没有十全十美的人，因此一个教师对自己做出形象评价的时候要允许自己不完美。人们在做出评价的时候，总习惯于拿自己和他人比较，"比"就是两把匕首，看到别人比自己厉害时，带给双方的是刺伤，比出了嫉妒、自私、封闭、狭隘、自卑等。我们要学会自己跟自己比，而不是跟别人比，每个人都有自己的内在世界和内在经验，我们可以模仿别人的卓越，但是最终要把这份卓越变成自己的。每个人都要不断地找回自己，做真实的自己，要把外界环境中的人、事、物当作镜子，通过他们认识自己，做回自己。

要接纳不完美的自己。每个人都是不完美的，每个人身上都有自己不愿意触碰的一面——阴暗面，亲人朋友不愿意接受，连我们自己也无法面对。于是，我们不惜代价，竭力伪装成人人喜欢的好人，活得很累。

爱包容了一切，也包括那些我们努力掩饰的想法和感情。瑞士心理学家卡尔·古斯塔夫·荣格（Carl Gustav Jung）曾说："与其做好人，我宁愿做一个完整的人。"在努力做"好人"、努力追求别人承认的时候，我们是否已经迷失了真实的自我？

我们必须学会允许自己身上的各种可能性和谐共存，因为只有这样，我们才能得到真正的自由。我们必须原谅自己的不完美之处，因为不完美原本就是人性的一部分。我们需要将心比心，用同样的方式来对待自己与别人。

当一个班主任允许自己不完美的时候，他在班级管理过程中就具有了弹性，面对学生的各种问题时就会减少一份焦虑，给心灵更多的成长空间，然后更有勇气去积极寻求解决问题的办法。班主任有了不完美的意识，才更容易包容学生，也更容易发现学生的"缺陷"背面的另一种美。

三、寻找职业幸福，在幸福中前行

每个人都希望得到幸福，都会不断地追求幸福。德国哲学家路德维希·安德列斯·费尔巴哈（Ludwig Andreas Feuerbach）说："生活和幸福原来就是一个东西。

一切的追求，至少一切健全的追求都是对幸福的追求。"教育是为人类谋福利的事业，教育的应然追求是人的幸福。没有具有幸福感的教师，就不会有学生的幸福和对教育本真追求的实现。班主任又是承载教育使命的中流砥柱，职业幸福感对班主任的影响更大。但遗憾的是，很多教师缺乏职业幸福的体验与感受，觉得从事教师职业没有多大意思。那么，究竟什么是幸福？如何唤醒教师的幸福感呢？

幸福是一个人言人殊的话题，不同的教师必然有不同的看法，但对幸福的渴望是人人相同的。幸福是善待自己的普遍原则，是一种主观心理体验。班主任的职业幸福是指其在教育活动过程中的稳定的、和谐的、自由的愉悦状态。

1. 一种愉悦的心理体验

一个人是否幸福并不依赖于他人或外界的准则，它是人性得到肯定时的主观感受。教师的职业幸福是教师感知到教育的乐趣，体验到"桃李满天下"的那种快乐、满足的心理状态。最能体验这种快乐的就是班主任，因此有人说，没有做过班主任是一个教师最大的职业遗憾。

2. 一种乐教的职业境界

当班主任将职业角色纳入生命体验时，教育就成了生活享受，而不只是谋生的手段。这时候，教师就会把职业当成自己的事业，就会积极主动地去创造，去热爱学生，去钻研教育教学技能。乐教的职业境界会使教师体验到三种快乐：一是自己的生命智慧得以延续之乐，二是学生认同之乐，三是自我完善之乐。

3. 一种创造幸福的过程

教育的过程是教师引领学生求真、求善、求美的过程，它既是教师感受幸福的过程，也是教师创造幸福的过程。职业幸福是一种生存状态，需要教师不懈地去努力创造。只有用创造的态度对待教育，才能在重复的教育活动中获得生命的发展和专业的提高，才能体验教育的意义、享受教育的快乐。

华东师范大学的叶澜教授说："没有教师生命质量的提升，就很难有高的教育质量；没有教师精神的解放，就很难有学生的主动发展；没有教师的教育创造，就很难有学生的创造精神。"幸福不可能唾手而得，幸福需要教师亲身行动，努力追求。

第二节　幽默风趣，提升教育的自信力

爱尔兰的萧伯纳（George Bernard Shaw）是世界上出名的幽默大师。有一次他走在大街上，一个骑自行车的人不小心撞倒了他。那个人连忙过来扶住萧伯纳，正要道歉，萧伯纳说话了："你真不幸，你要是再用些劲撞死了我，你就会因为撞死了萧伯纳而成为名垂青史的人物。"一场可能发生的尴尬纷争瞬间被友好风趣的场景代替。

这个故事启发我们：幽默是高情商的标志。这种情商来自先天的素养，也来自后天的锻炼和培养。如果一个人心理健康，总是乐观豁达，幽默感就会自然而生。幽默不仅让生活充满情趣，也会使人在人际交往中充满魅力。

幽默是一种最有趣、最有感染力、最具有普遍意义的沟通艺术。幽默的语言能使气氛轻松、融洽，利于交流。幽默是一种智慧，是一份肚量，是一种爱心。真正的幽默诙谐而不失风度，滑稽而不粗俗，精练而不冗长。简短的几句话或简单的动作，常常能胜过千言万语的描述与雄辩，使别人明白你要表达的事实和道理并乐于接受，达到劝解、说服的效果。教师轻松幽默的语言不仅能调节课堂气氛，还会给学生留下深刻的印象。

全国著名特级教师李烈说："课堂上学生的笑既是一种愉悦的享受，也是一种对知识理解的表露。教师在教学活动中恰如其分的、比较幽默的语言，常常会引发阵阵笑声，这种幽默往往会比清晰的讲述更有吸引力，它会使学生在这种轻松的氛围中理解概念，更会激发学生对学习的热爱。"

充满幽默感的班主任往往是充满教育自信的班主任，相反，如果经常对学生生气、发火，动不动就批评学生，这样的班主任也往往是教育自信力不足。一个人靠生气、发火来解决问题，是缺乏办法的表现。更有年轻的教师，担心学生会欺负自己，于是常常板起面孔，树立威严，这样的做法可能会奏效一时，但没有内在自信支持的威严往往是"纸老虎"，很快会被学生识破，然后班级管理就会陷入被动。

今天上课，写完板书一转过身就看见一团纸从教室这边飞到那边，于是我吼

道:"哪个丢的?站起来!"没人反应。我又说:"自己做的事情都不敢承担吗?"也没人反应。我又说:"我最看不起的就是自己做的事不敢承担的人。"还是没人反应。我继续上课。

其实,我晓得是谁丢的,此生多接触一下之后就能感觉得到他内心里就没有学习,要不是班主任管得严,其行为习惯不知道要变得多差。请老师们评价一下,想说什么都行。

(摘自"班主任之友"论坛)

课堂上"让纸团飞"的现象其实是一种普遍现象,回忆当年自己做学生的时候有,初为人师的时候有,教书十几载之后仍然有。长城内外、大江南北的教室里可能都会上演这样的场面。于是乎,我们得出一个结论:这和某个同学某个老师没有特定的关系,只是学生的一种表现行为而已。当然我并不是说存在的就是合理的,而是说重点要讨论的是我们应该用怎样的态度来处理这样的事情。

首先,案例中老师对学生的评价就有点问题,认为学生的"内心里就没有学习",这是对学生行为的主观解读。我们知道顽皮甚至喜欢恶作剧是学生的特性之一,我们不可能希望每一代孩子都是乖乖的孩子,那样就会是我们民族的悲哀。所以,学生在课堂上飞纸团是一种不符合课堂纪律的正常行为,和不爱学习无关。至于是什么因素让学生飞纸团,这个就无法一一列举,太多可能的因素会导致这种行为,当然也可能包括个别学生的"心理问题"。

其次看看案例中老师的应对行为和学生反应——"于是我吼道:'哪个丢的?站起来!'没人反应"。我想,在老师的大吼面前学生最理智的应对就是沉默。我们设想一下:如果真有学生从容不迫地站起来承认,我们这位老师该如何处理?恐怕他不会认为这个学生诚实、勇敢,更大的可能是认为这是对老师尊严的挑战,甚至会激起老师更大的怒火。

"自己做的事情都不敢承担吗?""我最看不起的就是自己做的事不敢承担的人。"这样的话语听起来是很合乎主流评价,说的人也很理直气壮,不过我在这里设问一下:教师自己在生活和工作中是否真的能做到"敢承担"?如果自己都不敢,那该看不起谁呢?教师如此的应对方式只能告诉学生他们是不敢承担责任的人,如此评价会给学生造成更深层次的负面影响。更让我感觉不恰当的是,教师知道是谁还明知故问，这样的做法不是顾及学生的面子，而是扩大负面影响，学生的想法很可能是老师太假，或者是故意让我出丑，这样只能加重学生的对抗心理。

像这样的有恶作剧色彩的行为，教师没必要如临大敌、义正词严地对待，完全可以和学生开开玩笑，幽默化处理，学生也会在老师的幽默中体会到老师的宽容、爱心，这样达到的效果远远大于严厉批评。例如，这个教师可以这样说："《让子弹飞》正在火热上演，我们班的山寨版本也已经出炉，说不准将来我们的同学中还真有可能出一位出色的导演。"此话一出，课堂气氛肯定不同，该生也许会一辈子记住老师的这句评价，说不定一句话就会改变学生的一生。

有时候幽默的提醒比直接的批评更有威力，它既化解了学生的尴尬，保留了学生的尊严，又让学生领悟到问题所在以及该如何做。例如：

课堂检查古诗词背诵，电脑点名点到一个体育生。该生请求给他一分钟准备时间。一分钟后该生自信满满地走到黑板前默写，但他的小动作引起了同学们的注意，就是不断地看手。地球人都知道这是在做什么，但我没有制止。待他默写完毕，我说："我终于理解了一句话的含义，这句话就是：一切尽在'掌握'之中。"学生大笑。"希望同学们能真正掌握要学的东西。"

我如果很严肃地批评这个学生，也是教师的责任所在，无可厚非，但是从效果来说就不一定是最好的方式。在我的语言提示下，每个学生都明白了问题所在，都会心一笑，这个学生也很知趣地承认了错误，我又肯定了他知错就改的优点，把批评化为表扬。

下面再分享两则处理课堂意外的案例。

学生的作业完成得不理想，我问该如何惩罚。一男生搞笑地说"根据长相来罚"。面对学生的课堂搅局，既不要上纲上线地批评，让学生无地自容，也不能让他随便造次，甚至越来越严重。于是，我回答道："如果那样，我会第一个罚你。"学生立即无言，面色严肃。为了缓和气氛，我又继续说："知道我为什么要罚你吗？因为我的标准是谁帅罚谁。"学生立即开心地说罚死也愿意。我说那就罚你认真听课吧，于是焦点又重新回到课堂上来。

今天给学生看1987年版的《红楼梦》中的宝玉挨打片段。学生看到宝玉挨打后，众多美女出现，有男生就说"我也想挨打"，引起众生附和。于是我说："挨打容易，像宝玉那样获得关照很难。有的人挨打了，其他人不但不会同情关照，甚至还会喝彩，为什么？所以，你们真正想要的不应该是挨打，而是应该思考如何像宝玉那样深得人心。"

类似的情况在课堂上经常发生，面对这种"意外"教师大可不必认真，只需要运用幽默、玩笑，这样既化解了尴尬，又能融洽师生关系，既保证了课堂的正常教学，又能把教育融入其中。

有一种幽默叫自嘲，网络语言叫"自黑"。

自嘲，是一种幽默。它能给心情抑郁的人以解脱，也能使人从尴尬的处境中解脱出来，获得比较愉悦的心境。自嘲的人往往是自信的人、对生活充满希望的人，很难想象一个自惭形秽或心胸狭窄的人也能自骂自嘲。一个人敢于自嘲，就敢于正视自身的缺陷、不足和失败，就敢于正视不利的环境和条件。自嘲者表面上自嘲，实际上在自嘲的背后有一种力量。

有人批评美国第16任总统亚伯拉罕·林肯（Abraham Lincoln），说他是两面人，林肯自嘲说："世上所有的人都知道我没有两面，如果有的话，我就不会以现在这副尊容出现在众人面前了。"林肯一方面取笑自己容貌丑陋，另一方面回击对方的中伤，使人觉得他很有人情味，很平易近人，气度豁达。

有一次班长在讲台上讲话，口不择言，说："我们的班主任很狡猾，在他面前想说不想说的话都被他引出来了。"此话一出，全场皆惊。班长也感觉失言，很紧张地看了我一下。我微笑着说："谢谢你的表扬，一般狡猾的人都是高智商的人，其实你是在夸我智商高啊！"学生于是趁机下台阶，说："我就是这个意思。"紧张的空气瞬间变为春风拂面。

幽默的方式有很多，在这里不一一列举。总之，当课堂上发生意外的时候，当我们遇到挑战的时候，请用微笑来应对，用幽默来化解。它是师生关系最好的润滑剂。微笑应该成为教师的工作表情，幽默应当成为教师的职业素养。

第三节　善于激励，激发出学生的内在潜能

美国作家欧·亨利（O. Henry）的小说《最后一片叶子》（*The Last Leaf*）讲了一个感人至深的故事。病房里，一个生命垂危的病人看见窗外的一棵树，在秋风中叶子一片片地掉落下来。病人望着眼前的萧萧落叶，健康也随之每况愈下。她说："当树叶全部掉光时，我也就要死了。"一位老画家得知后，用彩笔画了一片翠绿的树叶挂在树枝上。最后一片叶子始终没掉下来。只因为生命中的这片绿，病人竟奇迹般地活了下来。每个人的身上都蕴含着巨大的潜能，很多时候需要一种方式来激发这种潜能，最好的方式就是激励。

乌克兰教育家马卡连柯说："培养人就是培养他对前途的希望。"点亮学生希望之灯的最好办法就是激励。激励是学生成长过程中的阳光、空气和水，激励有正向引导的作用。聪明的教师总是能通过有效的激励方式激发学生对某些事物的兴趣，或提高学生的某些行为能力。

一、激励的两大策略：正向激励和负向激励

美国心理学家安东尼·罗宾斯（Anthony Robbins）认为："世上有两样东西可以激励人们取得成功：一个是灵感，另一个是绝望。"灵感是指人受到生活的启发而产生创意并且预料到该创意会带来无限美好的前景。灵感带来成功的例子很多，例如马云创建阿里巴巴、俞敏洪创建新东方等。而绝望是指人对之前的生活产生强烈的不满，下决心改变自己的生活，远离眼前的痛苦。灵感带来的正向激励和绝望带来的负向激励都会给人们的生活带来巨大的变化。

NLP 理论认为，这两种"激励策略"通过不同的方式、朝着不同的方向引导出不同的结果。NLP 把"激励策略"中这两种关键的元素称为激励取向，这种取向要么朝向我们想要达到的目标，要么背向我们不想要的结果。

正向激励和负向激励这两种激励策略在不同的情况下发挥着作用。有危险的地方、伤害性的行为、消极的思想是人们想要极力避免的，而风景优美的地方、能帮助自己和鼓励自己的人、积极的思想又是人们想要努力靠近的。从某种程度上来说，每个人都用到了这两种取向，而且让人惊奇的是，每个人都倾向于较多

地使用其中的某一种取向。当然，无论是接近成功、快乐、收获，还是远离失败、痛苦、损失，都能让人们备受激励。

NLP 研究表明，一个人习惯性的激励策略，往往会应用到各种不同的生活情境中。例如：有的人积极工作是因为怕被批评或者被淘汰，他的激励取向就是远离被批评或被淘汰的痛苦。他的这种激励取向还很有可能会影响到他其他的生活领域，例如身体健康。他往往不会主动锻炼，只有在身体感觉不舒服的时候才会休息；对于工作，他往往会采取忍受的态度，如果不是实在忍受不了就不会考虑换工作。

而另一种采取正向激励策略的人往往习惯于思考自己想要的东西：快乐、回报、目标。他的思维模式往往是"我今天需要做些什么"才能够更接近我的目标、得到我真正想要的东西。采用正向激励策略的人往往会思考事业所带来的成就感，然后为之努力，如果在工作上遇到晋升的机会，他往往会抓住，努力朝着自己想要的方向前进。

两种激励策略各有利弊。比如说，有的人为了达到自己的目标而过于急躁，因此也就没有考虑到在这个过程中会遇到什么样的问题，没有这方面的心理准备。这种精神状态在青年身上常发生。所以，在明白回避困难的重要性之前，他们就得经受打击，就得走很多弯路，经历过以后，他们才知道要么就自己注意回避困难，要么就请人来帮助自己远离困难。还有一个极端就是有的人顾虑太多，以至对任何事情都不敢尝试，他们在解决问题的时候太过于专注，以至都忘记了自己为什么要这么做。

正向激励策略被更多的人接受，它能让人获得成功，而负向激励策略也同样能够帮助人们走向成功。茨威格博士对激励策略强调了三点。

第一，如果人们远离某样东西，那是因为他们正经历着不适、害怕或痛苦。这样做具有很强的目的性。但是他们距离问题、痛苦和不适越远，就越不容易感受到问题的严重性。所以，运用负向激励策略的人往往会因为感受不到"威胁"而失去前进的动力，失去对工作的积极性。

第二，由于运用负向激励策略的人总是在远离压力、不适和痛苦，所以他们就不会太在意什么时候止步。把过多的注意力放在解决问题上，会出现刚解决旧的问题、新的问题又出现的局面。他们把注意力放在自己不想要的东西上，而不是自己想要的东西上。例如有的人想换工作，因为眼前的工作太累、太乏味等，却不清楚自己喜欢什么工作，他换工作只是为了逃避眼前的工作，结果换了另一个工作之后发现同样很累、很乏味。

第三，运用负向激励策略的人还需要留意自己的焦虑或压力程度。在采取应对措施之前，运用这种激励策略的人往往经受着巨大的痛苦和焦虑，如果在他们有所反应之前，这种焦虑或压力的程度太高，就会影响到他们的身心健康。

二、激励策略在教育管理中的具体应用

1. 应用正向激励策略，给学生注入学习的动力

道理上懂，行动上却做不到，这样的学生在现实生活中还是有一定数量的。下面是我与这种学生沟通的实录。

师：一般来说出现这种情况有两个方面的原因。一是自己对学习没有兴趣，所以上课就像听天书。一天八节课，外加早读、统练和晚自习，如果自己没有兴趣，这个过程是很痛苦的。让老师天天听自己不喜欢的讲话，老师也很难做到不睡觉、不开小差。二是自己睡眠不足，没有精神，外加老师讲课不一定都很精彩，上课睡觉就自然难以避免。恐怕这两个因素你都有吧？

生：(想了想，没有说话，只是点了点头)

师：如果自己不想学习，谁也没有办法。老师可以控制你的行为，但不能控制你的想法。你迟到可以惩罚你，但你不学习老师就无可奈何。高三这一年你想怎么过呢？

生：(脸上依旧困惑，不知所措。想表态认真学习，自己又没有信心；想说自己得过且过，很显然这样又不符合家长、老师的期望)

师：下面我给你描述一下你这一年可能出现的两种过程以及可能产生的结果，看看你希望是哪一种。一是自己发愤图强，努力读书，每次的考试都有进步，老师高兴、家长开心，老师的评价是表扬，家长的做法是奖励。这个时候，你想想会是怎样一种状况。请你闭上眼睛，想象这个画面，然后告诉我你的感受。

生：(闭眼想象，脸上逐渐轻松)感觉很美好，很幸福。

师：下面我描述另一种情景。你依然故我，面对老师的批评增加了对抗，面对家长的唠叨，产生了更多的叛逆行为，学习上没有成绩，就用另一种方式维护自己的尊严。结果老师失望，家长痛心。你看到老师如临大敌，见到家长如坐针毡，不断到办公室接受老师的"再教育"，不断听到家长"恨铁不成钢"的说教，甚至是有失亲情的痛骂。你再想象这样的画面，你的感受如何？

生：（不用多考虑，因为有过太多的类似体验）很痛苦！

师：你希望做哪一个自己呢？

生：当然是前者。

师：前者感觉很美好，但过程是比较痛苦的。就像登上奥运会的最高领奖台是每个运动员的愿望一样，那份感觉很美好，但实现这一理想的过程很漫长、很痛苦。"人间正道是沧桑。"在这个过程中你要不断地战胜自己，当自己在游戏的王国里大显身手的时候，你要抛弃那份美好，毅然而退；当你遇到学习困难的时候，你要承受不断的失败，勇敢坚持；当你身边的一些人在享受生活的甜美的时候，你要独自寂寞耕耘。这个时候，你选择哪个？

生：（明显没有了之前的"毫不犹豫"的选择）

师：下面你再想想高考成功后的情景。面对红灿灿的大学录取通知书，那是怎样的一种兴奋；看到家长因为自己而自豪，在亲朋面前设宴庆贺，自己作为主角来讲述奋斗的过程，那是怎样的一种自豪。勇敢地战胜自己、战胜游戏的诱惑，逐步取得了成绩，和游戏王国的虚拟成就感相比，哪个更让你有勇者的成就感？

生：（面色有些坚毅）后者的感觉更美好。游戏会让我有一时的兴奋感，但之后还是会有很大的失落，有时也有些后悔和懊恼。

师：那你感觉自己该如何做呢？

生：（面有难色）老师，我也不能保证一次也不迟到啊，例如有时会遇到公交车晚点。

师：一次也不迟到，谁也无法保证，但只要合理地安排，自己的时间就由自己掌握。例如，早晨来学校坐车可能要10分钟，但你不要给自己只留10分钟的时间，你应该提前20分钟去坐车，这样来到学校后就可以自由合理地安排学习啊！

生：（坚定地点了点头）好吧，我努力试试。

师：我听说你小学、初中的成绩相当优秀，是吗？

生：（不由自主地泛起自豪感）我曾代表学校参加数学竞赛。

师：想想你小学、初中的成绩，是哪些因素让你很优秀的？

生：其实我的接受能力很强，比一般的同学学得快，就是初中后半期因为贪玩，迷恋网络游戏，成绩一下子就下来了，从此就厌倦了学习。

师：这说明你有很强的学习优势，但同时也暴露了学习的不足。知道是什么吗？

生：学得快忘得也快。

师：解决这个问题的方法是什么？

生：多复习。

师：你以后打算怎么做？

生：制订好学习的计划。

师：例如呢？

生：每天早晨6点起床，先背英语单词。

师：每天准备背几个呢？

生：10个吧。

师：能否再规定好具体时间段？

生：6:20—6:35。

师：很好，就要用这样的方式制订好一天的学习计划并严格执行。我建议，如果你每天能按时完成任务，就想办法表扬奖励一下自己；如果不能按时完成计划，就要自我惩罚。你准备怎样表扬和惩罚自己？

生：呵呵，奖励就不说了吧。如果做不到，我就在讲台上做50个下蹲（军训时教官惩罚学生常用的方法）。

师：我相信你一定能行的，让我们握握手，共同努力！

在这个沟通过程中，我就是运用正向激励策略，让学生感受到成功的快乐，帮助他加深对快乐的感受，并且让他意识到这种快乐是值得他为之付出努力的，付出后是可以有所收获的。这样就从感受入手激发了他学习的动力，这种效果不是仅仅靠讲道理就能达到的。

2. 应用负向激励策略，挖掘出学生内心不服输的斗志

负向激励就是引导学生意识到目前行为将会产生的不良后果，而这一后果是学生无法接受的，然后为了避免这个令人难以接受的后果发生，学生就会有意识地调整当前的行为。

一个学生在课堂上使用手机，被科任老师按照规定收缴，学生不服，师生矛盾爆发。我是像下面这样和学生沟通的。

晚自习的课间我来到教室，递给了这个学生一张纸条，开玩笑说："给你一道数学题做一做。"她很惊讶，面带笑容接了过去，打开一看，上面写着一行字："请你计算一下上课使用手机的成本。"她的笑容逐渐散去，开始思考。

又是在课间时间，我把她叫到办公室，开始和她一起寻找答案。

师：上课使用手机有两种结果，即没有被发现和被发现。如果老师没有发现，成本会是什么？

生：（很显然她明白我的用意）跟不上老师的思路，知识点记不住，还会激起自己进一步使用手机的欲望，甚至让在课堂上使用手机成为习惯。

师：如果考点没有记住，后果会是什么？

生：（默然）

师：将来高考的时候很可能会因为一个考点而影响得分，一分之差可能会是两类学校的差别，或者是否被录取的差别。本A（二本）和本B（三本）的差别就是几万块钱，这是最直接的成本，还没计算进去对人生的影响。

生：（默然）

师：如果上课使用手机被老师发现又会发生什么情况？

生：老师可能会没收手机，然后自己就会很生气，影响师生关系。（因为之前我告诉了她一个案例，就是因为在课堂上使用手机被老师没收，学生一冲动骂了老师，然后就是一系列的矛盾，最后学生被家长带回家反省，所以她很明白这个道理）

师：一旦师生关系受到影响，学生必然就会不喜欢这个学科，这样会严重影响学习，成本会成倍增加。如果老师不没收你的手机呢？付出的成本又会是什么？

生：可能自己会更加大胆，也会影响老师的威信，其他学生也可能效仿，严重影响班风。（学生的回答很规范，说明她对这个问题认识得很清楚，看来她使用手机不是不懂道理，而是有她的隐情）

师：我觉得你使用手机可能有你的原因，例如有朋友发来短信，自己忍不住要看，如果是自己特别期待的短信，就更加不顾学校的纪律，侥幸心理会占据上风，让自己"铤而走险"。其实你也明白上课不该使用手机的道理，那么以后该怎么办呢？

生：（看我表示了对她的理解，脸色也变得轻松了）我以后会注意的，不会在课堂上使用手机了。

有的班主任还会把这种负向激励策略扩大化，采取激将法的方式，先告诉学生一个不能接受的结果，然后激发出学生不服输的斗志，从而达到改变学生行为的效果。例如，有一个班主任告诉一个非常难管教的学生说，如果你能考上大学，我的姓就倒着写。学生不服，为了争一口气，发愤图强，最终考上了理想的大学。当然，这样的激将法要慎用，使用不当则可能会得到更坏的结果。

有时候需要两种激励策略共同作用，让激励效果最大化。就如上述情况，除了引导对方想象美好的画面之外，还可以引导对方想象，如果放弃了，自己会变得平庸，生活会变得没有特色和亮点，这样的生活会让自己的生命黯淡无光，很可能会让自己懊悔终生。这样的结果是他不想要的，所以他为了避免这个结果的发生，就会产生战胜眼前困难的勇气和力量。正向激励所产生的美好画面加上负向激励所产生的不美好的画面，二者共同作用，会让人产生更大的力量。

激励的具体方式有很多，可以用"跳一跳、摘得到"的目标激励，也可以挖掘学生身上的"闪光点"，可以根据学生的特点赋予一份责任，也可以用一点物质或荣誉作为奖励等，总之激励要和班主任的其他教育方式有机融合，关注教育的效果，投入感情，付出爱心，适当宽容，及时跟进。

第四节　积极主动，用热情感染学生

要成为高情商的班主任，热情是一个必不可少的要素。热情是发自内心的，是一种深存于内心的乐观向上的精神状态。成功的人和失败的人，在智慧和能力上的差别通常不是很大，如果两个人在其他各方面的条件都差不多，有热情和百折不挠的人将更有机会如愿以偿。热情，实际上是稳定、积极、顽强心态下的一种意志力，是一个人事业成功的重要素质。要想达到有效的沟通，积极主动、充满热情是必不可少的。

在现实生活中，很多教师对学生的态度往往比较严肃，甚至有些冷漠。有一次我去一所学校参加一个大型活动，校方组织得非常好，穿着整齐、面带微笑、动作整齐划一的学生礼貌热情地招待来客。但我看到很多教师对学生的礼貌问好反应冷漠，甚至无动于衷。更可悲的是，学生对教师们的反应习以为常，甚至认为理所当然。这样的画面如果经常出现在我们的日常教育当中，其潜移默化的影响是非常可怕的。

还有一次，我走在去教室的走廊里，边走边深思一些事情，一个学生从后面充满热情地和我打招呼，还拍了拍我的肩膀。因为我还在沉思当中，反应不够积极，让学生感觉备受冷落。过后，这个学生还专门写纸条询问我为什么不喜欢她，对她如此冷漠。幸运的是，这个学生把她的不满告诉我了，使我有机会解释原因，否则我伤害了一个学生，自己还不知道。

我还有一个朋友，谈起当年读书时对哪个教师印象最好，答案竟然不是教学成绩最好的，也不是最有名的，而是一个最热情的教师，因为这个教师看到学生总是面带微笑，热情地和学生打招呼。

（1）眼中的热情。教师亲切的目光，会使学生兴奋不已。有一个学生特别喜欢一个教师的课，不是因为这个教师的课多么精彩，而是因为这个教师上课时总时不时地看着他，他便认为老师很关注他，这让他感觉特别开心。还有一个学生，感觉到教师在课堂上总是不看她，她甚至用上课睡觉等行为来吸引老师的关注，结果她睡觉老师也不提醒她，让她很难过，于是就不喜欢学习这个学科了。

（2）手中的热情。不同的手势可以表达不同的感情。拍拍肩膀表示鼓励和表扬，打屁股则是一种惩罚。学生有了进步或良好的表现，或者帮助别人做了好事，或在某个方面有突出表现，如果班主任拍拍他的肩膀，表示对他的赞许和信任，学生一定会十分高兴。如果学生有了良好表现或在某方面取得进步，班主任表现得无动于衷，那就失去了传递热情的机会。

（3）口中的热情。教师要用最热情的语言给学生送去希望。话不必多，一两句就能表达出教师的爱；声音不必大，但要能表现出教师内心的兴奋和喜悦。肯定学生的时候，除了表达的内容外，声音还要充满热情，让学生感受到这是老师发自内心的肯定和赞许。如果学生有了错误或者表现不能达到预期要求，要发自内心地给予理解、支持、鼓励，让学生感受到还有进步的空间和可能，一时的失败或失误只是自己迈向成功的一个环节，并不是终点。

第五节　淡定从容，善于协调各种关系

班主任这个职位不高，但在教育系统中起到一个枢纽作用，在这个位置上汇聚着教育方面的各种关系，同时也呈现着各种矛盾和压力。如果班主任没有淡定从容的心态，在面对各种问题和压力时，往往会变得比较焦躁。矛盾一定是有的，问题一定会出现的，关键是班主任要保持淡定从容，这是高情商班主任的又一个必备素养。

一、协调科任教师的关系

如果把一个班级比作一艘航行的船，那么，班主任就是掌舵的舵手，而科任教师则是大力水手，学生是船上的乘客。一艘扬帆远航的船上，只有舵手，再加上乘客，它能航行多远？如果途中遇到鲨鱼，触到礁石，仅靠舵手一人，能脱离危险吗？回答显然是否定的！

由此可见，科任教师的力量是不容忽视的。可是有的学生往往会忽视科任教师的存在，他们以为自己只要听班主任的话，把班主任的学科学好了，就万事大吉了。作为班主任，为了整个航行的顺利，为了船上的乘客能够游有所得，我们必须把科任教师放在最重要的位置上！那么该怎么做呢？首先，要告诉学生，一个班级，一天没有班主任丝毫无损，但要是一天没有科任教师，这个班就无法开

课了!

班主任在理论上为科任教师奠定了地位，学生在心里就会给科任教师留个位置。只要学生在心里给科任教师留了个位置，那么班主任要帮科任教师进驻学生的心灵就非常容易了。

还有一点班主任要特别注意，就是无论学生对科任教师的意见有多大，都不可以当着学生的面说科任教师的坏话。背后说人好话，赞美效果比当着面说更好，反过来，背后说科任教师的坏话，诋毁的效果也甚于当面指责，甚至连班主任自己的人品也会在学生心目中打折。

1. 正面宣传，扩大科任教师的影响

班主任要把每位科任教师的专业范围、专业优势、最高学历搞清楚，然后在班上大张旗鼓地宣传，鼓要敲得响，才能引起学生的注意。科任教师自己说自己多能干，学生可能要撇嘴讥笑，但如果由班主任说出来，学生就会心生敬佩。当学生打心眼里敬佩一个老师的时候，就会淡化该老师的一些小缺点。

2. 背后赞美，打造科任教师的魅力

当面赞美颇有吹捧之嫌，而且让年少纯真的孩子听见，他们保管会起鸡皮疙瘩，甚至会瓦解本已建成的信赖城堡。所以班主任当着科任教师的面大可实事求是，背后却要多加赞美。比如，班主任要时不时地给学生说，某某科任教师写得一手漂亮的毛笔字，或者是画得一手绝美的工笔画，或者写得一手好文章，或者是唱歌跳舞弹奏作曲样样通，或者篮球打得棒、足球踢得好……总之，一切美好的词语都要往科任教师实事求是的才华上堆。学生都有好奇心理，他们并不满足于课堂上的老师形象，还特别想知道各位老师课下的生活，而班主任在背后力赞科任教师，就会为科任教师增添无限魅力，让学生对这些老师无限崇拜。

3. 实话实说，树立科任教师的崇高形象

好多时候，我们的教师忍着身体的疾病坚持在讲台上，忍着疲倦的侵袭困守在作业堆里……既忙又累，除了教师自己知道那份难言的辛劳外，别人有几个知道？作为班主任，一定要把教师的生存状态实话告诉学生。我们的教师，生存在社会、学校、家长、学生围起来的窄缝里，可是他们没有怨言，没有逃离，而是选择了艰难的坚守。要告诉学生，这个社会如果没有教师，就不可能有民族的脊梁，也不可能有民族的希望，更不可能有民族的强大！

4. 利用活动，增强科任教师的亲和力

班级里每一次搞活动，班主任不能独揽大权，而是要把科任教师吸纳进来，把责任"包干到户"。这样做的好处是：让科任教师觉得自己是这个班里的人，从而让科任教师说起班级时是说"咱班"而不是"你们班"。当学生听到科任教师说"咱班"而不是"你们班"时，就会把科任教师当成自己人，并且觉得科任教师极具亲和力。一个有亲和力的科任教师，是不需要班主任去操心他的师生关系的。

5. 学会适应，保持科任教师的独立性

其实，不管班主任怎么努力，都有可能出现科任教师与学生不和的情况。那有可能是因为科任教师的个性太偏激，或者理念太陈旧，或者方法不得当。遇到这样的科任教师时，班主任不要试图去改变他，因为改变教师比改变学生难多了。再说了，学生今后离开学校进入社会，也要学会跟各种不同性格的人相处。一个学生，如果在学校与老师相处都困难，那么今后进入社会，与同事相处就更不容易。所以，班主任要告诉学生一个道理：教师群体就如由不同频道组成的电视台，每个教师就是一个电视频道，有些频道的节目趣味性浓，有些频道的新闻性浓，有些频道的故事性强，有些频道的科学性强，等等，总不至于自己爱看湖南卫视的娱乐节目，就非得把央视的农业军事频道关停吧！不喜欢，我们可以尊重，因为你不喜欢，不等同于别人不喜欢。所以，教会学生改变自己，学会接受，学会尊重，学会宽容，这是最好的办法。

我想，只要班主任时刻把科任教师放在最重要的位置，协调科任教师与学生的关系就不是令我们为难的事情了。还有，只要把学生的利益放在首位，班主任放低姿态，甚至当和事佬说几句赞美的话也不是什么大不了的事情！

二、协调科任教师与学生的关系

协调科任教师与学生之间的关系不仅是班主任的职责，也是班主任工作的一项重要义务。妥善处理好科任教师和学生之间的关系，对搞好整个班级的教育教学工作、促进良好班风的形成有着至关重要的作用。

班级管理不是班主任一个人的独角戏，它事关班级所有科任教师，如果忽略了各科任教师的重要性，工作开展就不会顺利。班主任与各科任教师共同承担

教育学生的责任，由于存在教育对象上的同一性、教育目的上的统一性、教育方式方法上的互补性，班主任与科任教师之间存在着建立和谐关系的良好基础。但由于班主任和科任教师在工作角度、工作目标、工作任务、教育方法、个性特点以及对教育对象的认识等方面有差异，存在不协调的地方，其关系要经常加以调整。班主任与科任教师应建立相互尊重、互相配合的工作关系，形成班级教育的合力。班主任要教育学生客观、公正地评价科任教师。小学低年级学生眼里的老师，往往是样样都好的完人。小学高年级到中学阶段的学生，由于知识视野扩大，评判能力不断提高，但又缺乏客观性、全面性，常对科任教师提出过高的要求。在这种情况下，班主任要教育学生学会用"实事求是"和"一分为二"的观点评价教师。要号召学生学习各科任教师的长处，摄取丰富的营养，使自己健康地成长。对科任教师的不足，要提示学生找老师单独交换意见，也可向班主任或学校领导反映，而不应在公开场合评论、指责科任教师。班主任更不能在学生面前指名道姓地说科任教师的不是，这样做既有损科任教师的威信，也有损班主任自己的威信。班主任如果发现科任教师的不足，要本着团结互助、共同搞好教育教学工作的目的，向科任教师及时指出，使科任教师自觉地进行调整。在班主任注意了以上几方面工作的基础上，再通过科任教师自身的努力，科任教师的威信就能逐渐地树立起来。

科任教师毕竟不是班主任，学生在对待班主任和科任教师时，在心理上是有一定区别的，这就是为什么学生在科任教师的课堂上敢说话、做小动作甚至顶撞教师，而在班主任的课堂上不敢的原因。因此，为了增强科任教师对学生的教育效果，班主任很重要的一项工作就是加强学生的尊师意识，让学生信任每一位科任教师，尊敬每一位科任教师，积极配合每一位科任教师的教学工作，珍惜每一位科任教师的劳动成果，使科任教师更有成就感。

维护良好的师生关系、化解学生与科任教师之间的矛盾，是班主任协调工作中的重头戏。由于学生思想意识不强，是非分辨能力不够，易受外界不良行为的影响，在日常教育教学活动中容易与科任教师产生一些误解、矛盾甚至冲突。师生间的矛盾比较复杂，有时完全是由学生的错误引起，有时则是由教师管教过严、态度过硬而导致的。无论属于哪种情况，如果处理不当，都有可能造成师生之间的对立，不利于教学工作的正常开展。因此，当科任教师与学生由于某种原因而出现对立情绪时，班主任一定要妥善处理学生与科任教师的矛盾，要坚持实事求是、尊师爱生的原则，及时疏导协调，使双方主动化解矛盾，绝不能出现贬低科任教师或与科任教师一起训斥学生的现象，既要维护科任教师的威信，也要让学生心服口服，不要让师生之间产生怨恨与隔膜。

如此，班主任在协调科任教师与学生之间关系的同时，也协调了教师之间的关系，使教师的整体教育功能得到充分的发挥，为教育教学工作取得满意的效果奠定了基础。只有充分发挥教师集体的作用，才能全面提高教育教学质量。

三、协调学校与家长的关系

班级是学校管理教育学生的基本单位。一个学校如欲取得最佳教育效果，引导班主任建设优良的、奋发向上的班集体是其中非常重要的一环。而在建设班集体的各项工作中，班主任协调好与家长的关系又是其中一项重要的工作。由于家长的文化水平、教育方法以及观察学生的角度与教师存在种种差异，所以班主任与家长接触时难免会发生一些矛盾，这些矛盾解决不好，会影响学生的成长和进步，影响班级教育任务的完成。

班主任在与学生家长接触时应做好以下工作。

（1）班主任要把培养与家长的真诚感情作为家校工作的重要内容。建立感情首先是要与家长多联系，多沟通，在沟通中加强理解。班主任切不可因工作忙或其他原因而忽视了平时与家长的联系，非等到学生的学习或思想方面出现了问题，才想起与家长联系。这时联系，学生会认为班主任在向家长告状，家长心情不好，容易出现打骂学生的行为，这样就很容易引起家庭冲突，不利于解决问题。

（2）班主任应端正与家长联系的动机。班主任要明确与家长取得联系是为了交换意见，交换意见是为了调动家长参与教育的积极性，使家长与学校统一步调，形成教育合力。班主任切忌为了发泄心中对学生的不满而向家长告状，或因自己教育教学无能、不能树立起在学生心中的威信，而把责任推给家长。这样的家校联系一定不会取得好的效果，反而会使学生产生怨恨情绪，造成师生对立。

（3）班主任在与学生家长接触时，要注意尊重家长，不伤害他们的感情。平时与家长联系时要以友善的态度，耐心倾听家长的意见，从细小的地方寻找家校教育结合点。还要做到不对他们的子女进行不负责任的评价和指责,更不能用讽刺、嘲笑、挖苦的语言。这样家长才会真诚地支持班主任的工作。

（4）班主任应把与家长联系作为获取教育信息的渠道,真心实意地关注学生方方面面的情况,同时还要注意根据学生和家长的特点,巧妙地帮助家长提高教育素养。班主任切不可为学生在校的"表现"所迷惑,不去全面了解学生的真实情况,以至于影响了对学生的及时教育,更不能对家长不当的教育态度和方法听之任之,这样才能打动家长,进一步融洽与家长的关系,使家长能够全力配合学校的工作。总之,班主任要善于与不同职业、身份、文化程度、年龄、个性的家长沟通,协调好与家长的关系,提高教育的艺术性。

第八章 做一个善于沟通的班主任

——掌握沟通的五种技能

教育离不开沟通，但很多教师在和学生交流的时候往往感觉无能为力，甚至越沟通效果越差。我经常看到有的教师发出"面对这样的学生该怎么办"的哀叹，也经常听到有的教师抱怨和某某学生谈过多次而效果甚微的无奈。

心理学研究表明，人与人之间的沟通有三个渠道：一是语言和文字；二是语气或语调；三是肢体语言，例如表情、手势、姿势、呼吸等。根据调查分析，人与人之间的沟通，文字只有7%的影响力，而有38%的影响力来自语气或音调。

任何沟通技巧都是以品格、爱心和真诚做基础的。所以，班主任不能单纯靠技巧来教育学生，但是教育中的沟通一定是有技巧的。想要成为一个善于沟通的班主任，一定要具备以下五种能力和素养。

第一节 会观：班主任要练就一副火眼金睛

要想取得理想的沟通效果，就必须准确掌握对方的信息，而察言观色就是获取信息的最好方法。NLP研究表明，人的身心往往会处于同频状态，肢体的动作、眼神、表情等细微变化，往往和内心的反应有直接联系，即使那些喜怒不形于色的"老江湖"，也往往会因为一些小动作而出卖自己的内心世界，更何况涉世未深、心地单纯的学生呢？

前文说过，肢体语言贡献了沟通效果的55%，它往往更能体现一个人内心真实的想法。文字可以修饰加工，所以单独靠文字很难把握对方真实的想法。相对于文字，语言传递的信息更丰富，语调、语气等会让文字信息产生不同的意思。但是人的肢体语言就比较复杂，脸部表情、五官动作、躯干姿态、手部位置、双腿摆放等都会暴露一个人内心的真实想法。如果一个人内外一致，往往就会在文字内容、语气语调、肢体语言等各个方面保持统一，如果一个人有所掩饰，往往就不可能顾及各个方面，总会在某个环节出现漏洞。所以，身体语言是最难以掩饰的部分。因此，学会关注学生的身体语言和微表情、微动作对读懂学生非常有帮助。

例如，有一年高一的时候，一个学生干部因为想家而请假，学校规定请假要经过父母的同意，于是她就找了一个人冒充自己的父亲与我通话。当她给我手机的时候，手有一丝的抖动，说话的声音有一丝颤抖，再加上对方讲话的声音不是很成熟，也不是很大胆，于是我就判断该生找了个假冒家长。

像这种情况，教师如果轻信学生，就会给学生留下很多空子可钻；如果随便怀疑学生，又可能会伤害学生纯真的心灵。而注意观察这些细微之处，会帮助我们找到更多、更准确的信息，从而选择有效的应对方式。

通过细致观察，教师还可以准确把握学生当下的心态。例如，我和一女生谈心，当谈及该生的妈妈时，她下意识地闭上了嘴巴，脸色突然变得凝重，头部不自觉地下垂，这些动作让我敏感地意识到该生的家庭矛盾很大，甚至母女关系不好，也许这是造成该生厌学甚至厌世的重要原因。随着我的引导，该生慢慢敞开心扉，告诉我她和妈妈的关系的确很糟糕。她父母离异，母亲改嫁，妈妈工作压力很大。然后她和我谈了一些生活细节。我根据这些信息慢慢引导她该如何正确面对这些问题，该怎样正面理解妈妈的良苦用心，等等。

下意识地用手遮住嘴巴，这个动作常常表示说话者撒了谎，试图抑制自己说出那些谎话，或者是说话者感觉自己说了不恰当的话，又或者是对自己的言语不太自信等。这个动作会发生多种变形，有的人是用几根手指或者紧握的拳头遮住嘴巴，有的人是利用手中的物品来遮住嘴巴，有的人还会用假装咳嗽来掩饰自己遮住嘴巴的手势。

如果教师和学生交流的时候发现学生做这个动作，那么他很可能是在撒谎，或者是有难言之隐，总之他是下意识地对自己的言论表现出消极反应。有一次学生站起来读她写的作文，读完之后，该生下意识地用作业本做了一个遮挡嘴巴的动作，这就说明她对自己的文章不太满意。还有一次，一个学生站起来读她写的内容，还没读几句，该生就用本子做了遮挡嘴巴的动作，于是我问她是不是临时凑数来应付老师的，她也只好承认自己之前没有写，临时写了几句，结果被老师识破。

有些表情比较容易观察，例如垂头丧气说明内心受伤；扬眉的动作说明志得意满，所谓的"扬眉吐气"就是这样；摩拳擦掌说明求战欲旺盛或者精神振奋；摸头发、揪耳朵等是手足无措的表现；双手环抱往往是自我防御的体现；用手或手中的物品（例如书本）遮挡眼睛的动作往往是表达"我不喜欢刚刚听到（看到或知道）的内容"，或者是自己知道事情做错了之后的下意识反应，表示"羞于见人"。

观察微表情、微动作并不难，只要养成习惯就好了。班主任也可以阅读一些相关的书籍，我也在一本书里专门讨论了有关的内容。

第二节　会听：班主任要有一双善于倾听的耳朵

很多教师都知道倾听很重要，却不知道如何倾听。那么，在和学生沟通的过程中，怎样倾听才能达到更好的沟通效果呢？

一、要倾听学生的情绪所在

沟通要先处理情绪，再表达关怀，最后才是给学生讲道理。要处理学生的情绪，首先就要准确地捕捉到学生的情绪所在。有时候学生的情绪比较激烈，这样的情绪很好把握；有时候学生的情绪深埋内心，自我保护的心理让学生不会随便吐露心声，但内心又特别渴望获得理解和支持，这时如果教师不能听出学生到底渴望什么，那么教师讲道理往往无效。

例如，有一次一个学生满脸忧伤地问我："老师，人活着的意义是什么？"面对这样大而空并且没有标准答案的问题，老师很难给出准确的回答，并且即使勉强给予回答也往往会让学生不满意，学生会怀着希望而来，带着失望而归。根据学生的表现和讲述，我听出了学生内心的低落、难过，于是我没有直接回答学生的问题，而是关注她的感受，问她："你最近是不是遇到什么困难了？如果信任老师就告诉老师，如果你感觉涉及你的隐私，也可以选择不说，只告诉老师需要帮助你什么就可以了。"学生的情绪受到关注之后，情绪得以释放，她就慢慢地向我讲述了自己的遭遇。针对她的具体遭遇，我给予了回答和支持，最后她非常满意地离开了。

二、要倾听学生行为背后的正面动机

NLP 研究表明，每个行为背后都有一个正面动机。例如学生考试作弊，其行为背后的正面动机就是渴望考一个高分。如果教师能找出学生行为背后的正面动机，然后肯定这一动机，由此改变学生实现动机的行为方式，往往更容易达到理想的教育效果。

有一次一位比较年轻而有责任心的女教师告诉我，班里的一个男生失恋了，因为该生比较信任老师，于是就向该老师倾诉，表达那个女生对他有多么重要，如果那个女生拒绝他，他想跳楼的心都有，同时又希望老师不要告诉他的家长。

结果该教师很担心学生会真的跳楼，于是过后就联系了该生的家长。学生知道后，对该教师大发雷霆，说老师出卖了他，并且一拳打在了办公室门的玻璃上，结果鲜血直流，住进了医院。

该教师问我，她当时该怎样处理才恰当。

从一般的教育方式方法来说，该教师的行为并没有什么不妥当的地方，毕竟学生的生命安全是第一位的，万一学生真跳楼了而教师没有及时通知家长，教师就要承担责任，因此无论是从学生还是从教师的角度来看，通知家长好像都是必需的。

如果教师能关注到学生语言背后的真正动机，那么处理问题的思路和效果就会完全不一样。

我们设想一下，这个学生是真的想跳楼吗？他这样说究竟是想表达什么？当我把这两个问题抛给该教师的时候，她恍然大悟：原来这个学生只是用这种极端的语言来表达自己对这份感情的重视，并渴望得到他人的理解和支持，他不让老师告诉家长，也是因为怕家长不理解甚至痛骂他。

教师理解了学生的正面动机之后，就可以根据这个动机来对学生进行有效的引导。可以先肯定该生是一个重感情的人，这样的男孩子将来一定会得到一份美好的爱情。学生的情绪被接纳，动机被认可，其行为自然也会发生改变。然后再引导学生，问他获得这份美好的爱情要具备什么条件，又该怎样准备这些条件，这样就把学生从爱的感受引到理性分析，让学生明白爱情是需要营养来滋润的，这份营养包括生存能力、沟通能力等。甚至该教师还可以出主意帮助这个学生追求女生,问该生想要吸引女生需要在哪些地方提升自己,这样就把学生对爱情的渴望转化成了学习的动力。

当学生的情绪被接纳、情感被理解,然后有了明确的人生目标之后,还用担心学生会跳楼吗?

在场的教师听完我的分析之后,这才明白,原来教师根本没有理解学生的真正动机,而是根据自己的理解来处理问题,其做法虽然有道理却不是有效的。这也是很多教师处理学生问题总是效果不理想的原因。

教师要通过积极思维找出学生的正面动机,然后相机引导,而不是简单地批评否定。如果教师只是看到学生的错误行为,忽视或否定了其背后的正面动机,甚至给错误的行为贴上负面的人格标签,那么就会激发学生的抗拒心理,就会造成越沟通矛盾越深、越处理问题越多的局面。

三、听出学生行为背后的能力

每个行为背后同样隐藏着一种正面能力,如果教师能肯定学生的能力,引导学生正确地发展和使用这种能力,就能达到理想的教育效果。例如,前面那个打班主任的学生,我开玩笑地告诉他,他有成为英雄的潜质,因为,一个人要想成为英雄,必须具备两个基本素质——胆量和力量,而该生身上恰恰有这两个素质。我鼓励他要好好发展这两个素质,这是他今后人生的一大宝藏,只是不要用来打老师了,可以用它们来做好事。如果有不法分子冲击学校,最先冲上去与不法分子搏斗的可能就是该生,如果该生用自己的胆量和力量制伏歹徒,那么他就会成为英雄。该生听到我对他能力的肯定,很高兴,也就更容易接受我给出的建议。

在东莞讲课期间,一个职业学校的班主任问我一个问题。她班的学生在学校卖烟,而学校规定不准抽烟,学校德育处就逼这个学生交代哪些学生买烟,这个学生拒不交代,于是学校让班主任做学生的工作,并且告诉该生,如果交代出哪些学生买烟,就可以不处理他。该教师问我该怎么办。我反问该教师:如果是你,你会不会说出是谁买烟?结果该教师说她也不会说出来。教师自己都不愿意去做的事情,却让学生去做,这样的沟通显然是无效的。如此处理问题,只会让问题越来越复杂,让学生越来越叛逆。

而我瞬间就感觉到这个学生身上有一般学生不具备的能力：经商能力。因为该校是职业学校，教师可以充分肯定并培养该生的经商能力，让他负责组织一个"公司"，再结合本校的市场营销专业，这是很好的一个培养学生实践能力的机会，当然得告诉该生不要卖烟了，可以卖一些学生需要的物品。这样学生一定愿意配合，既解决了问题，又培养了学生的能力，说不定可以培养一个商业奇才。

四、听出学生内心的渴望

每个行为背后往往都隐含着一份渴望，例如埋怨往往是渴望被理解、被关注，指责他人往往是渴望证明自己，做出奇怪的行为往往是渴望被关注。有时候，学生的某种渴望不好意思直接表达，就会用一些隐晦的方式来传递这份渴望，甚至做出故意的挑战。

例如，有一次课间休息的时候，一个学生满面春风地问我："老师，你认为读书有用吗？"这个问题的答案显而易见，但如果我正面回答学生的问题，说有用，对写作有帮助，学生也许就会问，自己读了那么多书，为什么作文分数一直不高。这样谈话就会越来越复杂。

一般情况下，问这样问题的学生往往会对阅读感兴趣，于是我没有正面回答问题，而是反问她："你是不是对读书很感兴趣啊？"她很兴奋地告诉我，她很喜欢读书，以及喜欢读哪些书，整个课间都是她在讲书的感受。临近上课的时候，该生兴奋地告诉我："老师，我知道读书是很有好处的，即使现在体现不出来，将来也一定会有帮助的。"原来，这个学生并不是向我求证读书有什么好处，她只是想通过问问题告诉我她也很喜欢读书，而我正是听出了她内心的这份渴望，所以整个谈话过程才比较愉悦。

第三节 会问：班主任要善于启发诱导

NLP研究表明：谁发问，谁就掌握了沟通的主导权。教师如果想要有效引领沟通的方向和效果，就必须学会发问，而不是一味地滔滔不绝地教导。

一、通过发问来了解情况，探寻事件的真相

教师和学生沟通的时候，要先放下经验判断，让自己的心态归零，客观地了解事实真相，这就是所谓的空杯心态。教师只有像这样充满好奇心地探询发问，才能够搜集到准确的信息，为有效教育提供支持。

有一年我教高一的时候，我班的女班长告诉我，班里某男生总是欺负女生，并且谁漂亮就更喜欢欺负谁。在我落实了这不是青春期的男生吸引女生的行为后，我的第一感觉是这个男生很流氓。当有这个想法的时候，我非常生气，很想狠狠地批评该生一顿，甚至想给家长打电话，让家长带他回家反省。

但很快我让自己冷静下来，告诉自己把主观判断先放下，我决定先找这个男生了解情况。我在创造了一次不经意的偶遇后，就自然地和该生交谈起来。因为有一些亲和力的铺垫，在我有意识的询问下，这个男生告诉我，他小时候很弱小，经常被女生欺负，尤其是四年级的时候，他的同桌是班长，人长得漂亮，成绩又好，就经常欺负他。有一次他被欺负得忍无可忍，就还手了，结果该女生恶人先告状，告诉班主任该男生打她，于是班主任又狠狠地惩罚了这个男生，他当时就种下了一个"理想"——长大后要打回来。

升入初中，他慢慢长高，不过又面临初三升学的压力，进入高中后，他认为实现自己"理想"的时候来了，于是就有了欺负女生的行为。

我在了解了这些情况之后，就从他小时候的根源上来解决问题，并肯定了他欺负女生是为了证明自己"强大"的正面动机，然后通过调整实现正面动机的行为方式，引导他用帮助女生来证明自己真的强大了。最后该男生接受了我的建议，从此变欺负女生为帮助女生。

如果我不通过有效发问来了解该生的成长历史，只是根据他当前的行为表现给予贴标签式的评价，和他大讲文明礼仪、人生之道，效果肯定不会好。

二、通过发问来促进学生思考，培养学生主动探寻的精神

当学生有问题的时候，问怎么办的时候，教师可以用"你说呢""还有呢"等强有力的问题进行回应，这样就把学生放在了解决问题的位置上，他们会想出很多种方法，这样就慢慢地培养出了独立思考、探究解决问题的能力。当学

生的问题指向负面结果的时候，教师可以引导学生关注正面结果，这样可以给学生更强的动力。例如，对于学生对广播稿的担心，我就是应用此法应对的。

再过两天就要开运动会，于是我去找班干部布置任务。
师：思婷同学就负责宣传，组织同学多写广播稿。
生：我就怕他们不读我们的稿子。
师：你应该思考怎样才能让播音员读我们的稿子。知道这两种思考方式有什么不同吗？
学生略有所知，毕竟他们已经跟我一段时间了。
师：如果我们担心他们不读，可能就会想到他们不会读；想到他们不会读，然后就可能不写了；于是最终就没有写。如果我们思考怎样才能让播音员读我们的稿子，然后就会思考如何才能写好，如何抓住比赛的进程来写，甚至是如何公关，这样，我们班最终就会是稿子写得最多、被采用得最多的班级。

三、通过发问引发学生的自省，从而达到不教而教的效果

发问就是通过提问帮助对方挖掘自我盲点，发现其潜力所在。美国著名的领导力专家隆纳·海非斯说："好的领导是问正确的问题。"好的发问本身就是洞察力的一部分。

例如：

一个男生在一个成绩非常优秀的女生的试卷上写了一些攻击该女生的语言。如果教师告诉他"你不应该攻击别人"，他就会不断地强调他为什么攻击她。如果教师控制不住自己的情绪，给学生的行为贴上"品格低下"的标签，那么教师就不但没有解决问题，反而制造、激化了问题。这就解释了为什么很多教师没能成为解决问题的高手，反而成了制造问题的专家。相反，如果教师问他"你希望攻击她为你带来些什么呢"，则不仅能有效维持师生之间的沟通，而且会把学生的思维引向行为所产生的后果、对自己的影响以及解决的办法，这样就容易从根本上解决问题。

又如：

一个男生想找我调换座位，我主要通过发问来引发学生的自我思考，最终问题迎刃而解。

生：老师，我的座位不理想，我想调换座位。

师：哦，怎样不理想？说来听听。

生：虽然同桌学习比较厉害，但是他不善于教别人，后面的两个同学成绩也不太好（实际上都比该生的成绩好）。

师：那你就教同桌啊，这样才显得你有价值……我的理解是你想和成绩好并能给你带来帮助的同学同桌。那么我问你一个问题，假设你是那个成绩好的同学，你是否愿意和现在的你同桌呢？

生：可能不会。

师：如果是这样，何必非要像乞丐一样求别人呢？那样你的心里能舒服吗？

生：不舒服，很有压力。

师：所以，我希望你能做一个大家都希望和你同桌的学生，这样的感觉不是更好吗？

生：感觉是好，但也不是一下子就能做到的。

师：那么你认为要做一个大家都希望和他同桌的学生需要满足哪些条件呢？

生：成绩好，更能给人帮助，不吵闹，不影响同学学习。

师：这些你以前都做到了吗？

生：好像没有。

师：我希望你很快能成为一个大家争着和你同桌的学生。

生：好吧，我努力，先不用调换位置了。

四、常见的发问语言

你明白我的意思吗？你认为是什么原因？你说呢？还有呢？假设有，会是什么呢？——这些句式能够打开学生封闭的思想，帮助教师了解学生真实的想法。下面给大家介绍被称为"经典八问"的八个问句，供大家选择应用。

第一个问题:"发生什么事情了?"

第二个问题:"你的感觉如何?"

第三个问题:"你想要怎样?"

第四个问题:"那你觉得有些什么办法?"

第五个问题:"使用这些方法结果会怎样?"

第六个问题:"你决定怎么做?"

第七个问题:"你希望我做什么?"

第八个问题:"结果怎样?有没有如你所料?"/"下次碰见相似的问题,该怎样处理?"

第四节　会说:班主任要学会恰当表达

急事,慢慢地说;大事,清楚地说;小事,幽默地说;没把握的事,谨慎地说;没发生的事,不要胡说;做不到的事,别乱说;伤害人的事,不能说;开心的事,看场合说;伤心的事,不要见人就说;别人的事,小心地说;自己的事,听听自己的心怎么说;现在的事,做了再说;未来的事,未来再说。如何把语言说得恰到好处、把话说到心坎上,是一个班主任的重要素养。

良好的表达除了要注意语言的内容、说话的语调以及面部表情等因素之外,还有一个重要因素就是:语言模式。人们说话是有语言模式的,表达不恰当就会词不达意,说不清,听不明白,如果语言模式不当,还可能会造成误会。

一、少用"但是"句多用"如果"句

根据大脑接收信息的习惯,人们往往会对后面的"但是"更关注。例如,"你最近表现不错,但是学习态度还需要加强",这使学生感受到的不是表扬而是批评。如果非要用"但是",可以把前后的内容对调。例如,可以把"我会努力提高成绩的,但是很困难"变成"我知道很困难,但是我会努力的",这样表达的效果就不一样。

指出学生的不足时,我们可以用"如果"的句式来表述,例如:"你最近表现不错,如果再在学习方法上多思考一下,我想你的进步会更快。"这样学生接受

起来就会比较舒服，效果也自然会更好。

二、同样的意思从积极方面表达

曾国藩把"屡战屡败"改为"屡败屡战"，不但没有受到惩罚，反而受到嘉奖，句式不同，传递的信息截然不同。经常有教师这样怒其不争地告诫学生："如果你不想学习，谁也帮不了你。"道理固然正确，但效果并不好。如果换成"如果你努力学习，谁也阻挡不了你的进步"，传递的信息就是积极的，就会给学生积极的心理暗示。

三、多用从学生的角度思考问题的句式

例如，可以把"我觉得"变成"你觉得"，"我认为"变成"你认为"，这样学生就会积极主动地思考解决问题的办法。

四、多问怎么办，少问为什么

这样的句式就会把学生的注意力引向解决问题，关注成长。NLP理论强调，谈话的焦点应在"解决"上，而不是在"问题"上。"对症下药"的思维模式让教师习惯于追根究底，不断追问学生"为什么"。其实，每个人都有一种自我保护的潜意识，这种潜意识会让学生把事情进行主观扭曲，把焦点放在不重要的地方，而把那些根本性的原因隐藏或淡化。

1. "为什么"的语言模式

"为什么"是把学生的思维引导到犯错误的状态，直接引发的学生思维反应就是对自己行为的解释或辩护，这是一个人思维的本能反应。但解释或辩护的结果就是激发老师更大的怒火，于是我们常见的现象就是由了解情况的交谈变成相互的指责或人身攻击。又因为"为什么"带有责备的意味，所以导致对方的情绪反应也往往是负面的，这些情绪反应往往成为双方交流的障碍。

2. "是什么"的语言模式

"你想要的是什么？"这可以把学生的思维引向他关注的目标，而关注目标就确定了谈话的正确方向。"什么对你是重要的？"这个问题可以让我们了解学生的价值观，同时引起学生更理性的思考。"什么能够让你停止实现目标？"这个问题

有利于我们找到影响学生努力的原因。"什么样的资源可以帮助你实现目标？"这个问题可以引导学生积极寻找有利的信息，提升学生的自信心。"这个目标能给你带来什么？"这个问题既有助于探索学生目标背后的价值观，又能调动学生的想象，使学生在内心体验实现目标之后的价值感和成就感，有利于促进学生的内在动机。"你从中能学到什么？"这个问题让学生明白，与其分析错误，不如冷静下来，挖掘行为的积极因素，从而把错误变成成长的财富。这些就是有力量的提问。

3."怎么做"的语言模式

"怎么做"的语言模式隐含着指向未来的思维，会让学生从过去的"问题状态"中抽离出来，摆脱"问题"带来的负面情绪，也容易让学生有安全感。学生会积极思考改变的方法，力图证明自己是有能力的，这是指向教育目标的语言。教师和学生谈话的目的就是促进学生成长和提高，所以不能把谈话的注意力放在过去，而应该放在现在和未来。优秀的教师会促进学生向精彩的未来前进，而不是沉溺于过去的问题。因此，给力的语言就是让学生畅想未来，而不是一味地寻找对过去问题的解释。这就好像自来水漏水，我们需要考虑如何修补，而不一定非要弄清楚漏水的原因。

五、习惯用一些强力发问的句式

你明白我的意思吗？你认为是什么原因呢？你说呢？还有呢？假设有，会是什么呢？这些句式能够打开学生封闭的思想，帮助班主任了解学生真实的想法。

一男生开学以来表现低迷，尤其是精神状态不好，上课时经常趴在桌子上不听课，甚至睡觉，时常因个人的原因导致宿舍被扣分。于是，我就利用晚自习课的时间找他谈话。刚叫他的时候，他本能地问我："我又犯什么错误了？"我说："没有，我只是想找你聊天。"

……

师：我今天叫你出来主要是聊天，不用紧张。你能不能评价一下自己进入高中以来的表现？

生：总体还好，就是有时候精神不好，总想睡觉。

师：你认为是什么原因呢？

生：可能是因为晚上睡不着。（该生是第一次住校）

师：晚上睡不好，第二天上课睡觉很正常，我也是这样。你认为晚上睡不好的原因是什么呢？

生：可能是床板太硬了。

师：怎么解决呢？

生：多带一床被子，这样会舒服一点。另外，凉席有点刺，睡起来不舒服。

师：那又该怎么办呢？

生：让家长买好一点的凉席。

师：我相信你的家长会给你买的，只要家庭经济不太紧张。

……

教师通过这种简单而有力的发问，能帮助学生打开思维，并且把解决问题的权利还给学生，也符合"以生为本"的教育理念。

六、把"怎么可能"变成"怎么才能"

"怎么可能"给潜意识下达的是无法完成的思路，这样容易产生放弃的念头。"怎么才能"给潜意识下达的是完成的思路，是指向未来、看到希望、寻找方法的思路。

例如，教师可以把"以你这样的态度怎么可能考上大学呢？"变成"你认为怎样才能实现自己考上大学的目标呢？"。

七、用"我也"的语言模式，这样很容易跟学生同频沟通

例如：学生考试有压力，教师可以说"当年我读书的时候也有压力"；学生受了委屈，教师可以说"如果是我，我也很委屈"。这在心理学上是符合"同理心"理论的，教师在言谈当中会拉近自己和学生的心理距离，有利于学生放松心情，打开封闭的心门。而且，当学生感觉到教师也有同样的问题时，无形中就会淡化自己问题的严重性，感觉这些状况都是正常的。

第五节 会配：班主任要学会灵活配合

NLP理论认为，人因相同而连接，这和中国的物以类聚、人以群分有相似之处。生活经验告诉我们，两个陌生人相见，有的第一眼就很投缘，有似曾相识或相见恨晚的感觉；有的就会感觉很不愉快，或者非常讨厌对方。心理学的研究告诉了我们原因所在：对方身上的行为特征、言谈举止、音容笑貌等向外界发射的信号与自己的内在感受是否一致，导致了对对方的第一反应。

因此，要想取得良好的沟通效果，掌控沟通的主导权，就要学会调整自己，配合对方，尽量争取与对方同频沟通。NLP理论认为：沟通的意义取决于对方的回应。如果我们不关注对方的表现，而只是一味地按照自己的思路、习惯来沟通，就会出现鸡同鸭讲的情况，沟通效果自然不好。那么我们该怎样配合对方呢？

一、配合对方的语调、行为习惯

对于一个心直口快的学生，教师直言相告往往比委婉提示更有效果，如果过于委婉含蓄，甚至会引发学生的反感，学生会认为教师虚伪；对于乐观、不拘小节的学生，教师可以多和他开一些玩笑，在玩笑中提出要求建议，这往往比严肃告诫更有威力；对于说话轻声细语的学生，教师的声音也要放低放缓，娓娓道来，这样教师的教育才能润物无声地进入学生的内心。

二、配合对方的观点

戴尔·卡耐基认为："我们要对他人真诚地感兴趣，聆听对方的谈话，就对方的兴趣来谈论以及鼓励他人谈论自己。"如果一个人的观点被否定，人性的本能反应就是为自己辩解，这样往往就会出现抗拒，沟通往往就会演变为相互攻击，相互否定，甚至发生争吵。如果先认同学生，然后以补充建议的方式提示学生还有其他可能，那么学生就会很容易接受教师的建议。

例如，我和一个经常上课睡觉的学生谈话，他一开始就告诉我学习是没有用的，考上大学也没有用，因为很多大学生毕业就等于失业，然后又举他表哥的例子——武汉大学毕业,一直找不到工作。对于这样的学生,如果直接否定他的观点,正面告诉他考大学有什么好处,他会很难接受,因为类似的观点他听了很多了。于是我先肯定了他的观点,赞扬他善于思考,不人云亦云,然后又问他:"你认为对一个人来说什么最重要呢?"这个学生的答案是"幸运"。然后我又说:"幸运常常青睐有准备的人,那么一个人该准备什么来迎接幸运呢?"在我的提示下,学生总结出了沟通能力、合作能力、专业能力、人脉资源、积极进取的心态、乐观的态度,等等。然后我又提示他:"准备这些能力的最好地方是哪里呢?"学生给出的答案是大学。然后我又问他:"你表哥名牌大学毕业,没有找到理想的工作,是由于上大学的原因还是其他原因?"这时学生明白了问题的根源,说他的表哥除了会学习,其他的能力都很差。我又问他:"如果你有名牌大学的文凭,会怎样?"他满脸兴奋地告诉我,如果他有名牌大学的文凭,他会如何如何成功。到这个时候,学生已经明白该怎样做了,还需要教师讲一番人生的大道理吗?

三、配合对方的情绪

良好的沟通从处理情绪开始,配合对方情绪的最好方法就是接纳对方的情绪,最不足取的就是否定对方的情绪。接纳情绪在心理学上也叫作共情。所谓共情,是指设身处地地体会对方的心理和情绪感受。它不同于同情,同情中经常会掺杂着怜悯之情,而怜悯很容易使对方感到屈辱。共情是平等的,是对对方的感同身受的理解。

下面是一些常用的接纳情绪的语言。

"看到你情绪很低落,是不是有什么事情啊?"

"我感觉你好像很不开心,可以和我谈谈吗?"

"你看起来很生气。"

"你一定很失望。"

"我知道你也不希望这样。"

"考成这样你一定很难过。"

"你当时一定非常生气。"

"你如此生气一定有你的道理,能具体说说吗?"

当学生的情绪被接纳之后,他往往会感觉自己被认可、被重视,在心理上就会放松，更愿意听老师给出的建议。

四、配合对方的动机

前文说过，每个行为背后都有一个正面动机，当学生的正面动机被认可后，他就会感到自己被接受、认可，心里就会很舒服，然后教师再给出实现正面动机的正确方式方法，就更容易取得较好的沟通效果。例如：学生作弊的正面动机是获得高分，那么引导学生用正确方式获得高分即可；学生在课堂上故意说怪话，其正面动机是获得关注，教师就可以引导学生思考用什么方式获得关注更好；学生抗拒教师，其正面动机可能是渴望被理解、被尊重，于是教师就可以引导学生思考怎样表现更容易获得教师的理解、尊重。

第九章　做一个善于回应的班主任
——在回应中给予正能量

请看下面的例子。

妻子买了一条上好的石斑鱼，特意打电话给丈夫："你离开办公室的时候，打个电话回来，我好下锅蒸，这石斑鱼，多一分钟少一分钟都不行。"

妻子的想法很好——丈夫出门，她蒸鱼，丈夫进门，正好上桌。

偏偏丈夫刚打完电话要下班，却碰上一个客户突然造访，耽误了20分钟。

"糟了！"送走客户，丈夫心想，赶紧又打了个电话回家："对不起，我临时有事，现在才能走。"

妻子一听就跳了起来："什么？你还在办公室？你不知道鱼凉了不好吃吗？你知道这条石斑鱼多少钱吗？"

丈夫没吭气，匆匆忙忙开车回家，一路想，一路急，加上晚上饿，胃疼，路上还差点撞了人。进门他没好气地说了一句："鱼凉了就凉了嘛！热热不就得了？"

妻子也没好气："你是没命吃好鱼，以后就给你吃凉的。"

结果，本应是温馨的生活画面变成了相互的指责和争吵，最后两人还差点离婚。

这样的沟通就是典型的不懂回应的沟通。如果丈夫道歉之后能理解妻子的关心，妻子的心理得到满足，她就不会生气；如果妻子能理解丈夫的辛苦，说一句"别急，鱼凉了再热一下就可以，开车小心点"，丈夫也不会发火。这样彼此温暖，互相给予能量，生活会减少多少矛盾？

沟通不能是单方面的听从，也不能是简单的反对，在沟通过程中一定要有回应，这样才能让沟通不断持续下去。一般来说，沟通的过程是按照以下层次深入下去的：打招呼、找共性、同观点、共感受，然后敞开心扉。在这个过程中，任何一个环节的互动受阻，沟通的效果都会掉转方向。所以，要想做一个善于沟通的班主任，一定要掌握一定的回应技巧。

第一节 瞄准焦点：莫让沟通偏离方向

有下面这样一个故事。

有一次，我要在客厅里钉一幅画，请邻居来帮忙。画已经在墙上扶好，正准备砸钉子，他说："这样不好，最好钉两个木块，把画挂上面。"我遵从他的意见，请他帮着去找木块。

木块很快找来了，正要钉，他说："等一等，木块有点大，最好能锯掉一点。"于是他四处去找锯子。找来锯子，还没有锯两下，"不行，这锯子太钝了，"他说，"得磨一磨。"

他把家里的锉刀拿来了，却又发现锉刀没有把柄。为了给锉刀安把柄，他又去校园边上的一个灌木丛里寻找小树。想砍下小树，他又发现我那把生满老锈的斧头实在是不能用。他又找来磨刀石，可为了固定住磨刀石，必须得制作几根固定磨刀石的木条。为此他又到校外去找一位木匠，说木匠家有现成的。然而，这一走，就再也没见他回来。当然了，那幅画，最终还是我一边一个钉子把它钉在了墙上。下午再见到他的时候，是在街上，他正在帮木匠从五金商店里往外抬一台笨重的电锯。

我们很多班主任在和学生沟通的时候，往往不清楚为什么沟通，焦点不明确，就容易在沟通的过程中受学生的影响，如果遇到能言善辩的学生，还经常被学生的思维牵引，造成沟通的被动。

一、要时刻记住自己沟通的目的是什么

班主任在和学生、家长、同事等沟通时要明确沟通的目的是什么，绝对不能为了沟通而沟通，因为这会降低你的沟通效率，甚至会让事情往相反的方向走。

还有一些班主任在和学生谈话的时候，不知道自己到底想要达成什么结果，只是想批评学生、发泄情绪，和家长沟通时又只是一味地抱怨学生，把家校沟通变成了投诉。这样的沟通模式都是沟通目的不明确的。还有一些班主任在和学生沟通的时候很容易跑题，把沟通变成了无意义的闲聊，这样的沟通模式也需要警惕。

有一次我和高二的一个学生谈如何提高他的英语成绩，这个学生说他本来英语成绩很好的，是高一的时候某某老师教得太差，造成他的成绩严重下滑，为了证明他的评价是正确的，他还列举了班里很多学生的看法作为证据。

很多班主任都有类似的看法：如果教师定力不足，目标不明确，很可能会跟着学生的思路走。如果站在科任教师的角度，维护其尊严，班主任很可能会这样说："你自己不学习，还埋怨老师教得不好，同样是某某老师教的，其他学生的英语成绩怎么那么好？"我们不评价学生、教师的观点对错，单纯从沟通效果来看，如果班主任这样和学生交流，瞬间就会使学生把对英语老师的不满投射到班主任身上，学生会感觉班主任和英语老师互相袒护，师生之间就会形成沟通的障碍。

如果班主任照顾学生的情绪，站在学生的立场上说某某老师不好，这样就完全被学生的思路牵引，不但会恶化师生矛盾，还可能会造成教师之间的直接矛盾，使得班主任在教师群体里被孤立。

在上述事例中，我是这样处理的：面对学生跳开话题思路，我时刻围绕沟通的目的，化解学生的挑战，迂回曲折，回到沟通的目标上。我说："我尊重你学习的感受，但如果我去问英语老师你的成绩为什么会下滑，他也一定会找到你的很多问题，你说对吗？"面对我的反问，学生表示认同。我继续说："现在那个英语老师已经不教你英语了，你还用他的行为来影响自己的学习，你认为恰当吗？我今天来是和你谈如何提高你的英语成绩的，不是来评价老师的教学的。从现在开始，我们认真思考如何提高英语成绩，不再谈论高一英语老师的教学，好吗？"

为了让沟通更有效，在沟通之前可以思考以下问题。

（1）你沟通的目的是什么？

（2）为什么这个目标如此重要？

（3）这个目标是否符合"三赢原则"？

（4）达成目标的关键是什么？

（5）在沟通中，你如何定位自己的角色？

二、班主任要有教育的长远目标

教学生一年，要考虑学生的一生。教育中的沟通不同于其他行业中的沟通，比如，商务谈判以达成合作为目的，相对更强调短期效应，而教育既要考虑眼前的教育效果，又要考虑学生成长的终极目标。其实教育有时候需要防微杜渐，有时候需要大事化小。小事情不能轻易放过，大的错误有时候却能成为学生浪子回头的最佳契机。

那么我们再来思考：在这种情况下，采用什么样的方法才能促进学生在错误中成长呢？这也许是更多教师需要思考的一个问题。

因此，当我们在处理学生问题的时候，首先要思考：我的焦点目标是什么？教育的终极目标指向何处？

教育的"终极目标"，简单地说就是"育人"。育什么样的人、怎样育人，是不同教育派别的分水岭：有的说"教育的终极目标是培养独立、自律的学习者"，有的说"教育说到底，是自我教育"，有的说是"传道、授业、解惑"，苏霍姆林斯基说"教育的终极目标应该是向人传送生命的气息"，印度诗人泰戈尔则说教育是要"培养学生面对一丛野菊花怦然心动的情怀"。

法国教育家卢梭有一个著名论点：教育即生长。杜威进而阐释道：这意味着生长本身是目的，在生长的前头并没有另外的目的，比如将来适应社会、做出成就之类。此言精辟地道出了教育的本质。按照这个观点，教育应使每个人的天性和与生俱来的能力得到健康生长，而不是去强迫青少年接受外来的东西。比如说，智育是发展好奇心和独立思考的能力，而不是灌输知识；德育是鼓励崇高的精神追求，而不是灌输规范。教育应使受教育者在上学阶段就感受到学习是幸福而有意义的，并以此为其幸福而有意义的一生创造良好的基础。一言以蔽之，教育的终极目标就是使人幸福。

学校教育的整体目标，在《中国教育改革和发展纲要》（1993）中表述为："面向全体学生，全面提高学生的思想道德、文化科学、劳动技能和身体心理素质，促进学生生动活泼地发展。"这个目标在《基础教育课程改革纲要（试行）》（2001）中具体阐述为："新课程的培养目标应体现时代要求。要使学生具有爱国主义、集体主义精神，热爱社会主义，继承和发扬中华民族的优秀传统和革命传统；具有社会主义民主法制意识，遵守国家法律和社会公德；逐步形成正确的世界观、人生观、价值观；具有社会责任感，努力为人民服务；具有初步的创新精神、实践能力、科学和人文素养以及环境意识；具有适应终身学习的基础知识、基本技能和方法；具有健壮的体魄和良好的心理素质，养成健康的审美情趣和生活方式，成为有理想、有道德、有文化、有纪律的一代新人。"

著名教育专家李镇西说："素质教育的精髓是什么？那就是学会做人，学会学习。"因此，我们的教育要坚持"立德树人"，有利于学生成长的教育，就是好的教育。

第二节　说清楚不等于听明白：确保信息传达通畅

很多人都做过传话的游戏，最初的信息传递到最后一个人的时候，基本上已经面目全非了。有研究表明，一个信息从最初发布，经过四个环节的过滤，最终仅剩下20%。这就告诉我们，在沟通的时候，一定要确保信息传达通畅，不要以为班主任把事情讲清楚了，学生就会理所当然地听明白。

在沟通的时候，很多时候说话人想要表达的一些信息停留在自己的意识里而没有说出来，说话人以为对方应该知道，由此造成了沟通的误会。在我们的生活当中，是不是经常出现"我以为你知道""你应该知道"等语言？这样的语言不但无法消除误会，反而会增加矛盾，因为这样的语言里有把责任推给对方的意思，一般情况下对方的回应往往是"我怎么会知道"这样的话，于是误会就变成了争执。

语言是人际交往最重要的工具，但是，我们在人际交往的过程中经常出现这样的情况：你认为已经听明白了对方的讲话，然而实际上，你也许没有听完全，也许没有听清楚，或者只听明白了一半，或者干脆对对方的讲话产生了误解。你如果知道自己没有听明白，可以再询问一遍，但是问题在于，很多人也许认为自己已经听明白了，但实际上根本没有听明白，甚至已经产生了误解，自己被自己蒙在鼓里，不知以为知，如此一来，产生人际矛盾就在所难免了。

曹操与陈宫在曹操父亲的朋友吕伯奢家里避难时，突然听到吕伯奢家人说：

"缚而杀之,何如?"曹操听罢误认为是要把他和陈宫"缚而杀之",与陈宫一起匆忙拔剑杀了吕伯奢全家,然后才发现院子里躺着一头猪。实际上,吕伯奢家人说"缚而杀之",是指要把猪绑起来杀掉,招待曹操和陈宫。很显然,曹操和陈宫没有听错话,却理解错了。

地图不等于疆域,每个人都有一份自己的心灵地图,但是别人不一定了解。如前文所述,大脑接收信息的时候又有"删减、扭曲、一般化"的过程,所以常常会造成很多误会。吕伯奢说"缚而杀之,何如",省略了杀的对象,而曹操根据自己的情况进行了扭曲,所以造成了惨案。

让我们再想一想,在我们以往的生活里面,也曾经发生过让我们感到后悔、遗憾或内疚的事情。我们也常常在知道事情的真相之后,才来说一句"我原本以为",或者会说"早知道是这样的话,我就不会那样做了"。我们为何会在事后感到后悔?是的,你现在应该知道原因了——就是因为我们过于相信当时自己所看到和听到的东西了。而有一些人,我们以前总也不明白,为什么他们渐渐地离我们越来越远了呢?有些误会和伤害,我们或许没有机会再来弥补了。而这一切都表明,在沟通中,确保信息传达通畅是多么重要。

信息表述要完整准确。要尽量把自己要说的信息进行完整表述,不要想当然地认为学生或家长或二者同时都会知道,如果怕重复,可以用发问的方式,例如:"我不知道你是否知道……"这样既可以避免重复,又可以确认自己是否已表达完整。

要向学生拿回应。班主任向学生讲完事情后,可以追问一下:听明白了吗?甚至可以让学生重复一下老师讲的重点,用学生的回应来验证信息是否得到了有效传递。在面向全体学生布置任务时,我经常会让最后一排的学生来回应,这样就能确保所有学生都准确地接收信息。

要记得确认对方的意思。如果是学生、家长、同事等向我们反映情况,我们听完后,可以简单重复一下对方意思的要点,以确保自己收到的信息是准确的,例如:"你的意思是……"这就是对对方表达的一种回应和确认,可以避免以后产生误会。

第三节　表述事实：莫让判断阻隔沟通

孔子周游列国的时候，受困于陈国和蔡国一带，连菜羹也喝不上，七天都没有吃到一粒米，饿得大白天躺在床上撑着。他让颜回向老百姓讨米，颜回还真把米讨到了，回来后马上生火煮饭。饭快要熟时，孔子无意中看见颜回用手抓锅里的饭吃。饭熟了，颜回叫孔子吃饭，孔子假装没看见颜回抓饭吃，起身说："刚才我梦见了先人，我自己先把干净的饭吃了，然后才给他们吃。"颜回听出孔子的话弦外有音，赶忙解释道："不是那样的，刚才是灰屑落进了锅里，可是把受污染的饭丢掉实在可惜，所以我就抓起来吃了。"孔子叹息道："都说眼见为实，但是有时候，眼见的也不一定可信……"

孔子和颜回的故事告诉我们，即使像孔子这样有智慧的人也逃脱不了眼睛带来的欺骗，所以很多时候我们看到的往往是事物的表象而非本质，也就是说，美丽的不一定真美丽，丑陋的也不一定真丑陋。例如，有一位先生，一天他下班回来，远远地看见他的老婆正跟一个高而帅的男人站在墙角唧唧咕咕，末了，那个男人还递给他老婆一沓钞票，而他的老婆也笑眯眯地接收了。他顿起疑心，以为老婆红杏出墙，不由得怒火中烧，冲上去一拳就打向了那个男人。后来他才知道，"高而帅"的男人是他老婆的同事，老婆的单位破产了，人家是顺路给他老婆捎拖欠的工资的。

那么，怎么解决"眼见不为实"的问题呢？

（1）我们要学会"录像机沟通法"。所谓录像机沟通法，就是只描述自己看到的、听到的，而不预先做出主观判断，更不要把自己的主观判断当作正确的认知说出来。例如，看到某个同学的座位旁有垃圾，班主任只需要描述事实说：我看到你的座位旁有一些垃圾。如果垃圾是该生丢的，他自然会反省，如果不是他丢的，他可能会做出解释，这样就不会轻易地误解学生。如果轻易地用判断和评价语言进行沟通，说"你怎么随便丢垃圾，真是不注意公共卫生"，就可能造成师生沟通的障碍，甚至会伤害师生关系。

（2）可以描述自己的感受。看到学生有违纪行为，班主任不要随便发火，如果自己心里真的不舒服，可以直接描述自己的感受，引发学生的思考和内疚感。例如，看到学生的学习态度不好，不要用"你真的很懒"等评价性语言，可以这样描述自己的感受："老师认为你是一个很有前途的学生，每当老师看到你学习懈怠的时候，都感觉很可惜，为你感到难过。"这样，学生感受到的是老师的认可和重视，而不是指责。

（3）可以适当给予建议，或者启发学生该如何做。以启发为主，以建议为辅，最好是把教师的建议通过启发让学生说出来。给建议的时候，往往以前面两步为基础，形成这样的一套语言模式：事实＋自己的感受＋适当的建议。

例如，课堂上一个学生回答问题，另一个学生故意捣乱，动作很明显，于是我会这样告诉全班同学："看见有同学在我的课堂上做一些小动作，我感觉很难受。也许你们两个很熟悉了，只是开玩笑，但是这样的动作在我看来就是对我的不尊重。我在课堂上讲课，你在下面做小动作，如果有领导在后面听课，看到有同学做出这样的行为，领导一定会认为我掌控课堂的能力很差，或者认为我不负责任。如果得到这样的评价，我一定不开心。我知道你也不是故意的，但因为时间、场合不同，你的玩笑可能会产生不好的结果。请大家以后在课堂上多关注课程本身，积极参与，认真听课，好吗？"

第四节　回应与建议：给予正能量的评价

沟通是相互的交流，师生在交流的过程中难免要对对方的信息做出回应。如何做出恰当回应，并引导学生做出合理的选择，是班主任在师生沟通中非常需要注意的环节。

所谓的回应，就是针对对方已做得很好的行为或态度，强化其卓越的表现。

所谓的建议，就是针对对方可以在将来改进的行为及态度，提醒对方，使其有改进的机会及选择，并明确方向是什么。

良好的回应及建议，要用词正面，有建设性，支持及强化对方做得好的行为，由简单到具体，由具体至一般化（即由行为扩大至个人特质），必须实时或及时做出，无论是用词、语调或身体语言都需一致。只给予建议而不做出回应会破坏亲和感。先给予回应，然后再做出建议，这样可以让对方感到被尊重、被接纳，产生感同身受的效果。把次序颠倒会令对方反感进而破坏关系。

要先肯定后建议，先从对方的言行当中找到值得肯定的地方，并明确告诉对方，对方就会感觉被认可，然后再给出合理的建议，这样对方才更愿意接受。任何行为背后都包含正面动机和正面能力，不要说找不到对方的优点。建议一定是针对对方的言行的，而不是针对其为人的，换句话说就是"对事不对人"。

例如，教师看到学生下面的数学作业：

$1+2=3$

$4+5=9$

$2+3=6$

$3+4=8$

$4+2=6$

如果教师忽视学生做对了三题，而直接批评他做错了两题，甚至说"如此简单的题都做错""讲了多少次了，还是做错"，等等，那么学生就会感觉自己在学习数学上是有障碍的，在潜意识里认为学习数学是痛苦的。这样的回应往往是负能量的，无论教师的出发点多么好，其教育效果往往都非常糟糕。

给予正能量的评价应该是这样的："哇！你做对了三题，真是有数学天赋。以你的天赋，老师相信你一定会把做错的两道题改正过来。"

被教师如此肯定的学生，一定会认真地改正自己的作业，并且会改对。这个时候，教师可以继续给予正能量评价："你果真有数学天赋，一下子就改对了，老师为你骄傲！"

受到教师如此评价，学生在潜意识里就会感觉自己真的具有学习数学的天赋，而且做数学作业会给自己带来被认可、被肯定的满足感，于是他就会喜欢学习数学。

为了保证教师的回应评价富有正能量，请在说出每一句话、做出每一个行为之前先问一问自己："这样说/做使孩子增加了力量还是减少了力量？"

学生这次考试得了80分，你会怎样说？下面列举可能出现的四种语言模式，我们来比较一下。

A. 你这段时间怎么了？心神不定！才考80分！

B. 这样不行啊，这样就考不上重点中学了。

C. 孩子，我们一起来看看这次考试错在哪里。

D. 根据你平时的表现，我相信你的能力远不止 80 分。来，我们谈谈下次怎么才能使你发挥得更好。

大家比较一下，哪种回应的语言效果会更好呢？当然是最后一种，因为这样的语言模式就是先肯定能力，再引导学生思考如何做得更好。被肯定、被支持、被信任的感觉会给学生无限的能量，使学生更容易接受教师的教导。

第五节　先跟后带，让沟通更轻松

所谓先跟后带，就是在与对方沟通的时候，先接受对方的观点，再通过发问或其他说服方法引导对方，找出矛盾的焦点或彼此的误解点，从而达到化解矛盾的目的。这个方法能让自己站在一个中立的立场，建立与对方的亲和感，取得对方的信任，打开对方的心扉，了解到事实真相。

"先跟后带"其实是"上推、下切、平行"的组合运用，是一个固定的模式，其程序为"上推"—"平行"—"下切"，其要点是：在"上推"时，重复对方的话、肯定对方的正面动机，让对方感受到被尊重、重视，在"平行"的时候，要提出让对方一定回答"是啊""对啊""是的"的问题，然后，通过"下切"的方法，将对方带到你想要他去的方向。

先跟后带是 NLP 教练技术中用得最多的技巧，几乎贯穿全过程，是一个非常重要的技术，也是 NLP 系列学问基础中的基础。所谓"先跟"，就是建立亲和感，去肯定和配合对方的信念、价值观，然后就可以运用当事人自己的感知模式去引导当事人了。

我们先来看看一个经典的"先跟后带"的案例。《吕氏春秋·顺说》记录了一则故事，这是一个几千年前中国古代的经典教练案例，在这一案例中，惠盎把 NLP 中的先跟后带技巧用得出神入化，就连脾气暴躁的宋康王也不禁叹曰："很善辩啊！客人用言论说服了我！"我们来看看惠盎是如何说服脾气暴躁的宋康王的。

在春秋战国时期，宋国是一个小国。到宋康王时期，由于宋康王是个脾气暴躁、昏庸无能而又好战的君主，所以搞得整个宋国民不聊生、国力衰弱。众大臣曾劝说宋康王不要到处开战，要先搞好自己的国家，增强国力，可是都遭到宋康王的拒绝，因为宋康王是一个最不喜欢孔孟之道的国君。

有一个叫惠盎的人想改变这种情况，冒着生命危险谒见宋康王。宋康王一边跺脚一边咳嗽，急促地说道："我所喜欢的是勇敢有力的人，不喜欢行仁义的人。客人有何见教？"惠盎回答说："我这里有一种法术，能使人虽然勇敢，但是他的剑戟却刺不进您的身体，虽然有力，却击不中您。大王您难道无意于这种法术吗？"宋康王说："好！这是我想要听的。"惠盎说："剑戟虽然刺不进您的身体，击打也不能命中您的身体，但您还是受到了侮辱。我这里有一种法术，能使人虽然勇敢却不敢刺您，虽然有力却不敢击打您，大王您难道无意于这种法术吗？"宋康王说："好！这是我想要知道的。"惠盎说："那些人虽然不敢刺您，不敢击打您，但并不是没有刺您、击打您的想法啊。我这里有一种法术，能使人根本就没有刺您、击打您的想法，大王您难道无意于这种法术吗？"宋康王说："好！这是我所希望的。"惠盎说："那些人虽然没有刺您、击打您的想法，但也没有爱您、利您的心。我这里有一种法术，能使天下的男男女女无不愉快地爱您、利您，这就胜过了勇敢有力，在四种法术中居于首位。大王您难道无意于这种法术吗？"宋康王说："这是我想要得到的。"惠盎回答说："这就是孔丘、墨翟的品德呀！孔丘、墨翟没有领土，却能像当君主一样得到尊荣；没有官职，却能像当官长一样受到尊敬。天下的男男女女没有谁不伸长脖子、抬起脚跟盼望他们，希望他们平安顺利。现在大王您是拥有万辆兵车的大国君主，如果真有这样的志向，那么四境之内就都能得到您的好处，您就能远远胜过孔丘、墨翟了。"宋康王听了无话可答。惠盎快步走了出去。宋康王对左右的人说："很善辩啊！客人用言论说服了我！"

宋康王是个庸俗的君主，而他的心尚可以说服，这是惠盎因宋王之所好而加以引导的结果。在 NLP 教练技术中，这种方法就被称为"先跟后带"。使用这种方法，就能因势利导，那么贫贱就可以胜富贵、弱小就可以制强大了。

"先跟后带"方法的关键点就是要找准"跟"（肯定对方）的点。这可以从五个方面来寻找。

一、肯定对方说过的话

从对方说过的话中，找出可以接受的部分，加以肯定。所谓"话不投机半句多"，如果两个人的谈话没有交集，相信也不会有什么结果。

二、肯定对方的情绪

这也是同理心的一种表现，即先融入对方的情境中，感受对方的情绪，并让对方知道，从而拉近彼此的距离。能够感知对方的情绪，既是一种态度——专注、投入、重视，也是一种能力——能够正确感知。例如，对方被人误会了，你可以说："这时，您一定觉得很委屈吧？"这就让对方觉得自己被人理解了。

三、肯定对方的动机

我们说话、做事，都源于动机。有些人虽然说话不中听，但可能是好意。也有些人很努力地去做事，效果却不尽如人意，这时，我们的肯定就如雨后的彩虹，会让对方的心情豁然开朗。在NLP中有这样一条前提假设："信念和动机总没有错，只是行为没有效果。"在这里，我们去肯定的，是对方的正面动机，而不是其行为本身。

四、从对方的角度去肯定

同样一件事、一句话，站在不同的角度，就会有不同的理解，很多误会就是由此而生。角度互换，对于正确理解对方的话语具有重要的作用。NLP理论认为，"地图不等于疆域"，每个人看到的世界都是不同的，并且往往都认为自己看到的是真实的。曾仕强说："你总是有道理的，不过往往是部分有道理。"因此，我们可以先站在对方的角度上看问题，认同对方的部分合理之处。

举例：你是说，他当着众人的面指责你，让你觉得很没面子？

五、承认总有新的或未曾想过的可能

在这个世界上，唯一不变的就是"变"，所以广告词"一切皆有可能"才会如此深入人心。每个人说话做事，都要先经过大脑的思考，不管是有意识的，还是无意识的，大都有自己的定式思维。我特别喜欢跟大家交流，因为不同的人有不同的经验、阅历和知识体系，这样的碰撞会拓展我们的视野，让我们的思路更开阔。因此，我的格言是：每个人都是一本书，只要翻开，就会有收获。

举例：你的这个想法挺有创意的，我倒没有往这方面想过。

再举一个例子：物理老师在讲能量守恒定律，就举例说这就如同打牌，赢的钱和输的钱相等。一男生插话说："那台子钱呢？"

对该生的插话最好不要直接批评，因为在某种程度上他说的有一定的道理，直接批评只会让他坚持己见，导致师生对立，伤害师生之间的感情。教师可以先肯定该生的思维，表扬他思维敏捷，考虑问题周全，然后告诉他台子钱也是收入和支出等同的，钱的总量并没有少，只是流通的渠道增多而已，能量的变化渠道也是这样的（可以结合物理的专业知识来讲解，这个学生的挑战给教师提供了深入浅出讲解的机会），然后再进一步鼓励学生充分运用自己敏捷而周全的思维，相信他一定能成为一个物理高手，这样就把学生的"问题"行为变成了教育的引导行为。

第十章　做一个关注效果的班主任
——沟通的意义在于对方的回应

很多教师以为和学生进行语言对话就是沟通，这是对沟通的误解。很多时候，教师和学生的对话只是单方面的，教师试图用自己的想法、观念来改变学生，或者是单方面灌输自己的意念，而忽视了学生当下的理解状态；还有一种情况是对行为、事件的解释，这样的对话交流也不是有效沟通，甚至是越解释问题越复杂。

第一节　沟通的三个层次

为了真正理解何为有效沟通，我们先结合一个案例来了解一下沟通的几个层次。

当班主任与科任老师发生碰撞

镇江市江滨中学　张建美

自从我班换了英语老师后，英语课的纪律一直不太好，我也一直感到奇怪。我班其他课的纪律都较好，为什么英语课的纪律这么成问题呢？难道仅仅是因为我班是普通班，学生的英语基础很差，在英语课上听不懂就忍不住偷偷摸摸地讲话？但是前任英语老师的课堂纪律管理得好好的，从来不用我费神。经过多次巡视，我发现，很多学生根本不是在偷偷摸摸地讲话，而是光明正大地讲话，当他们看到我时教室里便瞬间安静下来。我为此批评过学生，惩罚过他们，也和他们讲过道理，他们也表示保证遵守纪律，可是我一去就安静、我一走就嘈杂的状况依然如故。我不由得有些埋怨英语老师，好歹她也一小把年纪了，班主任也当过很多次了，在我坚决地做她的后盾的情况下，为什么课堂纪律还是管理不好呢？

这不，英语早读课已经上了十分钟了，我在教室隔壁的办公室里听到杂乱的声音此起彼伏，而我所希望的读书声却迟迟没有听到。我终于坐不住了，起身走到教室，这才发现全班绝大多数学生正在边闲聊、边看笑话似的"欣赏"着英语老师当众批评两名站在讲台前的同学。稍听了一会儿，我就知道原来是这两名学生又没做英语家庭作业。英语老师的语言有些冲，有些不管不顾的样子。皱了下眉，我走到英语老师身边，委婉地轻声对英语老师说："于老师，这两名学生课后再处理吧，下面这么多学生在等着呢。"没想到我自以为委婉的话说了之后，英语老师发飙了："这两名学生总是不做作业，我不应该及时处理吗？课后我没时间再来处理！"我有点不舒服了，声音冷硬下来："可是这样侵犯了其他绝大多数学生的权利，浪费了他们的时间。"我的话更刺激了英语老师，她以更冷的声音说道："我的课堂我做主，我有权力决定怎么做，不用你来说！"我也有些怒气上涌了，撂下一句话走出了教室："班主任有义务协调师生之间的这种状况！"坐在办公室里良久，我心里很不是滋味。

早读课结束，英语老师捧着作业本走进我的办公室，来找我谈话。她在几次要求我听她讲完的情况下，花了很长时间阐述她的观点，即她的课堂她做主，我无权干涉她的课堂！在她阐述完毕、我发表自己与她大相径庭的观点时，她又忍不住接连反驳我的话。我觉得很无味，伸手做了个请离开的姿势，请她离去，说我们两人的观点完全不合，没必要谈下去。她气冲冲地再次重申了"她的课堂她做主"的观点，又要求我做好班主任的工作，把班带好，少对她指手画脚。我则说："行，有本事你把课堂管好不用我费神就行！"两人不欢而散，自此开始冷脸相对，互不言语。

【反思】

这件事过去好几天了，我现在仍时不时地想起。这件事我处理得很不好，而在某种程度上我有些欣赏我班英语老师的做法，她是那种直面问题的人，并在开始时想通过找我谈话、表明态度来化解我们两人之间出现的对立，只是可能由于她心中的情绪尚未平息，语气不免冷淡僵硬，未能真正起到缓和的作用而已。与之对比，我的表现显得有些失当，与英语老师的观点不合就不愿再交流争执下去，请她走开则更是让人气上加气，反而进一步加剧了对立。

时间一天天过去，我的心情也一天天平静下来。冷静下来的我开始思考以下几个问题。

首先，班主任是否有权力干涉其他教师的课堂？从理论上来讲，似乎是可以的，学校规定课堂中断两分钟以上时，班主任有义务出面处理。规定归规定，但是从人之常情上来看，如果在我的课堂上有班主任突然走进去，哪怕是提出合理的建议，我当时可能也会心里不太舒服。"己所不欲，勿施于人。"走进班级科任老师的课堂前我确实应该三思而后行。其实对于这件事，我完全可以等到下课后单独而不是当着学生的面提出我的看法，那样英语老师对我的提议可能会欣然接受而非决然排斥。

其次，如果是另外一个科任老师，我是否会这么轻易地走进他（她）的课堂呢？回答是否定的。我当了好些年班主任了，这还是我第一次这么直接地去干涉课堂，以前最多不过是从后门悄无声息地进去敲一下不听课的或正在睡觉的学生而已。而让我这么轻易地走进我班英语课堂的原因，应该是我对英语老师日积月累所形成的不信任感。由于她一贯地管不好课堂纪律，一贯地迟到，一贯地容易和学生产生冲突，久而久之我就产生了这样的观点，即英语老师处理问题的方法总是错误的，而我处理问题的方法、态度似乎就比英语老师好。这种对英语老师的成见是促使我走进英语课堂而从未走进其他老师课堂的最主要的原因，这也就造成了在英语老师来和我谈看法时，我自以为是地、想当然地否定她的想法和看法。我先入为主的想法，我内心里对英语老师的否定成为我和英语老师起冲突的根源。

最后，如果为了尽快地让课堂恢复正常秩序，在我非要进入课堂不可的情况下，我能否换种方法、换种说法以达到目的呢？仔细一想，这完全是可以的，能够代替我那自以为婉转的，并且不伤害他人微妙的自尊心的做法有很多。比如，我可以这样讲："于老师，把这两个学生交给我来处理吧，不能让他们干扰你正常上课。"我还可以直接批评那两个学生，指责他们因自己的不是而耽误了班上同学宝贵的中考复习时间，这既能对其他学生起到教育作用，也能提醒英语老师必须抓紧时间。哎，我怎么偏偏选择了一个差劲的问题解决方法呢？看来我确实是有些自以为是。

另外，当班主任和科任老师产生冲突时，班主任应该怎么做？班主任与科任老师，是同一条战壕里的战友，在日常教育工作中要相互配合，这样，大家才能心情舒畅地参与日常的班级工作。而且，我和英语老师并不是为我们的私利在争执，我们的出发点都是为了学生，我们都想让我班的英语成绩更好些。万事抱着求同存异的态度，还有什么矛盾不可化解呢？现在在我班的这条战壕里出现了情绪的对立，这确是我这个班主任的错。所以，我不能再逃避错误，否则将使我班学生无所适从，将直接导致我班英语成绩进一步下滑，这是我和英语老师都不愿看到的结果，这也是对学生不负责任。我应该主动去找英语老师说声对不起。一声道歉，并不会让我丧失自尊，相反可能会赢得尊敬。

最后，到底谁有权在课堂上做主？我认为我们无须去争论谁有权做主，我们只需要考虑怎样做才对学生最有益就行，我班英语老师正是忽视了学生的重要性而出现了教学过程中的错误，而我也正是因为忽视了自己与科任老师不合将给学生带来不良影响而犯了错。

班主任虽然是一个班级的管家，但不可能管得全。班主任教一门学科，和科任老师一起支撑着一个班级的学科教学任务。一枝独秀不是春，万紫千红才能春满园。我将努力与科任老师处好关系，理解他们，信任他们，尊重他们，与他们一起努力，共创今年中考的辉煌！

（摘自《班主任之友》杂志，有删减）

一、关于"发生了什么"的对话

这是最表层的沟通，沟通双方往往是针对行为或事件的表现进行交流。前文我们讲过，事实不等于真相，每个人对行为或事件的理解往往都加入了自己的主观认识。因此，绝大多数高难度谈话往往都伴随着不和与争议，而分歧的焦点无非是发生了什么事情，或是什么事情应当发生，等等。谁说了什么？谁又做了什么？谁是对的？谁想怎样？而谁又应当承担责任？这个层面的沟通在潜意识里隐含的一个信息是：我是正确的，错的是你。这是因为，大家所认为的事实真相实际上是经过自己的思维加工形成的对事实真相的假设，而当我们理直气壮地说出自己的观点并为此而争辩的时候，我们往往不会证实这一假设的真实性。案例中的两位教师都是站在自己的立场上对行为和事实做出自己的评判，班主任认为"可是这样侵犯了其他绝大多数学生的权利，浪费了他们的时间"是有道理的，但英语老师认为"我的课堂我做主，我有权力决定怎么做，不用你来说"，这样的对话模式就是典型的浅层对话。因此，这个层面的对话往往会陷入"公说公有理，婆说婆有理"的怪圈，由辩解升级为争吵。看看两个教师的交流过程，这哪里是沟通，分明是不断地升级矛盾！遗憾的是，类似的沟通模式大量存在于我们的教育和生活中，这需要每一个教师深入思考。

造成越沟通矛盾越升级的一个主因就是我们的大脑会主动"创造意图"，我们往往会对对方说了什么产生意图猜想并认为这个猜想是对的。我们总是想当然地认为自己很清楚对方的意图，可是事实却并非如此。更糟糕的是，当我们不确定对方有何意图时，我们往往会武断地将其归为意图不良的范畴。所谓的对方的意图不过是我们自己编造出来的假设，我们自己才是这一意图的缔造者。我们可以思考一下、回忆一下，自己曾经的沟通有没有这种现象。

例如，对于案例中英语老师和学生交流的情景，班主任主观认为英语老师这样做是不对的，自己需要发挥班主任的协调作用；英语老师就认为班主任的委婉提醒是干涉自己的教育自由，是对自己的不尊重。

那么，出现这种情况的时候该如何化解呢？方法很多，常用的一个就是明确询问对方的意图。

沟通要坦诚，当我们可能产生误解的时候，不如直接询问，这样远远好于自己乱猜，猜测会激化矛盾。出现了问题，人们总喜欢猜疑，甚至以一种高高在上的姿态去挑剔别人，但事实往往和自己所想的正好相反。人一旦迷信了自己的主观判断，就总是努力找出相关的事实来论证自己的判断，这个时候最容易做出错误的决定并且固执于自己的决定。因此，在没有准确明白对方的意思之前，我们不要仅凭猜测而做出判断，可以询问对方真正的意思是什么，以避免发生误会。在这里可以插一句：说话人的神态和肢体语言，包括说话的音调等，都会比语言的内容更真实。例如案例中，班主任说是委婉提醒，但之前明显有一个皱眉的动作，说的内容和身体语言严重冲突，对方更容易受身体语言的影响，所以，英语老师是无法感受到班主任的善意和友好的，所谓的委婉也就只是一种顾及情面的表面文章。

二、情绪对话

高难度对话其实并不仅仅与发生了什么有关，它们还不可避免地会涉及我们的情绪。当我们任由自己被情绪控制的时候，理智就失去了阵地，于是往往会口不择言，甚至做出一些不理智的行为。在高强度情绪下，沟通效果是很差的，甚至是负面的。案例中的两个教师从争辩到争吵，再到不欢而散、冷脸相对，整个过程中双方都是被情绪控制着。

可是，人是情绪的动物，平常人不可能做到像世外高僧一样平静如水。所以，我们关注的重点并不在于我们是否会产生强烈的情绪，而在于当情绪产生时我们应当如何对待它。当强烈的情绪产生时，一般人会选择尽量控制情绪，让自己保持理性。这一建议看似理智，实则不然，因为情绪对话本身就是沟通的一部分。

过于控制情绪会让自己很受伤，长期积压情绪对自己不利。控制情绪并不代表情绪不存在，它还会在潜意识里形成影响。那么，该如何处理情绪才恰当呢？我不支持压制情绪。情绪与情绪化，这是两个截然不同的概念。情绪化是一个人被情绪控制了的行为表现，我们需要控制的是情绪化，而不是情绪。因此，当我们感觉受到了伤害的时候，可以直接表达自己的情绪，而不是情绪化地开展自己的对话。对自己的情绪描述得越具体越好，这样既抒发了自己的情绪，也会得到对方的理解。

方法：我们可以直接描述我们的情绪，让对方感知到他们的言行使我们受到了伤害。这样既表达了自己的情绪，也有利于让对方理解自己，有助于沟通。看到学生让人生气的行为时，我一般都是毫不掩饰地向学生描述我的情绪。等我描述完之后，学生往往会自己改正，而不再需要我讲太多的道理。我说得越具体，学生感受越深，效果越好。

如果看到对方在情绪状态下，要先接纳对方的情绪，然后再针对问题进行交流。班主任可以这样对英语老师说："对不起，我们班的学生又惹你生气了。你先照顾一下班级，把这两个学生交给我处理。有什么问题，我们找个时间好好交流，毕竟都是为了学生好。"

当一个人的情绪被接纳认可后，情绪就会慢慢退去，理性就会回归，处理问题就会智慧高效。

三、自我认知对话

在这三层对话中，自我认知对话可能是最敏感也最难以应付的一种"对话"了。同时，它也为我们提供了一个管理自己的情绪、提高自己处理之前两层对话的能力的机会。自我对话就是指我对自己说了些什么关于我自己的话。例如，案例中两个教师的争吵中存在这样的自我对话：班主任不尊重我科任教师的地位和权利，我要维护我的尊严；科任教师不支持我这个班主任的工作，甚至看不起班主任，这样会影响班级成绩、影响大家对我的评价等。

自我认知对话是最深层次的对话，很多时候自己都意识不到，不良的自我对话往往会让自己感到很受伤害。一个人内心深处一旦有了这样的对话，情绪就会激化，就会不断地强调自己行为的合理性，沟通就会越来越难。争辩只会让我们远离对方，而无法拉近我们与对方之间的心理距离。缺乏谅解的争辩毫无说服力，并且争辩会制约改变的发生。

自我认知对话产生的根本原因就是自我认可度不够，或者自信心缺乏。所以，我们要经常对自己的这种内在对话进行觉察，然后提升自己的实力，找回自信，这样，很多问题就可能得到自我解决。

这样，我们认清了沟通中存在的三个层面，在教育沟通中要有意识地进行自我觉察，看看在哪个层面上出现了理解偏差，这样就能不断提升班主任的沟通水平。下面是我针对该案例写的评论（已经发表于《班主任之友》杂志），供大家参考。

莫让成见遮望眼

李进成

案例中矛盾的焦点好像是一次对违纪学生处理的方法差异，其实根本的问题应该是日常情绪累积的集中爆发，该事件只不过是点燃双方不良情绪的导火索而已。这种不良情绪使彼此形成了一份"成见"，这份成见又左右了对对方行为的判断。

张老师对英语老师最大的成见就是"缺乏能力"。班级纪律差不是因为班级属普通班、学生英语基础很差，因为前任英语老师的课堂纪律管理得好好的，从不用"我"烦神，所以是现任英语老师能力差导致的。"经过多次巡视，我发现，很多学生根本不是在偷偷摸摸地讲话，而是光明正大地讲话"，这说明英语老师缺乏责任心，所以"我不由得有些埋怨英语老师，好歹她也一小把年纪了，班主任也当过很多次了，在我坚决地做她的后盾的情况下，为什么课堂纪律还是管理不好呢？"于是这份成见就在内心深处不断生长，等待它爆发的那一天。

成见的感觉是会传递的，英语老师肯定也会感觉出班主任对她的不满意，于是双方的误会、不满情绪也就会越来越多。

造成双方出现误会、产生成见的一个重要因素就是双方的价值观不同，这个不同就会使双方对事物的认知产生差距。价值观是沟通的最大障碍之一，当价值观不一样的时候，很多人就会犯一种错误，就是要求别人来接受自己的价值观，要求别人来符合他的规则，而为了让别人符合他的规则，甚至会通过指责对方的错误来证明自己是对的。案例中一个认为"我的课堂我做主，我有权力决定怎么做，不用你来说"，一个认为"班主任有义务协调师生之间的这种状况"，双方各执一词，都认为自己是对的，于是都感觉理直气壮，同时都想说服对方接受自己的观点，当对方不接受自己的观点时就会变得急躁、生气、冲动，这样的沟通只能让矛盾越来越深。

双方对沟通的理解也有差错。表达自己的观点不代表沟通，而只不过是在强调自己是有道理的，这样的强调和解释等于间接说对方是错误的，这只是单向表达，而不是双方沟通。沟通的根本目的就是最终达成一个共识。但大多数人的想法是我跟你沟通不良，我们两个想法不一致，沟通一次、两次、三次之后，我就拒绝跟你沟通。其实，这个时候不是拒绝了沟通，而是根本还没开始沟通，是"道不同不相为谋"的意识阻碍了沟通。案例中张老师最后的决定也是这样："我觉得很无味，伸手做了个请离开的姿势，请她离去，说我们两人的观点完全不合，没必要谈下去。"这样就彻底堵住了沟通的渠道。

那么当班主任和科任老师发生矛盾的时候该如何解决呢？我认为首先要抛开"成见"，关注事件本身，瞄准期望的最终目标，用客观的态度处理问题，莫让成见遮望眼。

《道德经》第四十八章中说：为学日益，为道日损，损之又损，以至于无为；

无为而无不为。"损"就是逐渐减少自我的认识，最终消除自我认识，最终达到无为，也就是说不用自己的主观见解认识世界，而是遵循客观的规律和事实真相，做到这些就能够无不为。庄子在《齐物论》中提到的"丧我"，也是这个意思。

心理学也强调"不知道"的状态，就是尝试放下任何预先存在的前提假设，针对特定的情景或体验，获得一个新鲜的、无偏见的观点。也就是说，人们在试图探索或检测一个特定的人或情景时，要让自己处于不知道的状态，以避免任何可能使自己戴上有色眼镜的预先假设。案例中双方的行为很明显都带有对彼此的成见，从而给双方的沟通带来了严重障碍。

其次，要学会处理沟通前的五个问题。

第一，当对方做了一些让你不爽的行为的时候先不要闹情绪，而是要先问自己：我是如何定义他的行为的？案例中张老师看到英语老师置早读课于不顾，却在处理两个学生，这个行为让张老师的内心很不舒服，于是一股对英语老师不满意的情绪油然而生，"皱了下眉"就是证明，这种情绪自然就会流露在和英语老师交流的语气和语言模式中。"于老师，这两名学生课后再处理吧，下面这么多学生在等着呢。"这句话看上去语气委婉，但不满意的成分很多，正常人都能感受出来，有批评英语老师处理方式不当、耽误了大部分学生学习的意思。而英语老师对自己行为的定义是有问题就应该立即处理，把班主任的行为定义为干涉她的教育，认为班主任自以为教育水平比她高，于是情绪自然也会不爽，发飙也就是顺理成章的事了。

第二，我是否充分了解了这件事情？行为背后真正的正面出发点是什么？每一个人行为背后的出发点都有正面的因素，要学会找到这个正面信息。案例中对于英语老师对两个学生的训话，班主任看到的是"下面这么多学生在等着呢"，于是认定该行为不恰当，其实英语老师认为要及时处理，不能让这样的事情一再发生，耽误一会儿早读可能影响不大。英语老师主动找班主任沟通的正面动机也是想取得对方的认同。如果班主任能关注这些正面信息，那么双方就会很容易取得共识。

第三，我该如何换一个定义来诠释这件事情？如果张老师对英语老师的行为进行重新定义，我想情绪反应和沟通效果自然会大不相同。例如，我们可以定义英语老师认真负责，处理问题比较及时，对学生永不放弃，和这样的老师合作会提高自己的做事效率和发现问题的能力。当我们对对方行为的定义发生改变的时候，我们的感觉也会跟着改变，心情也会变好，沟通时呈现的就是正面情绪，这份情绪也会积极地影响对方，从而使我们达到自己想要的沟通目的。

第四，双方的共同点是什么？当双方的意见不一致的时候，大部分人的注意力就会发生偏差，他们不是把注意力放在双方的共性上，而是过多地关注彼此的差异。一方越强调差异，越强调自己的立场，另一方就会越坚持他的立场，这样结局往往就是不欢而散。这个时候就需要我们跳出自己的思维设身处地地站在对方的立场上考虑一下，运用上位推理，找出双方的共同点。案例中双方的共性还是比较明显的，双方都希望教育得到良性发展，都有对学生认真负责的态度，如果双方的沟通建立在这个共性的基础上，我想会很容易解决问题的。

第五，我应该用什么方式来跟对方沟通，才能解决问题并使我们之间的关系变得更好？当思维关注到了沟通方式的时候，其实是很容易找到答案的。案例中班主任冷静下来做的反思就很有价值："于老师，把这两个学生交给我来处理吧，不能让他们干扰你正常上课。"我想，当时班主任如果用这样的方式来沟通，英语老师会很乐意接受。

矛盾是绝对的，只要有合作就必然会有不同的看法，这个时候最需要的就是良好的沟通方式。如果能在沟通之前抛开成见，就事论事，认真思考上面的五个问题，我想很多问题就会迎刃而解。

第二节　有效果比有道理更重要

先看一个小故事。

在美国的一个小镇，有一位非常虔诚的牧师，他每个礼拜日前都会非常用心地准备一篇讲章，用于礼拜日的宣道。

有一日，牧师意外身亡，来到天堂门口，等待判决。牧师心想：我肯定能够进天堂。过了一会儿，上帝来了。上帝来到牧师的面前，宣判："你，下地狱！"牧师非常吃惊，但是他仍然非常虔诚地想：也许是我做得还不够吧。

就在这个时候，牧师发现，镇上每天经过教堂门口的大巴车的司机也在这里。这位司机平时从不参加礼拜,而且还酗酒,经常醉酒开车,出过很多事故。只见上帝走到大巴车司机的面前,宣判:"你,上天堂!"

牧师听到这个结果以后,非常疑惑,立刻跑到上帝面前,说:"上帝,您是不是搞错了?这怎么可能呢?这个人我认识的,他是我们镇上的大巴车司机。他向来声名狼藉,从不参加礼拜,平时作风也不是很好,更要命的是,他还经常醉酒上岗,经常把车子开得东倒西歪的,大家每次坐他的车都提心吊胆呢!"

上帝仔细听了牧师的讲述以后,耐心地回答道:"没有搞错。因为你每次在教堂中滔滔不绝地宣扬我的好处的时候,大家都在睡觉,而他开车的时候,全车的人都会立刻祷告'上帝保佑'。有效果比有道理更加重要!"

很多教师经常苦口婆心、深入浅出、动之以情、晓之以理地给学生讲一些人生道理,例如:"吃得苦中苦,方为人上人""宝剑锋从磨砺出,梅花香自苦寒来"。这些至理名言不可谓不深刻,但是从教育效果来看如何呢?有的教师讲道理的水平很高,旁征博引,口若悬河,却得不到学生的认可,甚至还会招致反感。班主任说学生是"老油条",屡教不改,学生说老师唠唠叨叨,只会"唐僧说教"。是学生真的"不可救药"了,还是教师的教育落伍了?

NLP 理论认为:有效果比有道理更重要。在教育过程中,很多教师往往只是关注道理,却忽视了沟通的效果。很多时候,道理是正确的,却又是冰冷的,不一定是对方需要的。如果对方需要的只是理解、安慰、支持、鼓励,而教师这个时候却不厌其烦地讲一些道理,对方本能地就会反感,这样的道理无法真正走进对方的内心,所以就很难产生好的沟通效果。

请看下面这个案例,这就是典型的只关注道理而忽视效果的教育。

学校在举行升旗仪式,年轻班主任刘老师气冲冲地把一个男孩从队伍里拽出来,冲他吼道:"李明,你怎么回事啊?上周刚表扬了你,今天你却在队伍里捣乱,真是狗改不了吃屎……"小刘越说越起劲,眼瞅着升旗马上开始,才意犹未尽地问道:"我说的都记住了吗?给我重复一下。"李明照本宣科地重复了一遍,才被"恩准"回到队伍里。升旗仪式结束,我随着李明的班级往回走,只见班里的几个男孩子冲他打趣道:"李明,你真有一套啊!班主任啰唆了那么多废话,你竟然都记住了。"李明撇了下嘴小声说道:"你们还不知道咱那个破班主任的臭水平么?每天翻来覆去、颠三倒四就那几句话,我早已经背下来了。"

(摘自《有效处理学生问题的 25 个心理学智慧》一书)

该教师的教育方法简单单调,教育不太注重时机和场合的选择,所谓的说教往往是讲一些人生的大道理,很少关注学生的内心感受,长此以往就会影响教师在学生心目中的地位,其教育也往往不见成效,甚至会激起学生内心的反感。

下面结合一个案例来谈谈关注道理与关注效果的差别。

一个高二女生,无论如何也不愿意继续读书了,决定辍学打工。家长、班主任给她做了好多工作,讲了很多道理,都无法改变她的决定。无奈之下,班主任找到我,让我帮忙做做该生的工作。

我把该生带到一个安静又安全的空间(男老师和女生谈话的时候,要尽量避免处于封闭的空间,既是为了保护老师,也是为了增加学生的安全感),先和学生交流一些生活琐事,了解学生的生活状态和内心想法,而不急于给她讲一些读书的道理。

这个时候,如果教师还是按照惯例,大讲特讲读书的重要性,那么学生一定会本能地关闭沟通的渠道,在这种情况下,无论多么正确的道理都很难产生教育效果。

当我和学生建立起比较好的信任关系后,我开始发问。

师:看来你是一个非常有主见、有自己想法的学生,那么你想没想过你将来要过一种怎样的生活?你可以想象在你 30 岁或者 40 岁的时候,你希望你的生活状态是怎样的。你可以大胆描述一下,先不管能否实现,只要是你希望的就可以。

生:我希望拥有一个属于自己的别墅,在别墅里,我和先生坐在草坪上喝茶,孩子在草坪上自由快乐地玩耍,父母也很悠闲地散步、聊天或处理一些家庭琐事。

师:非常美好的画面。你可以闭上眼睛,让这个画面在脑海里变得更加清晰。

学生进入想象状态,随着她脑海里的画面越来越清晰,她的脸色变得轻松,慢慢露出幸福的微笑。我让学生深吸一口气,把这个画面深深印在脑海里。

师:这种感觉如何?是不是非常渴望实现?

生：是的，我感觉非常美妙，非常想实现这样的想法。

师：现在你可以用图画的方式，把这个情景画下来，然后在别墅的大门口画一条通道，在通往别墅的这条通道上写上时间和你要达到的状态。

当学生进入自己的时间规划时，她变得越来越严肃。

师：想要实现你的这个理想，需要具备哪些条件？你准备怎么创造这些条件？

在我的一步步引导下，学生形成了下列认识：要进入高收入阶层，享有高品质生活，就要提高自身的修养和能力，而提升自我的最好方式是读书，读书最好去大学，那里不但可以学到知识，还可以结交很多同学，开阔视野，广积人脉，这一切仅靠打工是很难实现的。最后她说："我知道该怎么做了，从现在开始，我要努力学习，不再考虑打工的事情了。"

为什么我能够轻松地让学生改变想法呢？首先我坚持一个原则：学生的命运应该由学生自己选择，成功的道路有千万条，不一定非要走独木桥。其次，我瞄准学生内心真正的需要，帮助她实现自己的愿望，而不是把自己的想法和价值观推销给她。

如果只是关注道理，很多教师都可以讲出一套一套的有关学习重要性的道理，但这些道理并不是学生真正需要的，所以很难产生良好的效果。而我的谈话，是关注学生成长这一效果，很多学生内心的渴望是被理解、被支持，所以学生很容易听从老师的引导。

下面再看一个寓言故事。

牛老婆和虎老公结婚后，二人非常恩爱。牛老婆每次都把新鲜的青草留给虎老公，虎老公为了不伤害牛老婆都勉强去吃。如此坚持了一段时间，虎老公终于忍受不了了，矛盾爆发。虎老公说："我忍了你很久了，每次你都是给我草吃。"牛老婆非常委屈："我自己都不舍得吃，总是把最新鲜的草留给你，你还不理解。"

每个人站在自己的角度都会讲出很多正确的、理直气壮的道理，但是你给对方的不一定是对方需要的，这样的沟通很难产生良性效果。这是典型的自以为是的付出，是充满道理的伤害，只考虑自己的道理，而不考虑对方的需要。在我们的教育过程中，类似的现象时常发生。

那么怎样才能收到良好的教育效果呢？我认为，作为教师一定要坚守一个基本原则：教育要有利于学生的身心健康发展，帮助学生成长为最优秀的自己，这是教育的终极目标，而不要简单地把目标定位为分数、升学等。要想使教育有好的效果，教师还必须尊重学生的感受、信念和价值观，要相信每个人都有能力掌控自己的命运，教师只是帮助学生认识到自己该怎样选择。

教师还要协调好教育的长期效果与具体问题的眼前效果。只强调长期效果，可能会造成教育的虚无主义；只强调短期效果，就会催生或强化功利主义。

在现实生活中，很多教师往往把分数、升学看作教育的根本目标，这样的目标很容易被功利化，也容易产生误解。有一次教高三的时候，就有一个学生直接问我："李老师，你这样逼迫我们学生，是不是为了多拿一些奖金？"当时我感觉很气愤，但也不能说学生说的完全没有道理，的确学校的奖励制度和学生的成绩密切相关。

所以，我们既要考虑学生眼前的需要，又要关注学生未来的发展，只有这样，我们的教育才能真正实现"人"的教育，才能取得良好的教育效果。

因此，班主任在和学生沟通的时候，必须先想一想要达成的效果是什么，这个效果是不是符合三赢原则，实现预期效果的方法在哪里。当思考清楚这些之后，你的沟通智慧就会到来，情绪的魔鬼就会远离。

要想让教育更有效，班主任还要考虑学生的年龄水平，不同学龄段学生的心理状态、认知结构和内心需求是不同的，正如皮亚杰所指出的那样，"问题恰恰在于要找到与各阶段发展相应的是哪些知识，然后采用该年龄水平的心理结构可同化的一种呈现方式"。不顾受教育者的发展水平，一味地用大大超出他们接受能力的内容教育他们，除了让他们学会说一些空洞的口号之外，对于他们认识道理并无益处，更谈不上使他们自觉按这些道德原则和行为规则去行动，这样的教育只能是徒劳无益的。

第三节 影响沟通效果的潜在因素

在第七章中我们了解了影响沟通的因素，那些因素都是可以呈现出来的，是容易被人感知的，也是容易被学习和掌握的。还有一个潜在的因素，比这些显性因素的影响力更大，这个因素就是：我都是为了你好。

心理学研究表明，在沟通当中，最有杀伤力的并不是那些否定、批评的语言，因为一些否定、批评的语言有的时候会起到激将法的作用，反而会激发学生的斗志。而"这都是为你好"却剥夺了对方反抗的权利，对方被伤害了还要被迫说一声"谢谢"！

下面我结合情绪的冰山原理（简易版）（如图8所示）来谈谈为什么"为了你好"会成为最有杀伤力的语言。

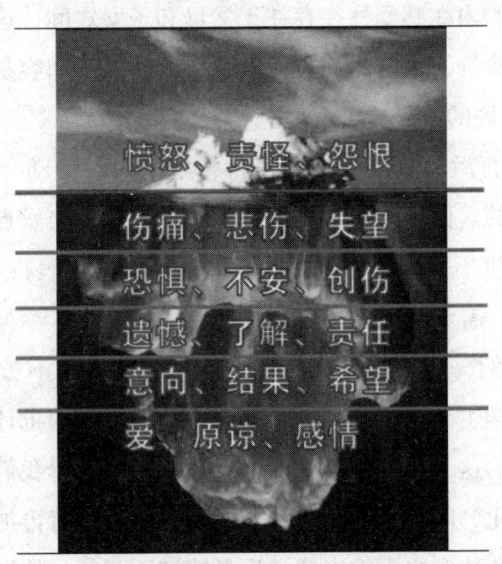

图8 情绪的冰山原理示意图

愤怒、责怪、怨恨等批评、否定性的语言和行为就好像露在海平面上的冰山，是很容易被人感知到的。而对行为的实施者来说，这些行为的下面隐藏着很丰富的内心活动。

第一层：伤痛、悲伤、失望。如果教师看到学生有不良行为，例如不交作业、迟到、纪律差等，这个教师的愤怒、责怪的言行之下，就可能有伤痛和失望的情绪，例如班主任看到原本以为优秀的学生却有抄作业的行为，教师的责怪下就会有失望等情绪。

第二层：恐惧、不安、创伤。如果该教师曾经因为班级纪律差而被校长批评过，再看到有学生违反纪律时，内心的不安就会自发产生。

第三层：遗憾、了解、责任。班主任看到学生的不良行为，表现得很急躁，甚至生气，这些行为的背后都隐藏着班主任的责任心。有责任心的班主任是值得肯定的，所以，班主任批评学生时往往会非常理直气壮。但是从现实的教育状况来看，往往越有责任心的班主任对学生的内心伤害越大。

第四层：意向、结果、希望。班主任批评学生的背后一定隐含着一份希望——希望学生变得优秀、希望学生有好的成绩等。

第五层：爱、原谅、感情。最深层的内在感受就是爱，所谓爱之深、恨之切。这个最深层次的内在感受往往存在于父母和子女之间，这也是很多教师教育学生的时候往往很冷静、很有耐心，而教育自己的孩子却容易急躁的原因。俗话"打是亲，骂是爱"说的就是这个道理。

班主任的批评背后原来有那么多值得肯定的内心活动，"我都是为了你好"就是从这个角度讲的。但这个所谓的好，只是动机好，出发点好，而不一定是行为本身好。爱的动机不等于爱的方式，有好的动机不代表行为也是好的。因此，我们肯定的是动机，需要调整的是行为方式。

冰山图告诉我们，这些都是藏在海平面下面的，是不被发现的，而学生感受到的只是批评，学生会用自己的内在感受来理解教师的批评，不可能那么容易理解藏在行为下面的这么多深层的东西。认知心理学告诉我们，每个人都会根据自己的感受主动顺化、同化一些信息，会对外界信息进行再加工。当教师批评学生的时候，那些藏在冰山之下的内容学生是感知不到的，他们只看到了教师的神态，听到了教师的声音，感受到了教师的不满甚至愤怒，于是学生形成的综合认知是自己不受欢迎，这样的感受会让人很受伤，但是家长、教师又告诉学生，批评你都是为了你好。这样，孩子受伤后连解释、辩驳、抗争的权利都被剥夺了，如果稍有不满，还会被扣上不懂事、不知道感恩的帽子，所以，这样的伤害是最深的。

我记得在广东省开平市发生过一个初三学生刺杀他小学班主任的案件。该生提前买好匕首，几次寻机刺杀老师。最后终于找到一个机会行凶。学生这样的行为绝对是犯罪，这样的案件也让一线教师寒心，但我们在表达愤怒和同情之余，是不是应该理智地思考：是谁给孩子的内心种下了仇恨的种子？又是怎样让这颗仇恨的种子慢慢生长的？

开平的这个班主任我没有接触过，不敢贸然做评价，但我可以肯定两点：一，这是一位非常有责任心的班主任；二，这是一位缺少教育智慧、不太懂教育沟通的班主任。在班主任看来，对学生严厉管教就是负责的态度；而在学生看来，这样的管教是对他的伤害。因此，班主任一定要明白：爱的动机不等于爱的方式，真正对学生造成影响的不是教师的动机，而是方式。当我们用不恰当的沟通方式来表达非常理直气壮的爱心时，对学生造成的伤害往往是巨大的，这样的伤害会在对方心底慢慢滋长，处理不好，就会有爆发的一天。

既然这种潜在因素对沟通效果有如此大的影响，那么该如何对待它呢？我们班主任都是有血有肉的普通人，面对学生的一些违纪行为不可能做到心静如水，当情绪来了之后，任由情绪发泄，可能会痛快了自己，伤害了他人，但如果过分压抑情绪，顾及他人的感受，却又会让自己内心受伤。对此，最好的方式是淡化批评、责怪、怨恨的言行，多抒发自己的感受，让学生知道班主任看到他们的行为之后是多么伤心难过，班主任是多么希望学生变得优秀。这样，学生感受到的是教师的关心，内心产生的是犯错后的内疚感。学生感受到教师的关心后就会亲近老师，"亲其师，信其道"，这样教师的教育就容易被接受。皮亚杰认为，孩子产生的内疚感是其自觉调节和控制自己行为的内部动力。

我去北京亦庄实验小学考察的时候，听到跟岗的陈老师介绍他跟岗的三年级一个班的刘婷老师的故事。这个班级的纪律一直都很好，学生表现也很优秀，有一次刘婷老师生病请假，两天没到班级，结果学生的纪律很差，整个班级受到了批评。刘老师知道后，没有对学生展开义正词严的批评，也没有进行长时间的道德说教，而是满脸歉疚地向学生道歉。她说自己自以为很懂教育，以为自己是一位优秀的教师，没想到自己却是如此不称职，没有真正了解学生，没有教育好学生，让学生离开教师的监管就犯错，让学生失去了自我成长的机会，她说她一心希望学生们变得越来越优秀，希望每个学生都能够管理好自己，而事实证明她并没有使学生做到这些，她对不起学生，等等。当刘老师用充满真诚的语言和神态与学生进行如此心对心的交流的时候，当刘老师把自己藏在冰山下面的那些感情都呈现给学生的时候，对学生的影响是巨大的，当时就有学生感到痛苦，然后学生开始反省自己的行为，安慰、理解老师，并主动向老师表态，一起制定行为公约。这样的教育比多么正确的批评都有威力。因此，在教育过程中，班主任应该高度珍视并利用学生的这种自责和内疚。当然，这样的方式产生的效果与班主任和学生的关系密切相关，这又是另一个方面的问题了。

第四节 沟通的三赢原则

我记得小时候听过下面这个笑话。

有位主人请客，约定的时间就要到了，但只来了三位客人。主人很是着急，自言自语道："怎么回事？该到的还没到！"三位客人一听此言，很不高兴，便各找借口走了。而他又对后来的客人说："不该走的走了。"结果，客人在宴席开始后不久，纷纷找借口告辞了。主人感到非常尴尬。

这就是典型的说话不看场合，只考虑一点而忽视了周边人的感受，这样的沟通方式常常会造成误会。

NLP 理论提倡三赢原则，即你好、我好、大家好，也就是强调系统平衡，在处理问题的时候不但要照顾好沟通双方的利益和感受，还要考虑到与之相关的他人、环境、社会等因素。

过去我们一直强调双赢的原则，但是在这样的游戏规则下，出现了很多双赢而不利于他人甚至危害社会的现象。在我们的教育领域，也经常出现类似的情形，即使是在日常管理当中，也往往会出现只有双赢而忽视三赢的情况，甚至有的班主任表扬学生的时候也不太注意，只是一味地突出要表扬的学生，却让班级的其他学生受到伤害，而被表扬的学生无形当中还和班级的同学产生了隔阂，班主任的表扬反而变成了为他拉仇恨的行为，这样的表扬不但起不到应有的作用，还可能会激化矛盾。

每个学生的具体情况往往不同，在倡导以人为本、个性化教育的同时，如何处理好尊重个性与维护集体的利益、规则之间的关系，也是班主任需要考虑的。例如班干部出现违纪情况，如果照顾班干部的感受，就会伤害班规的尊严，从而造成班级管理混乱；如果铁面无私，一视同仁，就会影响班主任和班干部的亲和关系，在情感上造成负面影响，把助手变成对手。下面我们结合一个案例来谈谈三赢原则在班级管理中的具体应用。

一个复读生的学习动力

广东省惠州市博罗县高级中学　高芳智

2011届高三，我当了学校文科复读班的班主任，心里既高兴又深感压力巨大。高兴的是，学生都是达到一定的"准入标准"（复读班对学生高考成绩有一定要求）才进来的，成绩要提高，应该不会太难。但是学生情况复杂，全班虽然只有40多人，却来自不同学校，每个学生都有自己的个性，还有自己的学习习惯和思维方式，要把这样一盘散沙的临时部队揉捏在一起，打造成一个团结协作、共同进步的集体，谈何容易？张雅琴就是其中一个让我头痛的学生。

关于张雅琴，我最初了解到的情况是，在2010届高考中，她上了二本线，被一所二本大学录取。我原本以为这样一个考上本科也不读的学生应该是志存高远的，学习方法调整一下，努力一点，应该会有突破，但是接下来的几天，她的表现令人十分失望。几位科任教师都反映她无心学习，身在教室，心却不知在何处驰骋。面对紧张的高三复习，她怎么就无所事事呢？我觉得有必要找她好好谈谈。据她自己说，从小学到高中，她的成绩一直较好，但是性格有些怪异，难以与老师和同学相处，也正是因为这个原因，高中时她还换了一所学校。同时我还知道了她不去读本科而选择复读的原因。她的理想是做一名营养师，正好有一所专科学校有这个专业，所以一开始她并没有填报二本学校，而是填报了这所专科学校，但是后来补录的时候，父母强烈要求她补录，结果上了二本。心中梦想不能实现，她对父母有些不理解，同时也认为自己再上那所学校那个心仪的专业绰绰有余，所以就失去了学习的动力。对这种不就高只求低的学生，我还是第一次遇见，一时也想不出更好的说辞，只好使用了惯常的那套大道理，有没有效果心中还真是没底。

接下来的一段时间里，张雅琴的表现和以前一样，没有什么改变。有时候换位想想，若我是她，大概也不会且无须那么用功。可是这样的学习状态会影响其他学生，不想办法不行。于是我翻看了高考志愿报考指南，发现了一所二本学校也有营养师这个专业，然后上网把这个学校的专业介绍打印给她。当我把打印好的那页纸拿给她之后，她看了很兴奋，大声喊了一句："我要的就是它！老师，谢谢你！"看着她两眼流露出的神采，我想其他的话不用说太多，等着看她的变化就好。再和科任教师了解情况，大家都说她已经进入了状态，学习成绩也有了提高。

班级逐渐走上正轨，高三紧张的早晚两个6点半的学习制度也该开始实行了。复读的学生都知道时间的宝贵，基本上都能按照要求到教室学习。可是连着几周，当我早晚6点半到教室检查时，好多次都看不到张雅琴的身影，班长也说她经常不来。其实，我心里很生气。每次她不到的时候，我都要打电话确认人到底在哪里，会不会发生意外。我想有必要了解清楚原因，要不然怎么向其他同学解释？班级还怎么管理？结果她说她要当营养师，喜欢在厨房里做饭的感觉，早上6点半要给弟弟做营养早餐，晚上6点半要给弟弟做可口的晚饭。我想，在厨房"折腾"是她喜欢的事情，就让她做自己喜欢的事吧。趁她不在，我把这些情况向班上其他同学做了解释和说明。开始还有些同学不理解，但慢慢地当他们发现我的班级管理理念就是人性化管理后，大家也逐渐不在意了。2012年元旦，张雅琴给我发来短信："2011感谢有你，2012最好的祝福送给你。"她也多次和我说过，很感谢我这个班主任和同学们能够这样包容她，当然她的变化大家也都有目共睹。

我想这个学生应该不用我再费心了。但是有一天，她对我说她的理想变了，不想再做营养师了。我吃了一惊："那你想做什么？"她很神秘地笑笑，没说话。（高考后她终于告诉我，她想报英语专业。）接着我发现她疯狂地学英语，我提醒她，要注意学科之间的平衡。她说："老师，放心。我知道自己在做什么，我相信自己可以处理好各科之间的关系。"两个月后，她的英语成绩从六七十分提高到了100分左右，其他学科也或多或少有了一些进步。高考时她如愿以偿地考上了省里一所非常好的二本学校。

当她被录取后，她在我的QQ空间留言："我的人生从此发生改变，生活如此美好。"

（摘自《班主任之友》杂志）

对于该案例，我已经以"找准教育的沟通频道"为题写了一篇评论并发表在《班主任之友（中学版）》2013年第4期上。

该教师的教育为什么有效并赢得了学生的尊重和感恩？很多有经验的班主任在这方面都有类似之处，下面我结合三赢原则来总结一下。

一、满足学生的需要，做到"你好"

销售心理学讲究"销售要满足对方的需要"，中国的"儒"字也是为了"满足他人的需要"，所以儒家才能大行其道。班主任的教育工作也要考虑学生真正的需要。上述案例中高老师面对学生的反常行为，不再以"救世主"的姿态进行道理说教，而是放下一个教师的"傲慢和偏见"，采取换位思考的方式，找到学生内心厌学的真正动因和解决的办法，方法对了，教育的效果也就有了。

此时学生需要的不是老师苦口婆心的说教，而是老师理解她的选择并支持尊重她的选择。案例中高老师准确地把握住了学生"考营养师"的内心需求，然后根据这个需要又找到更好的学校，从而达到了激励学生学习的目的。教师的沟通直接和学生的内心需要进行连接，这样的教育方法不但高明，而且富有智慧，更重要的是有效果。

我们假设一下，如果高老师不认真分析这个学生的内心状态，而是凭借经验对该生进行"苦口婆心"的说教，谈高考的重要，谈父母的渴望，谈学习的方法技巧、时间安排等，这样的沟通方式和学生的内心渴望毫不相干，学生会听吗？教师不把学生谈得神经崩溃就万幸了，搞不好真的会像《大话西游》里的唐僧，用语言活活把一个人说死。

因此，当我们教师教育学生遇到困难的时候，不要再简单地埋怨现在的学生如何难教育，而是要想办法寻找教育的方法。埋怨只能是暗示自己没有办法，而且潜意识里还在推卸责任：教育不好学生，不是我没有能力，而是学生实在无法教育。寻找方法的途径很多，可以参考他人的案例，可以请教有经验的人，也可以向熟悉学生的人了解咨询等。因此，我在这里对大家说一句让人充满信心的话：不是没有方法，只是暂时还没有找到。

14—21岁是成长的社交期，这个年龄段的孩子最大的渴望就是获得尊重，因此走进学生内心世界的沟通频道就是尊重。遗憾的是，很多教师，包括家长并没有真正理解尊重的内涵和尊重的方式，往往是打着爱的旗帜做着伤害孩子的事情。

真正的尊重是尊重他人的内心世界，而不是强行推销自己的价值观。高老师尊重了学生考"营养师"的选择，找出更好的学校给学生参考，这些行为都会让学生的内心舒畅，有一种被尊重的感觉。所以，虽然学生之前"性格有些怪异，难以与老师和同学相处"，但接到老师打印给她的专业介绍时，还是表现得"很兴奋"。

在寻找需要的过程中，如果只是考虑单方的利益，那么另一方就会受到影响，这样的需要也往往存在着其他问题。只有从双方的角度思考，找到双方的共同点，才能达到双赢的效果。

案例中，教师的需要就是帮助学生重新找到人生的目标、激发学生的学习动力，而学生的需要就是实现自己做"营养师"的理想，于是师生双方的需要在一个点上汇合，以这个共同点为目标，自然就会找到双赢的方法。

设想一下，如果教师的需要仅仅是学生遵守纪律、好好学习，那么学生就很难和教师在同一个频道上共振，这样的教育方式只能产生摩擦。而如果教师没有找准学生的真正需要，只是一味地迁就学生，那么班级的纪律尊严和教师的管理威信就都会受到挑战。

找到师生双方共同价值取向频道的方法就是运用向上归类找到共同点，再用向下归类找到具体做法。高老师没有局限于学生的行为，而是运用向上归类的思维，找到了二人的共同需要：学生成才。然后高老师又运用向下归类的思维考虑有哪些方法可以达成目标，最终找到了有效的解决办法。

二、照顾自己的感受，做到"我好"

作为教师，我鼓励奉献但不认可牺牲。教师自己作为独特的生命个体，自身的价值和尊严、权利也需要受到保护，教师要有自己的教育个性和教育理念，不应为了眼前的利益得失而委曲求全，更不应以牺牲自己为代价来换取一时的成绩，教师累死在讲台上的事件不能成为鼓励大家学习的榜样。如果教师自身的感受得不到照顾，在工作中只是一味地委曲求全，教师的情绪、态度、价值观就会慢慢受到伤害，而这样的伤害一定会以某种方式影响到教育。该案例中，高老师能够坚持自己"人性化管理"的教育理念，不失去教育立场，这种做法是值得肯定的。

三、考虑群体的需要，做到"大家好"

高老师在考虑到"个体特殊性"的同时，也不忘记对群体的关照，不让特殊的个体影响到群体的利益。既照顾到沟通双方的利益，也考虑所在环境的利益，达到系统平衡，这样的效果才是最好的。学生随便不到教室，这对一个班级的管理来说，会造成一个很大的破坏性隐患，也会让不明真情的学生产生诸多想法，更是对班主任管理威信的一个挑战。高老师很聪明地把学生的具体情况和班级的"人性化管理"原则告知学生们，和学生们达成共识，消除了负面影响，还赢得了全体学生的认可和尊重，学生的新年短信就是最好的证明。如果班主任对这些细节不做处理，产生的负面影响可能是无法估量的。

教育的 90% 取决于沟通，沟通是否有效取决于沟通双方的频道是否一致，希望教师们从这个案例中看到更多有价值的东西，帮助自己进行反思和提高。

第十一章 做一个会赞赏学生的班主任
——赞赏的五种语言

　　人性的特点之一就是渴望被赞美和认可，喜欢表扬而不喜欢批评，喜欢鼓励而不喜欢打击。赞美是欣赏的结果，是欣赏的自然流露。它和表扬不同，它不只是当面的表扬，更重在背后的赞美。它是融洽人际关系的法宝。赞美的方式可以是鼓励、肯定、关爱、支持。两个互相仇视的人，如果知道对方在背后赞美自己，仇怨就会烟消云散。教师的倾听是不是假的，教师的欣赏是不是做作的，只有当学生听别的同学说出来的时候，才会从内心深处做出确认，才会对教师的教育心怀感恩，才会肯定教师的诚意，才会不自觉地在教师的期望方向上迈出步子。

　　法国的拿破仑就非常知道赞美的力量，而且具有高超的统帅和领导艺术。他主张，对士兵要"不用皮鞭而用荣誉来进行管理"。他认为：一个在伙伴面前受到体罚的人，是不可能愿意为你效命疆场的。为了激发和培养士兵的荣誉感，拿破仑对每一位立过功的士兵都加官晋爵，还会在全军进行广泛的通报宣传，通过这些赞美和变相赞美，去激励士兵勇敢地战斗。

　　研究表明，笼统地对整个班级的学生表达赞赏，并不是很有效。认可和赏识要发挥作用，它就必须是个性化的、亲自表达的。例如，"我们班的学生都很聪明"，这样的赞赏就威力不足，不能打动人心。

　　赏识只有被接收者认为是有价值的，才能发挥作用。这体现在表达赏识的个性化上。例如，你可以赞赏某个胖女人有智慧，但不能赞赏她的身材，如果你夸她身材很好，她不但不会接受，反而会感觉你在讽刺她。

　　所以，要在教育中发挥赞赏的威力，是要有些技巧的，本章我就从五个方面来谈谈如何做一个会赞赏的班主任。

第一节 善于用肯定的言辞

肯定的言辞是指用语言传递对他人积极的看法,这是赞赏的语言中最常见的一种,使用这种赞赏语时,你是用话语来肯定某个人的优点。下面让我们看看肯定的言辞有哪些表达方式。

一、表扬具体的行为或成绩

"肯定的言辞"的表达方式之一,就是将表扬的焦点集中在对方的具体行为或取得的成绩上。事实证明,表扬越具体,效果越明显。那种泛泛而谈的表扬,如"做得不错""你是个好学生"基本上起不到鼓励的作用,也不能增加积极的行为,甚至会让人感到泄气。

有一个学生平时特别畏惧甚至讨厌写作,有一次我在他交上来的文章中发现有几个成语用得很不错,于是就表扬他这几个成语用得好,很多学生都没有听过,而他竟然都会用了。这个学生就感觉我的表扬比较真诚,我趁机再鼓励他,如果能坚持阅读、多积累,相信他一定会写得越来越好。

一个穷困潦倒的青年流浪到巴黎,期望父亲的朋友能帮自己找一份谋生的差事。

"数学精通吗?"父亲的朋友问他。青年羞涩地摇头。"历史、地理怎么样?"青年还是不好意思地摇头。"那法律呢?"青年窘迫地垂下头。"会计怎么样?"父亲的朋友接连地发问,青年都只能摇头告诉对方——自己似乎一无所长,连丝毫的优点也找不出来。

"那你先把自己的住址写下来吧,我总得帮你找一份事做呀。"青年羞愧地写下了自己的住址,急忙转身要走,却被父亲的朋友一把拉住了:"年轻人,你的名字写得很漂亮嘛,这就是你的优点啊,你不该只满足于找一份糊口的工作。"把名字写好也算一个优点?青年在对方眼里看到了肯定的答案。数年后,青年果然写出了享誉世界的经典作品,他就是家喻户晓的法国18世纪著名作家大仲马。

为什么父亲朋友的鼓励能有如此大的威力？这就是因为他针对大仲马的具体表现给出了认可，并从中看到了大仲马的发展空间，这就好像一语点醒梦中人，让大仲马恍然大悟。教育的核心就是唤醒——唤醒学生心中的巨人，唤醒的最好方式就是从认可学生自身的行为和具体表现入手。世间许多平凡之辈都拥有一些诸如"能把名字写好"之类的小小的优点，但由于自卑等原因常常将其忽略，更不要说一点点地放大它们了。每个平淡无奇的生命中都蕴藏着一座丰富的金矿，只要肯挖掘，就会挖出令自己都感到惊讶不已的宝藏……

二、肯定学生的品格

班主任要学会欣赏学生身上的好品格，包括坚忍、勇敢、谦和、自律、善良、宽容、诚实、正直、耐心和无私。这些优秀的品格都会以某种形式在学生身上呈现，如果我们能及时捕捉到并给予鼓励、表扬，教育的威力就会大增。品格是超越行为的，是一个人内在的特质。例如，学生没交作业，老师可以表扬他很诚实，没有用抄袭或其他作弊的手段来欺骗老师，但要让学生在保留诚实的同时想办法完成作业；学生顶撞老师，老师可以肯定他不惧权威的品格，但要引导他学会用正确的方式表现。肯定学生的品格需要以具体的行为或事情为因由，不能凭空说你很善良等。

评价学生行为的时候，对好事，要学会"对人不对事"。例如，学生随手关掉开着的水龙头，你要表扬他爱护公物、节约用水、保护资源等品格。

语言模式：我看到你（具体的事件或行为），我认为你（具体的品格），老师为你高兴（可以是其他的代表老师感受的词语）。

对不好的行为，要做到"对事不对人"。例如学生迟到了，你可以说："你平时是一个守纪律的学生，今天你迟到了，应该怎么处理？以后怎么解决迟到问题呢？"不要随便贴负面标签"你就是一个爱迟到的人"，这样针对人的品格贴负面标签的评价是要绝对禁止的。

三、关注学生的性格

赞扬的另一种方式，是欣赏学生性格方面的特点。性格是指一个人面对生活的态度和方式，每种性格都有其积极和消极的方面。如果我们了解自己的性格特征，就能知道如何在生活中扬长避短。

很多自卑的孩子其实是在内心深处对自己不认可，尤其不认可自己的性格。和这样的学生沟通时，要关注其性格中的一些优点，让学生感受到力量，然后再给出一些成长建议。

例如，一个男生问我他很胆小，该怎么解决。我就用欣赏的眼光看着他说："你是不是做事很谨慎，考虑问题很周全？"我话音未落，这孩子就立刻两眼放光，很高兴地对我说，他每次做事都是考虑很周全的。我继续说道："谨慎、周全帮你降低了遭遇伤害和麻烦的可能性，你认为要丢掉吗？你需要考虑的不是丢掉你的优点，而是增加行动力。我建议你在考虑周全、保持谨慎的同时，想做的事情要大胆去做。"于是这个孩子很高兴、很有自信地离开了。

再看一个案例。

生：一个人太善良好不好？

师：很好，善良是美好的品格。

生：可是，太善良容易上当受骗。

师：让一个人上当受骗的不是善良，而是缺乏辨别能力。所以，需要做的不是丢掉善良，而是增强辨别能力。

找不到问题的关键，往往会让人"在倒掉洗澡水的同时也丢弃了水里的婴儿"。如果教师能关注学生性格的这些优点，然后再给出恰当的建议，这样的沟通就会起到"四两拨千斤"的功效。

四、使用肯定言辞的方式和场合

肯定一个人不仅有不同的表达方式，还要分不同的场合。在下面这些场合，用肯定的言辞表达赞赏是最有效的。

单独表扬：和学生单独沟通，激励的效果最好。简短地说一句"某某同学，我看到你最近学习状态很好，进步很快。我知道，为了搞好学习，你付出了很多"，这样就很有意义。很多学生的反馈是，他们很重视这种一对一的交流，这是使用肯定的言辞最有效的场合。那些肯花时间和精力与学生单独沟通的班主任是很容易受到学生支持的。

当众表扬：有的时候当众表扬效果特别好，尤其是那些平时很少被表扬的学生，当你能发现他们的一些优点并当众给予肯定时，这样的表扬威力更大。当众表扬需要注意的是，不要总是表扬一个人而打击了众人，否则表扬会变成拉仇恨，两边都不欢迎。

书面表扬：表扬要有时效性，如果班主任事情多或者学生学习紧张，没有时间面对面沟通，班主任可以写一个纸条留在学生的座位上，也可以在作业本上留言，甚至可以借助一些手机短信来传递老师的赞赏。

五、需要注意的事项

1. 虚情假意不如沉默

赞扬的确能激励人，但必须真诚。如果学生觉得你虚情假意、言不由衷，那么你就达不到目的。当然，我们无法控制别人的看法，别人可能会误解我们，认为我们赞扬的动机不纯。但无论如何，我们都需要谨记，绝不要说言不由衷的话。只有跟对方建立了友好、健康的关系，肯定的言辞才能取得最好的效果。如果双方有矛盾或嫌隙，表扬就显得虚伪。你的声音（单调、低沉或带有明显的嘲讽意味）以及你的身体语言（东张西望、绷着脸、和对方没有眼神交流）很快就会出卖你。如果你无法向人们表达真诚的赞赏，不如保持沉默，等调整好了心态再说也不迟。

2. 慎用评价性语言

评价不准确可能会引发对方的不愉快，甚至压力、恐惧、抗拒等反应。一个朋友的女儿，大家都说她很阳光、很开朗，这样的评价多了，结果她自己不开心的时候都不敢表现出来，只能压在心底，形成了轻微的强迫症。后来我和她聊天的时候，看到了这一点，于是给她机会尽情释放自己的情绪。我告诉她，作为一个成长中的孩子，你有权利不开心，有权利释放情绪。

还有一个校长朋友的孩子，她读高三的时候，跟着妈妈去听我的课。当我讲到很多被认为很听话、很乖巧的孩子往往内心有很多委屈的时候，这个孩子禁不住告诉她的妈妈，自己内心里就有很多委屈。她的妈妈当时很惊讶，没想到一直被认为很优秀很乖的孩子内心承受了这么多的委屈——因为孩子被评价给定格了，所以当她遭受不公平待遇时，她不敢也不想去争辩了。

解决的方法就是多一些事实或感受描述、少一些主观评价。我们来看看下面一个教师和一个9岁学生的对话。

师：你的画有一大片蓝色。
生：是的。
师：我看出来了，这里是一片浅蓝，这里是一片深蓝。
生：（兴奋）对极了！这里是天空，这里是海洋。
师：（赞赏的语气）哦，我明白了，原来你是想画一幅天空下的海景。
生：是的，我喜欢天空和海景，陆地上的风景我也喜欢。
然后孩子继续投入绘画当中。

整个对话过程中，教师并没有简单地说出你画得很好、你真是一个画画的天才等评价性语言，而是描述了这幅画和她自己的感觉，结果是，学生觉得自己的创造力受到了肯定和鼓励。

总之，班主任要善于发现学生的优点并及时给予表扬，如果学生有了好的表现而被教师忽视，学生就会失去继续表现的动力，甚至会自暴自弃。"反正我怎么努力都得不到老师的认可，我还不如不学。"这种幼稚的语言常常出自那些受到冷落的未成年人，需要我们教师包括家长引起重视。

第二节　和学生玩在一起

教育讲究陪伴，陪伴讲究质量，有的心理学家把这种用心陪伴的时刻称为"精心时刻"，也就是说，在陪伴的时候，整个身心都用在对方身上，给对方高度的关注，当对方说话的时候，能够认真倾听，并及时给予适当的眼神关注和鼓励等。

班主任在和学生相处的时候，也需要有意识地创造一些这样的精心时刻，可以放下教师的身份，和学生平等相处，开心地玩耍，这样的班主任必定深受学生喜爱。

我记得郑学志老师在他的《班主任工作招招鲜》里写过和学生一起打牌、打球、做游戏的场景，输了之后，郑老师和学生一样接受惩罚。如此"放低"身段的行为却大大提高了老师在学生心目中的地位。

浙江省永嘉县大若岩镇中学的汤洪波老师和学生一起玩"24点"的扑克牌游戏，不但解决了学生偷偷玩扑克牌影响学习的问题，还起到了激励学习、培养兴趣、促进学生思维发展的效果。

汤老师发现学生在宿舍里玩扑克牌的时候，并没有批评他们，而是说想和学生一起玩，然后激发学生的兴趣，教学生玩"24点"的游戏。汤老师拿起扑克牌介绍说："两张王牌不要，A、J、Q、K 分别代表 1、11、12、13 点，其他的牌面数字是几点就是几点。每次发出 4 张牌，利用加减乘除把 4 张牌算成 24 点，谁先算出谁就赢。"

学生感觉很简单，要求和老师比赛。第一次发出的 4 张牌为"1、2、8、K"，汤老师一看就说："我知道了，全加，$1+2+8+13=24$。"学生们愣了一下，你看看我，我看看你。第二次发牌为"5、5、8、8"，汤老师眼珠一转，答案又来了："我又知道了，$5 \times 5 - 8 \div 8 = 24$。"不服输的学生又发出 4 张牌"4、5、6、10"，汤老师略一思索，又说出了答案："$5 \times 6 + 4 - 10 = 24$。"

学生的兴趣被激发，汤老师也告诉了他们游戏的秘诀。不服输的学生要求两个星期后再比赛，汤老师趁机提出要求："比赛可以，条件就是你们上课时要认真听，自修时要先完成作业，然后才可以练习这个游戏，否则当违规处理，取消比赛资格。你们能做到吗？"

放下教师的架子，和学生用心去玩，这样的教育春风化雨，这样的教育有大智慧、大爱心。教育的本质就是帮助学生发现自己，唤醒自己，成为自己，最好的教育就是让每个人成为最优秀的自己。

第三节　用服务感召学生

心理学研究表明，有些人你给他们很多表扬、鼓励、关心的语言，他们不一定接受。他们的观点是："不要只说你关心我，用行动证明给我看。"他们认为，行动比语言更响亮。他们往往对表扬和礼物不屑一顾，心想："在我需要的时候搭把手，比什么都强。"

因此，有时候班主任只说表扬的语言对某些学生可能会失效，对待这样的学生，实实在在地给予他们一些帮助，会取得意想不到的效果。

有一个女班主任在高三的时候接手了一个非常难管理的班级，班里多是男生，顽劣成性，前任班主任用尽各种手段，与学生"斗智斗勇"，最后还是精疲力竭地败下阵来。

这个女班主任不循常规，对学生的顽劣之举很少指责，每次都从他们的行为中找到可以肯定的地方，耐心地鼓励他们。一开始，学生都感觉这个老师好假，抱着看热闹的心态来等着老师"现出原形"。

后来一次测验时，测验时间被推迟，这样就会耽误学生吃晚饭的时间。这个班主任提前和饭堂的师傅进行了沟通，请师傅留好饭，并打包送到教室里，这样就解决了测验与晚餐的矛盾。班主任又主动出钱，给学生适当加餐，让学生吃得更好一点。

教师的付出是真切的，这次默默的奉献让那些等待看热闹的学生备受感动，他们从这个服务的具体行为中深切地感受到了来自老师的真心关爱。于是，他们一反常态，再也不和老师作对，全力配合老师的管理和教育。最后，一个大家眼里的"烂班"实现了蜕变，创造了高考的奇迹。

班主任在提供服务的时候要注意方式方法，这样才能让你的帮助更有效。以下是几点建议。

有的时候在帮助别人之前，要先征得对方同意，这一点非常重要。如果直接冲上去帮忙，而对方正好不需要，那么你的做法不但不会得到赞誉和感谢，反而会让你们的关系变得紧张。有的时候，在对方还不需要帮助时，你主动去帮他，可能会让对方感觉你轻视了他，出力不讨好。还有的时候，学生可能有一些其他的想法，不想让人知道，如果不顾及学生当时的想法，主动去帮，反而会造成误会。

有一个年轻班主任，看到学生吃饭的时候饭菜很简单，于是主动到食堂买了一些比较丰盛的饭菜送给学生吃，没想到学生不但不领情，反而埋怨老师多管闲事。这个学生家境比较贫寒，而他又不愿意让大家知道他的情况，老师的行为无形中等于向大家宣告他的家境，让他感觉无地自容，所以这样的帮助反而起到了坏的作用。"一般来说，我非常感谢老师的帮助，但是有些事情，我还是更喜欢自己做。所以，如果有人想来帮助我，我非常希望他们能先问一声：'你需要帮助吗？'这时，我会诚实地说出自己的想法。"所以，在你向学生提供帮助之前，最好先询问一下对方的想法。

要心甘情愿地主动服务。如果你希望自己的服务行为能鼓励学生，就要在对方需要的时候主动伸手。有一句谚语说：以愉快的态度做事情，就如甘霖降在沙漠。这句话反过来也很有道理：以消极态度做事，就像龙卷风席卷过沙漠。当你为别人提供帮助的时候，如果你心不甘情不愿，就很难给别人带来鼓励。大部分人宁肯自己做，也不愿看别人的脸色。所以，要带着愉快的心情去主动帮助别人。

第四节　用恰当的礼物来表达你的赞赏

心理学研究表明，有一些人特别喜欢别人用礼物来表达对他们的赞赏、肯定和鼓励。经常有一些学生，取得了一点进步，就要求老师请他吃东西，以此来索取老师的认可。对于喜欢接受礼物的人来说，一份称心如意的礼物能产生强大的力量，它不仅仅是一份礼物，更是一份感谢、赏识和鼓励。对于不喜欢礼物的人来说，赠送礼物就起不到什么作用。还要注意不能送错礼，否则会招致反感。

当然，师生关系是一种比较纯洁的关系，不能鼓励用物质化的东西来衡量，但是，教师在能力许可的范围内，适当地用一些小礼物来赢得学生的心，也是可以的。有时候，这样的付出比"老师是爱你们的"之类的空洞语言更有威力。

在一所初中的某次团体比赛前，一个女班主任的学生排练非常认真。有一次排练后，女班主任为表扬学生，给每个学生买了一支雪糕。学生非常受感动，士气大振，在其他班主任为让学生排练而苦恼的时候，他们班的学生积极主动，见缝插针，最后在比赛中获得了年级第一名的好成绩。通过这次比赛，还加强了班级的凝聚力，树立了班主任的威望，在此后的班级管理中，这个班主任感觉越来越轻松。

有的班主任还非常细心，平时准备一些小礼物，当学生表现比较好的时候，就给一个小礼物当作奖品，当遇到学生过生日的时候，还会送上一张贺卡或一个小礼品，这样的小礼物就好像幼儿园里的小红花一样，意义非凡。

第五节　在接触中传递关爱

我们早就知道，身体接触是沟通情感的一种方式。在儿童发展方面，无数的研究下了这样的结论：有人拥抱、有人亲吻的婴孩，比那些长期没人理会、没能接受身体抚触的婴孩，在情绪发展上更健康。身体接触与人的潜意识反应建立了密切的联系，有的时候，适当的身体接触胜过千言万语。

很多时候潜意识会做出这样的反应：触摸我的身体就是亲近我；远离我的身体，你就是在感情上远离我。在我们的社会里，握手是向一个人传达率真和社交亲密的方式。偶尔，当一个人拒绝跟另一个人握手的时候，则传达了他们之间关系有问题的信息。任何社会都有一些身体接触的文化，以此作为社交问候的工具。

既然如此，班主任在和学生沟通的时候，就可以适当地加入一些身体接触环节，让学生直接感受到来自教师的关爱。

我在找学生谈话的时候，一般都会先和学生握手，一开始学生有些不适应，但感受很强烈。随着谈话的深入，我会根据情境看似随意其实有意地拍拍学生的肩膀等安全部位，让学生有一种被信任、被支持、被理解、被肯定的感觉。学生离开的时候，我也会和学生握手，并且适当加一些力度，告诉学生："老师相信你，加油！"

记得有一个学生在参加高考的时候，他爸爸遇到意外突然离去。家里人为了不影响他的考试，就向他隐瞒了实情。学生已经感受到了不正常，但还是默默地完成了所有的考试。考完最后一场，他走出考场，看到班主任在门口等他。班主任张开臂膀，把学生紧紧地抱在怀里，什么话也没说，就这样持续了20分钟。

过后这个学生说，当老师抱住他的时候，他一切都明白了，那个时候他不需要听太多的安慰话，但老师的拥抱给了他无限的力量。如果老师只是给他讲道理，他会感觉很厌烦。

需要提醒的是，班主任和异性学生，尤其是青春期的学生进行身体接触的时候，要非常小心，一定要在合理的范围内，要用充满关爱和真诚的心与对方接触，否则可能造成不良后果。

第十二章 班主任与学生沟通的步骤与技巧

"道可道,非常道。""道"的确存在却不易知,如果顺道而为,做事就会轻松。"道"的本义是具体道路。《说文》:"道,所行道也。"引申而言,顺路而行也称为"道",进一步引申,万物变化的规律也是"道"。《韩非子·解老》:"道者,万物之所然,万理之所稽也。"所以,教育沟通也应该有其道可循。本章就重点探究班主任与学生沟通的规律以及常用的技巧。

第一节 沟通的四步骤

万事自有其规律,沟通也有其内在的规律。很多班主任和学生谈话显得比较随意,当自己情绪上来的时候,想要和学生谈论某件事的时候,往往随性而为,结果造成沟通不畅。

一次完整的沟通大体上要经过四个步骤:接纳、调焦、方法与选择、行动与承诺。最后,还可以根据沟通的具体效果送上班主任对学生的欣赏、信任、支持。

一、接纳

所谓接纳,是指接纳孩子的情绪,而不是接受他的行为,是肯定他现在的情绪状态,而不是认同他的行为是对的。心理学研究表明:当一个人的情绪被接纳之后,他才会感觉他这个人得到了你的接纳,才会感觉到你的理解,然后才愿意继续交流下去。(关于如何接纳孩子的情绪,请参考第五章第四节的内容)

接纳只是处理情绪的第一步,如果没有后续的手段彻底处理问题,那么接纳就会变成"纵容",最后让问题彻底难解,这是需要教师们警惕的地方。那么,接纳之后教师该怎样做好后续的处理呢?"情绪三明治"是一个非常有效的方法:先谈情(先处理情绪),再说爱,后讲理。这个顺序一般情况下是不能颠倒的,如

果情绪没有处理好就直接讲道理，往往会使对方更有情绪。（具体内容请参考第六章第五节）

二、调焦

在师生沟通过程中，学生的思路很可能不会和你保持一致，他会有他的想法，如果你不能随时调整沟通的焦点，就很可能会被学生的思维牵着走，从而失去教育的主导权。

当年有一个刚工作两年的研究生，她班的一个学生高一的时候是在我班，这个学生思维非常敏捷，班主任每次和他谈话的时候都会被他的思路牵着走，搞得班主任也没办法，甚至还感觉这个学生说得好有道理。后来，我让这个班主任带学生过来，亲自和学生沟通，让这个班主任在旁边观摩。

这个学生一来到办公室，看到我之后，连连摆手，告诉我："李老师，我不会听你的，因为你会给我'洗脑'。"

一般来说，在这种情况下双方是很难沟通的。我微微一笑说："我知道你是一个非常理智的人。"（根据学生的语言，洞察其优点，从表扬开始）学生得意地说："我是很理智的。"我继续说："像你这样理智的人，一定不会拒绝一个老师对你的真心帮助，对吗？"（先肯定了其优点，根据优点调整思路，回到沟通上来）学生受到我的肯定，当场表示不会拒绝真心的帮助——这个时候学生也是无法拒绝的，因为他承认了自己很理智，如果拒绝就是不理智的行为。

然后我继续拆除对方的心理防御，增加其心理的安全感。我说："你可以时刻打开理智的大门。如果感觉我是在忽悠你，给你洗脑，你随时可以离开。如果你感觉我是真心帮你，我们就继续交流下去，好吗？"

于是，沟通过程非常顺利，半个小时后，该生深深鞠躬向他的班主任当面道歉。

沟通中不能紧扣焦点，往往会让沟通偏离方向，出力不讨好。

有两个秀才去赶考，遇到一条河。两个人分头去村里向人询问解决办法。一个秀才问："你们这里有船吗？"村人回答说没有，不过不远处有树林，可以砍伐树木造船。这个秀才就跑到树林里去砍树，半年后终于造成一艘船。而另一个秀才问:"我要进京赶考,怎么才能过河?"村里的人告诉他,沿着河堤往右走大约四里地就有一座桥,可以过河。

这个小故事告诉我们:在沟通中你的焦点是什么,要时刻关注,否则沟通就会偏离方向。

三、方法与选择

很多教师和学生沟通的时候,当时的效果往往也不错,但是过后学生的变化并不是太大,原因就是仅仅在道理上取得了对方的认同,而没有落实到方法上。当沟通在认识上取得一致的时候,班主任一定要追问:实现你目标的方法有哪些?

对于这些方法要通过发问让学生来回答,而不是由班主任告诉学生,否则,如果过一段时间没有效果,学生会把责任推到教师的身上,说教师告诉他的方法无效。

班主任可以通过发问打开学生的思路,让学生寻找方法,例如:

你认为该怎么办呢?

还有没有更好的方法?

还有吗?

如果有,会是什么?

这样,在教师的追问下,学生就会不断探索,找到更多可行的方法。NLP理论认为,凡事至少有三个以上的解决方法,所以,不要因为学生已给出了一个方法,就停止追问。

当学生找到一些方法后,如果教师感觉还有别的方法,可以通过提示的方式,让学生认可,将它变成他的方法。

当找到很多种方法后,教师应帮助学生总结一下,让学生确定这些方法中最可行的是哪种、准备怎么执行。

四、行动与承诺

方法再好,没有行动,也是没有效果的。所谓"没用",就是没有去使用,所以没有效果。目标明确了，方法选择了，接下来就是行动。这个时候不要简单地相信学生的承诺，而要让学生对承诺负责。可以这样问：如果你做到了，准备怎么奖励自己？如果你做不到，准备怎么惩罚自己？

让学生给出奖惩措施，教师就会更主动。

如果学生制定出奖惩措施，一定要执行。奖励没有问题，惩罚要小心。惩罚的时候不能伤害学生的自尊心，最好是最后以表扬结束。

例如，有一次一个男生违背了他的承诺，我先表扬他是"一个说到做到"的男子汉，学生也明白我的意思，在语文课上当着同学的面当场按照承诺惩罚自己。然后，我没有急着让学生离开讲台，而是搂着他，告诉全班的同学：像某某这样说到做到、重信用、守承诺的人，将来必成大器。这个学生当时就很兴奋，被罚的不快荡然无存，激动地大喊一声"yes"，跳下讲台，回到了自己的座位上。

前面四个程序完成后，在学生离开的时候，教师还可以和学生握手以示鼓励，并告诉学生："老师相信你，你一定能够做到。"

这样简短的鼓励，往往会给学生很大的帮助。

第二节 自我形象和心理彩排

一个人的沟通水平和沟通对象、谈话环境等因素密切相关。有的人在轻松愉快的场合下聊天显得非常自信、从容、风趣，而如果是在一个陌生场合，或者与身份比较高的人谈话，就会显得非常局促，反应也变慢了。这些都和内在的自我认知和自我定位密切相关。所以班主任要想在工作中表现出较高的沟通水平，就要先做好自我形象的定位。

一个人的自我形象包括两部分：内在自我形象和外在自我形象。

一、内在自我形象

第五章第一节所讲的理解层次告诉我们，身份决定信念、价值观，而信念、价值观直接影响人们对环境、行为、能力的认知。情绪的 EMBA 告诉我们，情绪、认知、身体、态度又是互相影响的。如果班主任在工作中经常感到紧张，可以尝试重新调整内在自我形象。

一个人的内在自我形象往往是在 7 岁之前形成的，如果一个人小时候经常受到父母的肯定、鼓励、认可、表扬等，他在长大后往往会显得比较自信，如果小时候经常受到否定，那么长大后就往往很难在内心认可自己。

约翰·布雷萧（John Bradshaw）在《治愈约束你心灵的痛楚》(*Healing the Shame that Binds You*) 中写道："你是一个人，而不是一个做事的机器；你是一个人，而不是一件摆设。"当一个人学会把自己是谁和做了什么分开以后，就更容易发现自己的本质是好的。要明白，你并不等同于你的行为，理解了这一点，就可以避免产生很多负面消极的情绪，比如遗憾、自责、愧疚等，这样你就可以把力气都省下来，用在省察和提升自我这些真正有意义的地方。

NLP 提供了很多重新定位自我形象的方法，教师们可以尝试使用下面的方法。

（1）找一个安静的空间，让自己身心放松。

（2）问问内心深处自己最喜欢的人物是谁，可以和自己的职业结合起来，找到工作中的偶像。

（3）分析一下偶像身上的特质，想一想是哪些特质让他获得成功，或者获得你的欣赏。

（4）分析一下自己，看看自己身上有哪些特质和偶像相同，哪些是有差距的，哪些又是自己所缺少的。

（5）已经具备的要继续发扬；有差距的，想想提升的方法；缺少的，想想弥补的方法。

（6）给自己一定的成长时间和空间，按照之前的方法逐步提升自己，让自己慢慢和偶像接近，最终合二为一。

（7）最好给自己一个评价：我是一个（　　　　）的班主任。括号里的内容就是前面所分析的偶像身上的特质。

（8）把"我是一个（　　　　）的班主任"这句话打印出来，贴在办公桌、书桌、床头等位置，经常提醒自己，每天睡觉前做几次深呼吸，在内心重复几遍。每天都用这样的标准来衡量自己的生活、工作状态。

如此坚持一段时间，你内在的自我形象会慢慢变得更丰富，它会让你更自信，给自己更多的内在能量。

美国《研究季刊》曾报道过一项实验，证明想象练习对改进投篮技巧的效果。

美国 NBA 球星科比·布莱恩特也经常用内心模拟投篮的方式来纠正自己的动作。因此，我们可以借助一些心灵彩排的方式来充分挖掘潜能、提升自我。

NLP 理论认为，是我们的信念创造了我们的世界。《吸引力法则》（The Law of Attraction）一书中也讲述了我们的信念如何吸引相应的资源到我们身边。我们的潜意识是智慧的源泉，充满无限的可能性和创意，栩栩如生的想象力将会使我们释放巨大的潜力。

下面这个小游戏能让你感受到心灵彩排和潜意识的巨大威力。

站起来，双脚分开与肩同宽，同时使右臂保持与地面平行并向右边伸直，右手食指伸出。然后尽量向右侧转动上半身，下半身保持不动，看看你的右手食指能够指向哪个点。

现在回到开始状态，闭上眼睛想象你的身体仍然向右转动，而右手食指能够指向比刚才更远的位置。想象几秒钟，然后睁开眼重复上面的转动动作，你发现了什么？是不是右手食指已经超过了第一次的位置？

这个小小的游戏告诉我们，想象可以提升我们的能力，所以经常运用精神彩排，可以大幅度提升我们的内在能量和行为能力。

二、外在自我形象

得体的穿着对于沟通是非常重要的。班主任经常和学生、家长打交道，所以在工作时间穿着大方、得体还是很有必要的，这也是对他人的一份尊重。女教师可以适当化点淡妆，但一定不能浓妆艳抹，要以大方得体为主。教师有良好的外形，也容易受到学生的欢迎。根据调查，那些穿着得体、富有朝气、阳光快乐的班主任更容易受到学生的喜爱。

第三节　围绕需要沟通

我们来看一个故事。

在一个国家，国王最疼爱的小公主生病了，国王召集了所有的太医都不能够医治好她。小公主告诉国王，如果她能拥有月亮，病就好了。

国王即刻召集能人智士，要他们想办法，但无论是大臣、宫廷魔法师还是数学家，都没有一个人能够完成任务。而且他们分别对拿到月亮的困难有不同的说辞：总理大臣说它远在35000里之外，比公主的房间还大，而且是由熔化的铜构成；魔法师说它有15万里之远，而且整整是皇宫的两倍大；数学家说月亮远在35里之外，又圆又平，有半个王国大，还被粘在天上，不可能有人能拿下来。国王面对这些"不可能"感到无比烦恼，于是叫小丑来表演节目。

小丑在闲聊中问明国王烦恼的缘由，得出一个结论：如果这些有学问的人说得都正确，那么月亮一定是和每个人想的一样大、一样远，所以当务之急是要弄清楚小公主心中想的月亮有多大多远。

国王一听，茅塞顿开。小丑立即到公主房里去探望公主，并问公主月亮有多大。"大概比我拇指的指甲小一点吧！"公主说，因为她只要把拇指的指甲对着月亮，就可以把它遮住了。那么月亮有多远呢？"不会比窗外的那棵大树高！"公主之所以这样认为，是因为它有时会卡在树梢之间。月亮是用什么做的呢？"当然是金子！"公主斩钉截铁地回答。

比拇指的指甲还要小、比树还要矮、用金子做的月亮当然容易拿到。小丑立即找到金匠打造了一个小月亮，穿上金链子送给公主，公主非常高兴，第二天病就好了。

人们习惯用自己的认知去理解他人的言语、要求，这样给出的答案、方法、建议并不一定是对方需要的。如果要钓鱼，就要知道鱼爱吃什么。一次有效的沟通，必定能够解决对方的一些问题，满足对方的一些需求，因此，一定要弄清楚对方希望得到的是什么。我们会发现很多人虽然讲了很多，但是对方的反应并不十分强烈，这就是因为，讲话的人以为自己说的都是对方希望听到的，而事实却并非如此，这样的沟通肯定难以有好的效果。

所以，我们要学会一些发问技巧，通过发问了解对方真正的需要和想法，从而达到理想的沟通效果。

沟通之初可以使用开放式发问，开放式发问可以帮助我们了解更多的需求和信息。很多人把这种发问总结为"5W+1H",即:what——什么;where——哪里;when——何时;who——谁;why——为何;how——如何。

(1)了解问题:

关于这个活动,你有什么想法?

在最近的学习中,你遇到过什么问题吗?

你看上去好像状态不是太好,能告诉我发生了什么事吗?

(2)了解需求:

有什么需要我帮助的吗?

完成这个活动需要什么条件?

你真正想要的是什么?

你认为具备什么条件你就可以满意?

(3)常用的开放式问题:

你希望怎样?

发生了什么?

这对你有什么影响?

它对你有哪些重要的价值?

目前的情况如何?

还有呢?

你打算这样做的原因和目的是什么?

假如有可能,你会如何改进?

下面是我和一个学生的对话实录,大家来看看我是如何通过发问来解决问题的。

一位平时表现比较优秀的女同学,最近在某个学科的课堂上小动作不断,甚至还睡觉。然后我就找该生谈话,一开始她很激动地说她就是不喜欢这个老师,这让我感到很意外,因为学生们对该老师的评价一直不错,为什么单单这个学生有那么大的意见呢?

师:(和蔼地对她说)能告诉老师为什么吗?

生:一开始我也不这样,上课认真听,课后认真完成作业。但一段时间后我发现老师不喜欢我,好像对我有意见,所以我也不喜欢他了。

师：你根据什么说老师不喜欢你呢？

生：因为他从来都不提问我问题。我想可能是由于我的成绩不优秀，所以一开始我很认真地学习，但我的测验成绩比较好时他也不表扬我，而且还是不提问我。我就开始试着用做小动作来引起老师的注意，结果他还是不理我，没办法我就想用更严重的行为来引起老师的注意，那就是睡觉。

师：你睡觉老师不理睬你，会不会有其他的原因？

生：我没考虑过。

师：也许老师认为你真的不舒服，心想这个学生平时表现很优秀，现在不舒服，就让她睡会儿吧。

生：老师真的会这样认为吗？

师：我建议你主动和老师交流一下，好吗？不要因我们的猜想而误解了他人。

一个星期之后，该生又找到我，面带兴奋地对我说，没想到老师那么好，那么和蔼可亲，现在听课我都感觉趣味无穷，再也不在课堂上睡觉了。

通过发问，我了解到学生的内心需要——获得老师的关注，然后通过发问打破学生的认知——不理睬还可能有其他原因，然后再引导学生和老师直接交流，化解误会，最终达到了理想的沟通效果。

第四节 化解抗拒的方法

我经常看到有的班主任在和学生沟通的时候，讲得滔滔不绝或语重心长，但是学生面色凝重或四处张望，或者把脸扭向一边，就好像图9中的沟通模式，明显已经处于不接受或抗拒的状态。在这种情况下，无论教师讲的道理多么深刻，都无法让学生接受。

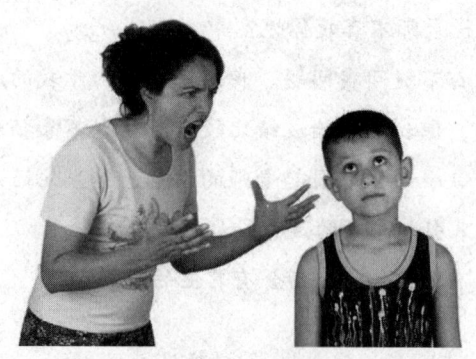

图9 师生的一种沟通模式

一、改变对方的肢体状态

当学生有了抗拒、防御心理的时候,往往会通过肢体语言呈现出来。我们知道肢体语言是和情绪等紧密相连的,如果我们看似不经意地调整一下学生的肢体语言,可能就会瓦解学生的防御机制、化解学生的抗拒心理。

普通班一体育生,性格桀骜,一脸严肃,上课睡觉,作业不做,很多老师都对他无可奈何。于是,我决定利用晚自习的一点时间和他谈谈。来到办公室,他坐在椅子上,双手扶着椅子两边的扶手,双腿叉开,脸向房顶,一副拒绝沟通的架势。

我一看这种情况,没批评他,而是说:"老师还有点事情要处理,请你稍等一会儿。不过,我这里有一本书非常适合你看,你可以先看看书。"

然后我用双手把书递上。学生看我如此礼貌地给他递书,为了接我递过来的书,他下意识地调整了身体的姿态,然后也用双手接我的书。

我趁机表扬他:"没想到你那么有礼貌,竟然会用双手接书。"

听到我的表扬,学生不自觉地笑了一下,然后我又继续肯定他:"你的笑容很阳光,十六七岁的年龄就应该如此阳光。看到你这样的表情我感到很愉悦。"

随着学生露出笑容,他的心理防御也逐渐退去,最后我们取得了良好的沟通效果。

二、用幽默化解对方的敌意

这是指在当事人面临困境时，并不去转移在场其他人的注意力，而是以幽默的方式化解当事人的窘困处境。这也是最为积极、成熟的防御机制之一。班主任可以幽默的语言或行为来应付紧张的情境或表达潜意识的欲望，以表面的开心快乐来不知不觉地化解挫折困境和尴尬场面以及内心的失落。

例如，一个学生和我谈话的时候，握住右拳，抵住下巴，一脸严肃。看此情景，我开玩笑说："你现在看上去很像思想者，我都有些崇拜你了，甚至都不敢叨扰你。"听了此话，学生不自觉地调整了自己的姿势，也开心地笑了一下，其抗拒心理也慢慢消去。

三、洞察并认同学生内心的动机，指出其独特之处

如果我们能找到学生身上的独特之处，并给予肯定，学生就会感觉教师是欣赏他的，其抗拒心理就会慢慢消解。

有一年我中间接手高三的一个班，班里的一个女生被学生称为"大姐大"，是老师的"心腹大患"。我接这个班之后，找该生谈话。我首先表扬她有领导才能，并且会热心地帮助同学，甚至有时候会像女侠一样打抱不平，充满正义感。这个学生当时就脸色放光，没想到她这些引以为傲、常常用抗拒老师的方式来呈现的能力，一下子就被我指出来了。然后我又鼓励她，告诉她这些优点可以继续保留，如果遇到问题，我很愿意和她真诚地交流。于是，学生后来就非常配合老师的管理。

第五节　语言归类，让沟通轻松自如

人们在沟通当中难免会产生不同的意见，这个时候如果各自坚持自己的观点，沟通就很难进行下去，甚至会使双方不欢而散。当出现分歧的时候，该如何化解呢？语言的归类会帮助我们找到思维的出路。

使用语言归类法能够将语言有意识地引导至不同的层次，帮助当事人发现思维的盲点，以及更多的可能与选择。语言归类会让人们拥有更加丰富灵活的"心

灵地图"。

语言归类包括三种方式：向上归类、向下归类、横向归类（如图10所示）。

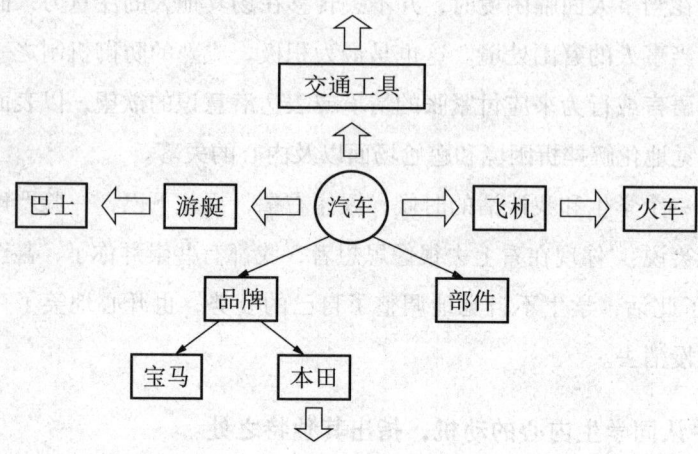

图10　语言归类的一个例子

一、向上归类

向上归类是将沟通的要素纳入更大的系统中，它能让人们从更广阔的视角，更为系统、整体地觉察沟通双方言行背后的正面动机，发现新的突破方向，化解冲突和矛盾。

每当沟通双方遇到意见分歧时，运用向上归类可以起到非常好的共识作用，它会将焦点拉回到分歧双方的正面意图上。根据NLP理论的假设前提——行为背后总有可以接受的正面动机，我们可以通过不断向上归类，找到双方言行背后可以接受的信念与价值观。

例如，有一个班主任向我反映了下面这个案例。

一个学生在课间玩耍的时候，一不小心碰到了另一个学生。孩子有肢体上的擦伤，但毫无大碍。可是家长不但给学生做了包括CT等在内的全面检查，还非要让对方的家长给予高额赔偿。本来对方的家长还很配合，但面对这些要求，感觉无法接受，沟通陷入僵局，该怎么办？

如果运用归类法来解决问题，可以先从具体的行为上升到动机层面——检查和赔偿是为了保护孩子，避免孩子在学校受欺负，家长的行为背后有对孩子的担心，这是可以理解的。这样，家长就会感到教师是公平的，是理解他们的，就愿意继续沟通下去。

二、向下归类

向下归类是将整体的、虚泛的概念分解为局部的、更清晰的或可以量化的范畴。向下归类可以和发问技巧结合起来使用。

例如，在上面的案例中，教师可以这样说："既然我们是为了保护孩子，让孩子能够健康成长，那么我们的做法就一定要有利于孩子今后的成长，对吗？如果我们非要坚持高额赔偿，孩子的感受会是什么？他的同学会怎么看他？以后哪个同学还敢和他玩耍？让孩子失去朋友，你认为真的是对他好吗？"

这样层层向下归类，就会引导家长思考此前的行为与动机之间的矛盾，使家长意识到其行为可能产生的危害，于是就会改变此前的行为。

三、横向归类

横向归类是去找到同类别的或具有相似关系的事物和元素，目的是为了让选择变得更加灵活。运用该技巧的时候，可以和隐喻、故事等相结合。

例如，在上面的案例中，教师可以说："除了要求高额赔偿之外，我们看看还有没有其他的方式，既能保护孩子的安全，又能给孩子今后的成长创造一个积极的环境，让孩子更加健康快乐地成长，好吗？"

第十三章 班主任高水平沟通的技巧

《孙子兵法》云:"百战百胜,非善之善者也;不战而屈人之兵,善之善者也。"《孙子兵法》认为最高境界是不费一兵一卒,或使用很少的资源就可以让对手折服,这样便能避免战争带来的巨大损耗。

沟通的最高境界也与此相似。"春风化雨,润物无声"是我们所追求的境界。如何能够让对方在不知不觉中接受我们的观点,最大限度地避免抗拒,最后顺利地达成共识,是本章主要探讨的内容。

第一节 正面表达,引导潜意识关注想要的

从前有一个术士教村民学习点石成金,所有的步骤总共26步。当村民学会前25步的时候,术士告诉村民,第26步非常重要,做到这一步的时候,一定不能去想树上的猴子,否则会前功尽弃。术士一再要求大家不要去想树上的猴子,结果全村没有一个人能够过关,到了这个环节就会去想树上的猴子。

心理学研究表明,人的潜意识是会自动删除"不"的,当我们说不要怎样的时候,潜意识往往是关注"不要"后面的部分。例如,3岁的小明在跑,你在后面大喊:"小明,不要跑!"结果怎么样?他可能跑得更快。为什么呢?他听到了一个字——跑!我们换一个喊法:"小明,停下!"结果如何——小明停下来的可能性比较大。

不仅仅是孩子,我们成年人也会这样。如果马路边的垃圾桶上贴着大大的几个字"不许看",看到这个提示,你想到的是什么?是不是很好奇,想看看里面到底有什么?

人在过往的生活中,会有各种各样不同的体验。这些体验会进入你的大脑并且储存下来,形成编码。比如你曾听到过的语言,当你再次听到时,就会自动把

它和你大脑中的记忆相联结，就像计算机程序和命令一样。在那一刹那，你可能都反应不过来，事实上是根本无法区分反应。更为奇妙的是，这些联结一定会影响你的某种感觉，从而引发某种行为。

你输入一个正面的指令，它就会和头脑中存储的正面的经验连接，从而产生正面的结果。你输入负面的指令，它就会和存储的负面的经验连接，从而产生负面的结果。人的行为等于潜力减去干扰，所以我们要聚焦在正确的事情上，接受的正面表达越多，负面的影响就越小。请体验一下下面的语言："不要跑"与"停下"，"不要过度饮酒"与"为了健康的身体，要有良好的生活方式"，"不要贪玩"与"要好好学习"。

无论是接受家庭教育还是学校教育，我们的孩子在受教育的过程中，都被太多的"不要"严重限制着——不要乱跑，不要乱动，不要开小差，等等，不一而足。这些"不要"看似非常有道理，实际上对孩子危害无穷。

当学生和班主任用比较负面的词语或者用"不"的语言交流的时候，班主任可以巧妙地从中找到积极的因素，通过反面的建议，达到理想的沟通效果。

例如，一个学生告诉我他很胆小，他不想这样。如果我直接给他讲一个人要自信，就等于在潜意识里承认了他是一个胆小的孩子，这样的说服教育，不但不能帮到学生，还可能会伤害学生。

此时，我就是用反面词语进行替换的。我微笑着看着他说："你是不是做事很谨慎、考虑问题很周全啊？""谨慎""周全"是褒义词，听到我这样说，学生的眼睛立即放光，承认自己有这些特点。我又继续说："做事谨慎，考虑问题周全，这能让你减少犯错误，少受伤害，你认为需要改正吗？你现在不需要改正什么问题，只需要增加你的优点：当你考虑很周全的时候，大胆行动即可。"

于是，该生满怀信心地离开了。

下面是 QQ 群里流传的关于家长教育孩子的一些内容，同样也可以用在教师身上。

如果说有一个判断父母是否靠谱的标准，那它一定不是父母的经济收入水平和社会地位，也一定不是父母的受教育程度，而更多地在于父母对孩子的教养态度和方式。父母对孩子的语言表达就是其教养态度和方式的重要体现。我们一起来看看，这些平日里的话语，你是怎么说的呢？

不靠谱的父母说：别没事儿就只知道玩手机！
靠谱的父母说：可以分享一下你在手机上玩什么吗？我很好奇。

不靠谱的父母说：学习第一！千万不能谈恋爱！
靠谱的父母说：我家孩子长大了，开始有心事儿了。

不靠谱的父母说：你实在是笨死了！
靠谱的父母说：我们来看看有没有更好的方法。

不靠谱的父母说：看吧，还是不行吧？
靠谱的父母说：成功需要付出很多努力，不要害怕失败。

不靠谱的父母说：你小小年纪就学会骗人了是吧？！
靠谱的父母说：能给我讲一下真实的情况是怎样的吗？

不靠谱的父母说：你太自私，只知道考虑自己！
靠谱的父母说：你可以尝试一下跟别人分享。

不靠谱的父母说：时间都被你浪费掉了！
靠谱的父母说：合理利用时间是一种智慧，要不要学？

不靠谱的父母说：大家为什么这么讨厌你呢？
靠谱的父母说：你为什么和朋友相处得不开心？

不靠谱的父母说：你怎么那么爱抢风头？
靠谱的父母说：爸妈平时对你关注得不够，我们都很爱你！

不靠谱的父母说：你好啰唆啊！
靠谱的父母说：如果你说话更简洁，大家会更爱听。

不靠谱的父母说：你真是没出息（不争气）！
靠谱的父母说：你一定有别人没有的优点。

不靠谱的父母说：你的脾气太差了！
靠谱的父母说：你有情绪是正常的，但要学会控制它。

不靠谱的父母说：你这个胆小鬼！
靠谱的父母说：勇气需要不断锻炼。

不靠谱的父母说：现在给我住手！
靠谱的父母说：我希望你别这么做。

不靠谱的父母说：你看看那谁……再看看自己！
靠谱的父母说：你的最大对手是自己，有信心做得更好吗？

不靠谱的父母说：你实在是太懒了！
靠谱的父母说：你还可以更努力。
……
靠谱父母的眼中，充满着乐观、包容、肯定……
不靠谱父母的眼中，遍布着悲观、苛刻、否定……

孩子最终成长成什么样，很大程度上在于父母给孩子怎样的空间、选择做怎样的家长。这样的语言也同样适用于班主任，"一日为师，终身为父"，这是古训，尤其是班主任，在目前中国的教育体制下，在某种意义上的确承担了半个父母的角色。

第二节　提示引导：让对方意识到问题的关键

《三国演义》中有一段关羽被围土山，曹操军中大将张辽与之对话的情节。张辽欲劝说关羽投降，但关羽宁死不屈。针对关羽的这个反应，张辽便是巧妙地运用了让对方意识到问题的关键这个技巧。

张辽说："关将军如果现在战死，就有三项罪过。当初刘备与您结义时，发誓同生共死。现在刘备刚刚战败，而您如果战死，倘若刘备复出，想要您帮忙，就再也得不到您的帮助，这岂不是辜负了当年的盟誓？这是第一项罪过。刘备把家眷托付给您，您如果战死，两位夫人无依无靠，辜负了刘备的托付，这是第二项罪过。您武艺超群，不想着协同刘备一同匡扶汉室，只想赴汤蹈火，以成全自己的匹夫之勇，这难道就是您的义气吗？这是第三项罪过。"

我们看看关羽的反应。

关羽沉吟道："你说我（现在赴死）会有这三项罪过，那你想让我怎样？"张辽答道："现今四面八方皆是曹操的军队，兄弟若不投降，就只有死路，这样白白死了毫无用处，倒不如先降于曹操，借机打听刘备的消息，若知道了刘备身在何处，则立马赶赴与其会合。这样一则可以保证两位夫人无恙，二来也不违背了桃园之约，再者，还能保住自己的安全之身，（投降）即有这三个好处，还望兄弟再三考虑啊。"

人们的行为总是趋利避害的，为了达到我们沟通的最终目标，就需要强化实现目标带来的快乐或好处，同时也要强化达不到目标所带来的痛苦或不利。所以，我们在沟通的时候，如果能准确地指出对方行为所带来的好处和坏处，而这个好处是他想要追求的，坏处是他不能接受的，对方就会动摇原来坚持的观点。张辽就是准确地把握了这个规律，因此即使像关羽这样顽强的人，最后也被他说服了。

类似的语言思维在我国古代那些富有智慧的谈话中往往都有所体现。例如触龙说赵太后，触龙直接瞄准赵太后为了孩子好的目标，引发她思考目前的行为可能带来的障碍，告诉她避免危害的方法（资源），于是赵太后就自动调整了自己的行为。

有一次我和一个迷恋网络游戏的学生谈话，我先指出他要追求的目标——成为一个网游高手，然后启发他，真正的高手是设计游戏给别人玩，像史玉柱等，然后问他要成为一个设计游戏的玩家需要满足什么条件（引导他寻找资源），于是他意识到了读书的重要，最后我鼓励他为了实现自己的最终目标，可以暂时放弃一些行为，为理想而奋斗。

第三节　感知位置，让对方自我调整

协调各方面的关系是班主任的一项常规工作，尤其是学生之间、家校之间、科任教师和学生之间的矛盾就更需要班主任来协调解决。班主任在处理这一类问题的时候，稍加不慎，就会出现让一方感觉偏袒的现象，这对班主任的全盘工作非常不利。那么，在协调各方关系、处理各种矛盾的时候，怎样做才更恰当呢？班主任可以借用心理咨询里常用的一种方法——感知位置法，让当事人自己去增加观察问题的角度，学会从不同的角度去看问题，从而达到相互理解、化解矛盾的目的。

传统上，做"和事佬"需争吵双方同时列席，而这个"感知位置平衡法"则可以在其中一方不在场的情况下，改变一方对另一方的看法（感知模式）。一个人的思想和身体由内心支配，对另一个人的感知模式改变了，在面对那个人的时候，声调、身体语言、说话和行为模式就都会有所改变，沟通效果和关系便会因此而有所不同。

在改善两人之间的沟通或关系上，"感知位置平衡法"是最有效的技巧之一。两人各自怀着对对方和这份关系的"感知模式"，每次遇到对方时都会根据这个"感知模式"去决定自己的言语和行为。假若双方都没有改变各自内心的"感知模式"，那么每次相遇都只会有同样的结果。

第一位置：站在自己的角度体验情景。当一个人站在自己的位置思考问题的时候，他就能充分表达自己的观点和感受，也有利于情绪的抒发。不足之处：过度采用第一位置会导致对别人的感觉和观点缺乏理解，最终对别人不理睬，因为他只看到自己的需要和体验，他是以自我为中心的。

第二位置：站在别人的角度，假定你就是别人在体验情景。这和传统意义上的换位思考差不多，不过比"换位思考"更能增加当事人的体验和感受，而不仅仅是停留在认识层面。当一个人站在第二位置看问题的时候，他会更容易理解对方，感受对方的情绪状态，找出对方行为的理由。不足之处：过度采用第二位置，牺牲自己，只注意别人的需要和感觉，会导致失去自尊。站在这个位置，本质上是你把别人的利益放在自己的利益之上。如果你过分以别人的需要和状态为重，就会妨碍自己的成就，甚至停止思考自己真正想要的东西，你会发现自己接纳了别人的感觉，而且不能摆脱。

第三位置：站在情景外，好像你是个旁观者那样去体验它。俗话说，当局者迷，旁观者清，站在第三位置上就是让自己从当事人的身份变成旁观者的身份，使自己看问题更全面，更客观，也更冷静。不足之处：过度采用第三位置会给人以漠然和缺乏感情的感觉，因为这是一种中立、客观、理性的态度。

例如，一个学生在课堂上顶撞老师，我分别让这个学生站在自己、老师、同学和父母的角度来看这个行为，结果学生真心地认识到了错误。当他只站在自己的角度思考问题的时候，他强调自己的道理，强调自己受到了什么委屈。当他站在老师的角度的时候，他感受到了自己的不礼貌行为给老师带来的负面影响，同时也认识到了老师对学生的关爱。当他站在同学的旁观者角度看待这个行为的时候，他感觉到了同学们会评价他"无礼"。当他站在父母这个旁观者的角度的时候，他感受到了父母对他缺乏教养的羞愧。后来这个学生通过向老师道歉、向同学道歉来挽回自己的行为造成的负面影响。在整个谈话过程中我都没有对学生做出任何要求，学生就完成了这种自我教育。

第四节　运用米尔顿模式与潜意识沟通

心理学研究表明，人类的意识和潜意识的力量对比悬殊。"道理"只是存在于左脑，仅仅占沟通影响力的 10% 而已，而潜意识的影响力却占到 90%。所以很多时候，我们感觉很有道理，的确应该如此，然而我们却很难去那么做。比如，我们知道遇事应该保持冷静，但是看到对方的一些错误时总是忍不住大发雷霆。

潜意识是指人类心理活动中不能认知或没有认知到的部分，是人们"已经发生但并未达到意识状态的心理活动过程"。弗洛伊德又将潜意识分为前意识和无意识（或潜意识）两个部分。

我们是无法觉察潜意识的，但它影响意识体验的方式是最基本的——我们如何看待自己和他人，如何看待我们生活中日常活动的意义，我们所做出的关乎生死的快速判断和决定能力，以及我们本能体验中所采取的行动。潜意识所完成的工作是人类生存和进化过程中不可或缺的一部分。

在弗洛伊德的心理学理论中，无意识、前意识和意识虽是三个不同层次，但又是相互联系的系统结构。弗洛伊德将这种结构做了一个比喻：无意识系统是一个门厅，各种心理冲动像许多个体，相互拥挤在一起；与门厅相连的第二个房间像一个接待室，意识就停留于此；门厅和接待室之间的门口有一个守卫，他检查着各种心理冲动，对于那些他不赞同的冲动，他就不允许它们进入接待室，被允许进入了接待室的冲动，就进入了前意识的系统，一旦它们引起了意识的注意，就成为意识。他将潜意识分为两种："一种是潜伏的但能成为有意识的"潜意识——前意识，"另一种是被压抑的但不能用通常的方法使之成为有意识的"潜意识——无意识。

但实际的潜意识，其实是意识的一部分，只不过是被我们压抑或隐藏起来的那部分意识，所以，潜意识能力在被发掘之前就被前意识与无意识的中间层间接和主动地否决了。当意识和潜意识发生冲突的时候，意识往往会通过一定的行为来压抑潜意识。因为意识代表着人们应该做的，往往是合理的，而潜意识是自己的感受，不分对和错，所以一旦一些在意识层面看起来不合理的要求出现，就会受到意识的压制。很多时候人们潜意识需要的无法得到，而意识层面又无法要求的，往往会通过一定的行为表现出来。

例如，我的一个朋友告诉我她的孩子最近常撒谎，每当要上学的时候，就告诉妈妈自己肚子疼，让妈妈帮助请假。可是妈妈上班后，孩子就变得欢蹦乱跳，毫无生病迹象。我了解情况后就问朋友："你最近是不是很少陪孩子玩？"她说是的，因为自己工作很忙，没有时间陪她。其实，孩子的潜意识里需要的就是妈妈的陪伴，但是妈妈工作忙，如果非要妈妈陪伴，这样的要求是不合理的，也会受到妈妈责怪，所以在意识层面是无法达到的，而如果自己生病了，就可以引起妈妈的关心，所以她才会常发病。

我还遇到过一个高二的女生，一到学校就肚子疼，一回到家就不疼了。这也是潜意识在起作用,是学生抗拒上学的表现。如果她说不上学,在意识层面肯定是不能过关的,而肚子疼就可以有充足的理由不回学校,所以,她真正的意识就是害怕回学校。

学生害怕回学校一般和学生的一些经历有关,经过了解,原来该生在读初二的时候,月经来潮,又痛经,向老师请假去厕所,竟然没有被允许,结果事情暴露,被同学嘲笑。这个情境就深深地存放在她的潜意识里,让她非常恐惧学校。

我向她指出真实原因,运用一些心理疗法,对她的不愉快经历给予重新认识,让她感觉到现在的学校是安全的,把肚子疼和学校的联系纽带切断,后来她就能够正常上学了。

对于中学生来讲,尤其是高中生,可以教给他们一些与潜意识沟通的方法,使他们能更好地帮助自己。下面这些与潜意识沟通的语言也同样适用于教师。

"潜意识,你好。感谢你一直以来对我的照顾。你是我生命中最重要的一部分。爱我的人和我爱的人都有可能离开我,而你却永远不离不弃地陪伴我,支持我,爱我。在过往的日子里,你不但照顾我,还为我承担了很多,常常是快乐的感觉我们共享,而心痛、孤单、无助的感觉都压抑着给你承受。我更是常常忽略你的存在,对你透过身体和情绪给我的信息毫不在意。"

(如果这时,你的内心有一份情绪出来,记住,情绪是潜意识给你的回馈。如果是正面的情绪,就对它表达更多的爱与感谢。如果是负面的情绪,就对潜意识说:"你给我的信息,我接到了,请你再给我一点时间,我正处在学习如何爱你的过程中。")

"今天,我已经意识到了你对我的重要性,我愿意从现在开始学习爱你、倾听你的信息,学习和你的力量结合在一起,我正处于这个过程中。我爱你,谢谢你的倾听。再次感谢你对我的照顾和爱。我爱你。"

在沟通中,如果能感觉到潜意识的回应——或许是一份感动,或许是一份情绪——就可以运用一些方法来调整自己,如,做一些"接受自己"的练习活动等。做完调整后,也要再一次对潜意识表示爱与感谢。

平时最好能养成与潜意识沟通的习惯,每天休息前对"潜意识"表示感谢,感谢它这一天对你的爱和支持。对很满意的言行和收获表示感谢,对不满意的言行询问可以提升的方法,然后对你可以意识到自己找到成长的空间而表示赞赏。

上述方法有利于帮助你自己或对方找到内心真正渴望的是什么，这样才能针对需要解决问题。

在正常情况下，没有人喜欢被命令，意识层面上的命令往往容易招致心理抗拒，这就是说教式教育往往不能让学生喜欢的原因。如果能够和对方的潜意识直接连接，这样的沟通模式往往非常高效。米尔顿模式就是一种和潜意识直接沟通的非说教式的令对方接受和做出改善的方式。

米尔顿·埃里克森是美国著名的催眠大师，他的这些系统的催眠语言被NLP创始人理查·班得勒（Richard Bandler）和约翰·葛瑞德（John Grinder）称为米尔顿语言模式。

米尔顿语言模式也叫催眠性暗示，它为对方留下空间，对方的潜意识会不由自主地填充空隙里的细节。心理治疗师常常用这种语言模式化解来访者的抗拒。班主任在做学生工作的时候，也可以尝试多使用这种模式，以达到更好的沟通效果。

下面我就挑选一些常用又好用的语言模式介绍给大家，希望对你们的沟通有帮助。

一、用名词化虚泛词连接对方的心理世界

像"好奇心""学习""爱""个性""自由""兴趣"等，都是名词化的字眼，它们是被当成名词在使用，但实际上是步骤词。一旦使用了名词化字眼，很多资料就已经自动被删减。比如，如果我说"某某的知识很广泛"，我就已经自动删减了他真正知道的事和他知道的途径。名词化是个很有效率的方法，因为名词化的字眼让说者可以适时含糊，而且可以用来要求听者从他的经验中搜寻出最恰当的理由。

例如，新接手一个班的时候，为了尽快和学生建立良好的互动关系，我在找学生谈话时，常常使用这种语言模式，并取得了很好的效果。

师：我知道你是一个非常有爱心的孩子。

生：（眼睛发亮）老师，你怎么知道的？今年暑假我就参加了一个月的义工活动，很有收获的。

"爱心"就是一个名词化虚泛词，当我说出来之后，学生会从他的经验中搜集证据来证明，也会感觉你特别了解他，这样的沟通往往会使双方直接建立良好的互动关系。

二、用猜测指出对方的当下状态

不需要证据，你可以根据经验和感觉，直接用主观猜测的方式，指出对方当下的心理状态。猜测要使用一般性语言，不能使用太具体的语言。

例如：我知道你有很多想法。每个人都是有想法的，这是真实的状况，这样的说法一定是没有错的，它会让对方感到自己被理解、被认可，容易取得对方的信任，为后面的沟通打下基础。

再比如：我知道你很努力。"努力"就是一般性语言，至于怎么知道的不用管，对方也往往不在乎，他在乎的是他的付出被你关注到了，这就达到了沟通效果。

三、"应该"与"可以"

很多时候尽量少说"应该"怎样，它包含了否定的意思，会让对方在潜意识里感觉不舒服。说你"可以"怎样，在潜意识里就是对对方能力的一种肯定，对方会更容易接受。

四、双限语言

所谓双限语言，就是表面上把选择的权利交给对方，但是对方无论怎么选择都会得到你所满意的结果。例如：你是先学习还是先玩？这样的选择结果有可能会让人不满。你是先做语文作业还是先做数学作业？如果这样提问，无论学生怎么选择，结果都是要选择学习。

五、打破因果

很多时候一个原因可能会造成很多不同的结果，而一个结果也往往是由很多不同的原因造成的。班主任如果能找准学生的因果逻辑问题，就能够很好地引导学生思考。例如，一个学生厌学，他的理由是考大学没用，因为毕业就等于失业，证据就是他的一个表哥武汉大学毕业，现在却待在家里找不到工作，而另一个表哥没考大学，现在却工作得很好。于是我问这个学生："你认为你的这个武汉大学毕业的表哥没找到工作是因为他读大学的原因还是其他的原因？"学生面对这个问题，思考了一会儿说："其实是他性格的原因。"这样就打破了他原来的因果逻辑。

第五节 隐喻和故事，让沟通无痕

隐喻和故事在沟通中具有神奇的效果，往往能够在不知不觉中对当事人产生启发和说服作用。伟大的智者和教育家都善于运用隐喻和故事，例如孔子、孟子、苏格拉底等。

为什么隐喻和故事往往能够产生巨大的沟通影响力呢？潜意识更多的是通过图像来工作，而故事能够在潜意识里形成一幅清晰具体的图像，所以可以将潜意识中的能力更充分地调动起来，让冰山隐藏于海平面以下的部分更多地浮现出来。

人类学家和沟通学家格里高利·贝特森（Gregory Bateson）认为，人类发现类似点的能力是"诱发性思维"的一个功能，这些类似点可以引领人们关注自己体验的更深层结构，而不仅仅是那些表面上的不同。与"归纳性思维"和"推理性思维"不同，诱发性思维可以产生更强大的创造力，而讲故事就是激发这种"诱发性思维"的主要方式。

（1）当我们不方便直接批评教育的时候，可以借用故事的形式来让对方意会。

一男生上课总是喜欢插话，有时候会根据教师的语言内容断章取义，或者根据谐音胡乱联想一些不健康的内容。有一次语文老师引用古诗词"玉女何处教吹箫"，该生就不断重复"吹箫"二字，引得其他同学发笑。这样的插话常常让老师感觉尴尬和头疼。

在这种情况下教师的确不方便直接批评学生，而如果置之不理，学生又会认为老师对他无可奈何，长此以往会造成课堂混乱。这个时候不妨借助故事提醒学生，让学生意识到自己的语言和心灵是相互联系的。例如，有一次我就给学生讲了苏轼和佛印的故事。

宋代大文豪苏轼非常喜欢谈佛论道，和佛印禅师关系很好。有一天他登门拜访佛印，问道："你看我是什么？"佛印说："我看你是一尊佛。"苏轼闻之飘飘然。佛印又问苏轼："你看我是什么？"苏轼想难为一下佛印，就说道："我看你是一坨屎。"佛印听后默然不语（也许是气得说不出话来）。于是苏轼很得意地跑回家，见到苏小妹，就向她吹嘘自己今天如何用一句话噎住了佛印禅师。苏小妹听了直摇头，说道："哥哥你的境界太低，佛印心中有佛，看万物都是佛，而你心中有屎，所以看别人也都是一坨屎。"

然后我借这个故事提醒学生："请大家注意自己的课堂语言，不要让你的语言降低了你的人格。"从此班里的学生都特别注意自己的语言。

（2）当有些道理很难用语言直接表达的时候，我们可以用故事的形式让对方意会。

面对学生的问题，如果我们直接说明道理，学生的思维往往会处于对抗状态，对教师的说教很难入心，甚至还会因为抗拒"被改造"而和教师发生冲突。而运用故事则不同，故事能够和学生的潜意识沟通，这些道理不是教师强加给他的，而是他自己察觉到的，自己得来的东西学生更容易接受。

例如，有一次两个女生发生了激烈的冲突，在向老师倾诉前因后果的时候，双方都把责任推给了对方，都认为自己很有道理。作为"旁观者"，我很清楚她们彼此对对方的行为产生了误解，但如果我直接告诉她们误解了对方，就等于间接批评她们是错的，学生会很难接受。于是我对她们说："先冷静一下，我给你们讲一个故事。"

有一个记者去找他做刑警队长的好朋友聊天，在交谈的时候队长突然接到紧急出警任务，于是队员拿来防弹衣。队里有十人，可是只有五套防弹衣。这个时候，队长的行为让这位记者感到非常不愉快，他看到自己的队长朋友竟然第一个把防弹衣穿在了自己身上。这个行为让记者感觉与自己相处多年的好朋友竟然如此自私，在关键时刻不先考虑自己的战友，而是先考虑自己。但是，任务紧急，他也只好先闷闷不乐地离开。

几天之后，记者内心的不愉快始终难以去除，最后还是决定要向朋友当面问清楚。没想到刑警队长听到记者的质疑后哈哈大笑，他说："兄弟，我们刑警队里有一个不成文的规定，谁穿上防弹衣，谁就要冲在最前面，冲在最前面才是最危险的。"

记者为自己的误会感到脸红，同时庆幸自己幸亏探明了情况，否则误会了朋友自己还不知道。

我讲完故事之后问她们："从这个故事当中你们领悟到什么呢？我们看到的往往不是真相，猜忌和臆测更是人际关系的大敌。"之后学生开始冷静分析整个事情的过程，最终误会得以化解。

（3）当直接讲大道理效果不好的时候，可以用隐喻的形式来进行暗示。

很多教师在教育学生的时候常常搬出一套人生的大道理，苦口婆心地教育学生，而效果往往不明显，甚至还可能会引起学生内心的反感。如果借用故事等隐喻的方式进行暗示，就很容易和学生的潜意识进行连接，从而达到不教而明的效果。

王娟以前的成绩很不理想，她想振作，于是制订了一个宏大的学习计划，但因为四处出击，效果并不理想。她去找班主任李老师谈心，李老师没有直接给她讲道理，而是先给她讲了一个故事："一位青年豪情万丈地为自己树立了许多目标，可是几年后却一事无成。他去找一位智者，智者对他说：ّ你先帮我烧些开水！'青年见墙角放着一把极大的水壶，旁边是一个小火灶，没有柴火，于是出去找。他在外面拾了一些枯枝，装满一壶水后将壶放在灶台上，烧了起来。壶太大，枯枝烧尽了，水也没开。智者问他：'如果没有足够的柴，你该怎样把水烧开？'青年想了一会儿，摇了摇头。智者说：'不如把里面的水倒掉一些！'青年若有所思。智者说：'你踌躇满志，树立了太多目标，就像大水壶里装了太多水一样，而你又没有足够的柴。'青年恍然大悟。你恍然大悟了没有呢？不要想一口吃个胖子，先设定小目标，一个一个地去实现。"王娟豁然开朗。

俗话说，贪多嚼不烂。如果目标过于庞大，往往老虎咬天无从下口，最后焦头烂额，什么都实现不了。李老师用一个透彻的哲理故事做前导，非常形象直观地说明了这个道理，让王娟了解了自己学习计划的症结所在。哲理透彻，方法明确，才更具有指导意义。